高等职业教育"互联网+"新形态一体化系列教材

高职高专院校汽车类专业技术技能型人才培养教材

汽车服务企业管理实务

主　编　◎ 凌　濛　张仲颖

副主编　◎ 秦挽星　付京京　谢　霖　李　桥

华中科技大学出版社
http://www.hustp.com
中国·武汉

内 容 简 介

本书按照项目式教学法组织内容，全面介绍了汽车服务企业管理的相关知识。全书共分 8 个项目，内容包括汽车服务企业管理概述、汽车服务企业的筹建与开业、人力资源管理、汽车服务企业的设备管理、汽车服务企业的财务管理、全面质量管理、汽车售后服务管理、企业文化等。

本书既可作为高职高专院校汽车类专业教材，也可作为汽车服务企业各层次管理人员，汽车 4S 店、特约服务站经理、员工的学习参考书。

图书在版编目(CIP)数据

汽车服务企业管理实务/凌濛，张仲颖主编. —武汉：华中科技大学出版社，2021.8
ISBN 978-7-5680-4173-7

Ⅰ. ①汽… Ⅱ. ①凌… ②张… Ⅲ. ①汽车企业-工业企业管理 Ⅳ. ①F407.471.6

中国版本图书馆 CIP 数据核字(2021)第 152965 号

汽车服务企业管理实务　　　　　　　　　　　　　　　　　　凌　濛　张仲颖　主编
Qiche Fuwu Qiye Guanli Shiwu

策划编辑：张　毅
责任编辑：白　慧
封面设计：孢　子
责任监印：朱　玢

出版发行：华中科技大学出版社(中国·武汉)　　电话：(027)81321913
　　　　　武汉市东湖新技术开发区华工科技园　　邮编：430223
录　　排：华中科技大学惠友文印中心
印　　刷：武汉市籍缘印刷厂
开　　本：787mm×1092mm　1/16
印　　张：14
字　　数：350 千字
版　　次：2021 年 8 月第 1 版第 1 次印刷
定　　价：42.00 元

本书若有印装质量问题，请向出版社营销中心调换
全国免费服务热线：400-6679-118　竭诚为您服务
版权所有　侵权必究

高等职业教育"互联网+"新形态一体化系列教材
高职高专院校汽车类专业技术技能型人才培养教材

编审委员会

顾 问（排名不分先后）

蒋炎坤　华中科技大学能源与动力工程学院教授，博士生导师
　　　　湖北省汽车工程学会副理事长
李春明　长春汽车工业高等专科学校校长
　　　　机械职业教育教学指导委员会汽车专指委主任委员
尹万建　湖南汽车工程职业学院副院长
　　　　机械职业教育教学指导委员会汽车专指委副主任委员
　　　　交通运输职业教育教学指导委员会汽车技术专指委委员
胡新意　东风汽车公司制造技术委员会主任委员，高级工程师
　　　　中国汽车工程学会制造分会秘书长

委 员（排名不分先后）

曾　鑫	代　洪	闫瑞涛	苏　忆	张克明	朱方来	高加泉	王青云	蔺宏良
张红伟	马金刚	吕　翔	王彦峰	吴云溪	赫英歧	陈生权	谢计红	丁礼灯
徐　涛	王贵槐	张　健	孙泽涛	许小明	贾桂林	刘凤波	宋广辉	刘伟涛
袁苗达	上官兵	易　杰	向达兵	罗文华	张红英	胡高社	解后循	孙锂婷
张四军	覃　群	赵文龙	叶智彪	涂金林	王　新	王贵槐	陈　凡	张得仓
孙新城	胡望波	刘新平	贺　剑	刘甫勇	阳文辉	杨运来	雷跃峰	陆孟雄
刘照军	龙志军	贾建波	高洪一	曹登华	李百华	王治平	熊其兴	张国豪
孟繁营	朱　磊	程洪涛	张荣贵	江　华	黄飞腾	王　琳	刘文胜	包科杰
李舒燕	宋艳慧	于洪兵	李远军	温炜坚	张世良	胡　年	郑　毅	邓才思
张明行	毛　峰	齐建民	徐荣政	官　腾	李　丹	王立刚	刘　铁	袁慧彬
孙永科	郭传慧	成起强	丑振江	张雪文	王德良	张朝山	刘平原	左卫民
张利军	曾　虎	梁仁建	杨小兵	张锐忠	安宗权	陈其生	张　霞	林振清
王　博	蔡如春	张宏阁	金碧辉	陈　东	蒋　颜	王传凯	张　兵	陈　跃

前言

随着改革开放不断深入,我国汽车工业和汽车服务业得到了飞速发展,汽车及其相关产业的人才需求也大幅增长,汽车服务企业对人才的需求更加紧迫。汽车服务企业具有服务性工业企业的特征,即企业规模越大、人员越多、生产工艺或技术越复杂,就越需要企业管理方面的人才。企业发展的成败,关键在于企业管理者的经营理念和管理素质。为了满足社会对汽车专业复合型、实用型人才的需要,应结合汽车服务企业发展的现状,在培养出更多的"懂管理的技术人员"的同时,培养出更多的"懂技术的管理人员"。

本书在编写的过程中,充分考虑了目前高职高专教育的特点,力求从生产一线对汽车类专业人才知识、能力的需求出发,注重理论知识和实践能力的有机结合。

本书具有以下特点:

(1) 实用性。在编写的过程中,从企业岗位需求和学生未来发展两个角度考虑内容的编排,既注重基础理论和专业知识的系统性,又重点考虑职业技能训练的需求,对于汽车类专业的学生而言,能提高学习效率。

(2) 通俗性。在编写的过程中,充分考虑高职学生文化基础的现实状况,降低对学生文化知识水平的要求,让大多数学生能够学得懂。

(3) 实践性。力图采用项目式教学和任务式驱动教学等方法进行编排,强调理论验证试验、专业技能实习和职业技能实训的重要性,将实践教学环节贯穿于课程教学的始终。

本书紧紧围绕高职高专教育的方向和培养目标,严格按照新的国家职业标准对人才的要求编排内容,贯彻以技能训练为主、着重提高学生操作技能的原则。本书在技能训练方面的内容安排上富有弹性,能在保证教学的前提下积极培养学生的创新能力。

本书由湖北工业职业技术学院凌濛、张仲颖担任主编,由秦挽星、付京京、谢霖、李桥担任副主编。

由于编者水平有限,编写时间仓促,书中错误及不当之处在所难免,恳切希望广大读者给予批评指正。

编 者

目录

项目1 汽车服务企业管理概述 (1)
    任务1 现代企业管理概述 (2)
    任务2 现代汽车服务企业管理概述 (7)
    任务3 企业管理的要素及特征 (10)

项目2 汽车服务企业的筹建与开业 (15)
    任务1 汽车服务企业的筹建 (16)
    任务2 开业标准 (27)
    任务3 汽车服务的市场调查与预测 (39)

项目3 人力资源管理 (47)
    任务1 人力资源管理 (48)
    任务2 员工培训 (54)
    任务3 绩效评估 (58)
    任务4 报酬与激励 (63)

项目4 汽车服务企业的设备管理 (69)
    任务1 设备管理概述 (71)
    任务2 设备的选择与评价 (75)
    任务3 设备的使用、维护与修理 (78)
    任务4 汽车服务企业的设备更新与改造 (87)

项目5 汽车服务企业的财务管理 (97)
    任务1 财务管理概述 (99)
    任务2 汽车服务企业成本管理 (119)

项目6 全面质量管理 (129)
    任务1 质量管理概述 (131)
    任务2 汽车服务企业的全面质量管理 (136)
    任务3 质量管理的分析方法 (141)

项目 7　汽车售后服务管理 (157)
- 任务 1　汽车售后服务概述 (159)
- 任务 2　汽车消费信贷及购买服务 (161)
- 任务 3　汽车保险与理赔服务 (166)
- 任务 4　二手车交易服务 (171)
- 任务 5　汽车维修与检测服务 (175)
- 任务 6　汽车美容与装饰服务 (181)

项目 8　企业文化 (185)
- 任务 1　企业文化概述 (186)
- 任务 2　企业文化建设 (189)
- 任务 3　企业形象 (192)

附录 A　缺陷汽车产品召回管理条例 (197)
附录 B　缺陷汽车产品召回管理条例实施办法 (201)
附录 C　机动车维修管理规定（2019 年修订版） (205)
参考文献 (213)

项目 1
汽车服务企业管理概述

◀ **学习目标**

(1) 掌握企业、管理和企业管理的概念。
(2) 掌握现代企业制度的主要内容和特征。
(3) 理解企业如何在创新过程中进行管理。

【项目引入】

　　自 2000 年以来,中国汽车业呈现良好的发展态势,汽车消费结构也发生了巨大变化。汽车消费主体由集团转向个人,私人汽车保有量由 1992 年的不到 100 万辆,快速增长到 2005 年年底的 1 900 万辆,占全国汽车保有总量的 58%;2008 年,汽车产销分别达到 934.51 万辆和 938.05 万辆,同比分别增长 5.2% 和 6.7%;据 2009 年的国内汽车行业统计资料表明,中国汽车产销分别为 1 379.10 万辆和 1 364.48 万辆,同比增长 48.3% 和 46.15%。与此相对应的,汽车服务业每年正以 40% 的速度递增。中国已跃居成为世界第一汽车生产和消费国,汽车服务产业已经进入中国国民经济主流,成为战略性支柱产业。随着汽车行业的快速发展,汽车产业及相关的服务策略研究已成为汽车业管理者和理论学者们关注的一个新焦点。

　　中国加入 WTO 后全面开放汽车分销领域,外资大量注入汽车生产、销售、服务等相关领域,给国内汽车市场带来空前压力。相对国际汽车服务企业超前、优质的汽车服务水平,国内汽车服务领域的竞争力显得十分薄弱。在激烈的竞争环境下,本土汽车服务企业亟须在服务理念、技术手段、运营方式等方面缩小与国际先进汽车服务企业之间的差距并迎头赶上。

　　如何从容应对国际汽车服务企业的挑战、提升国内汽车服务企业的竞争力已成为业内管理者和理论学者急需探索的新课题。

【相关知识】

任务 1　现代企业管理概述

一、企业概念、设立条件和类型

(一) 企业概念

　　企业是以营利为目的,为满足社会需要,实行自主经营、自负盈亏、自我发展、自我约束的法人实体和市场竞争主体。汽车服务企业主要是指从事汽车营销的企业和为汽车使用者或消费者提供维修和保障技术服务、配件供应及其他相关服务的企业。

　　1. 管理主体

　　从人与人之间的关系来说,上级是管理者,下级是被管理者;从人与物或与资金的关系来说,人是管理者,物或资金是被管理者。管理者是管理的主体,包括企业高层管理者、中层管理者和基层管理者等所有参与管理的人。

　　2. 管理客体

　　管理客体包括企业的生产经营活动的全过程及生产经营活动的全部要素。

　　3. 管理职能

　　管理活动是管理者通过实施计划、组织、领导、控制等一系列的管理职能进行的,管理者必须正确地运用这些管理职能,才能高效率、高效益地完成管理任务。

4. 管理目的

管理目的是使企业资源得到优化配置和合理利用，与社会需要和市场需求紧密结合起来，实现最佳的社会效益和经济效益。企业管理的任务是，不仅要合理地组织企业内部的全部生产活动，而且必须把企业作为整个社会经济系统的一个要素，按照客观经济规律，科学地组织企业的全部经营活动。

（二）企业设立条件

1. 企业必须具备的条件

(1) 具有开展一定规模的生产经营活动的场所。
(2) 生产经营活动的目的是获取利润。
(3) 具有一定技能、一定数量的生产者和经营者。
(4) 具有法人地位，进行自主经营、独立核算。
(5) 从事社会商品的生产、流通、服务等经济活动。
(6) 拥有一定数量、一定技术水平的生产设备和资金。

2. 产权清晰、管理科学、权责明确，增强企业活力和实力

(1) 产权清晰。投资者将财产投入企业后，便丧失了对该财产的直接支配权，由公司享有对该财产的支配权利，即法人财产权。法人财产权是指公司拥有由股东投资形成的法人财产，并依法对财产行使占有、使用、受益、处分的权利。出资者所有权表现为出资者拥有的股份，即以股东身份依法享有资产受益、参与重大决策、选择管理者和转让股权等权利。

(2) 管理科学。首先通过规范的组织制度，使企业的权力机构、监督机构、决策机构与执行机构之间互相独立、权责明确。其次建立科学的企业管理制度，包括企业机构设置、用工制度、工资制度和财务会计制度等，各部门之间相互协作。最后建立科学的管理体制，包括企业内部健全的产销机制、激励机制、约束机制、相互制衡及发展的机制。使企业的整个生产经营活动达到合理化、规范化。

(3) 权责明确。企业在其存续期间，对由各个投资者投资形成的企业法人财产拥有占有、使用、收益、处分的权利。经营者受所有者的委托在一定时期和范围内拥有经营企业资产及其他生产要素并获取相应收益的权利。劳动者按照与企业的合约拥有就业和获取相应收益的权利。

除了明确界定所有者、经营者及劳动者及其他企业利益相关者各自的权利和责任外，还必须使权利和责任相对应或相平衡。在所有者、经营者、劳动者及其他利益相关者之间，建立相互依赖又相互制衡的机制，明确这些利益主体之间的关系，合理分配利益，既相互制约、相互监督，又相互配合、协同一致。

（三）企业类型

在市场经济条件下，企业作为生产经营的主体，拥有在一定法律形式下自主经营和发展所必需的各种权利和义务。由于现代社会经济系统十分复杂，因此作为基本经济单位的企业有着多重属性与复杂形态，按照不同的划分标准，企业可划分为不同的类型。

1. 按企业制度分类

按不同的企业制度，可将企业分为个人业主制、合伙制和公司制三种基本类型。

(1) 个人业主制企业。个人业主制企业是指个人出资兴办，完全归个人所有和控制的企业,在法律上称为自然人企业,也称个体企业或独资企业。

(2) 合伙制企业。合伙制企业是由两个以上的合伙人共同出资,为了利润共同经营,并归若干合伙人共同所有的企业。合伙人出资可以是资金或其他财物,也可以是权利、信用和劳务等。

(3) 公司制企业。公司制企业是由许多人集资创办并且组成一个法人的企业,在法律上具有独立人格。公司制企业与个体企业、合伙制企业的重要区别在于,个体企业和合伙制企业都是自然人企业,而公司制企业是法人企业。

2. 按照生产资料所有制的性质分类

按照生产资料所有制的性质不同,可将企业划分为国有企业、集体所有制企业、个人私营企业、混合所有制企业等。

(1) 国有企业。国有企业的基本特点有:国家作为全体人民的代表拥有企业的财产所有权,企业规模较大,技术设备较为先进,技术力量强,是国民经济的主导力量。

(2) 集体所有制企业。集体所有制企业简称集体企业。在集体企业里,企业的生产资料归一定范围内的劳动者共同所有。我国集体所有制企业存在多种具体形式,乡镇企业是集体所有制企业的典型代表。

(3) 个人私营企业。个人私营企业是指企业的生产资料属于私人所有,并主要依靠雇员从事生产经营活动的企业。目前,我国私营企业一般有三种形式:独资企业、合伙企业和有限责任公司。

(4) 混合所有制企业。混合所有制企业是指具有两种或两种以上所有制经济成分的企业,如中外合资经营企业、中外合作经营企业以及多种经济成分的股份制企业。

3. 按照生产力各要素所占比例分类

按生产力各要素所占比例的不同,可将企业分为劳动密集型企业、资金密集型企业和技术密集型企业。

(1) 劳动密集型企业。劳动密集型企业是指技术装备程度较低,用人较多,产品成本中劳动消耗所占比例较大的企业。换言之,劳动密集型企业是那种单位劳动力占用的固定资产少,活劳动占产品成本比例大,以及资本有机构成较低的企业,如纺织、食品、服装等企业。

(2) 资金密集型企业。资金密集型企业是指在生产中需要投入较多的资金、工人的技术装备程度较高的企业。通常用资金与劳动力的比率来衡量,比率高的为资金密集型企业。随着社会生产力的发展和科学技术的进步,各个国家的工业在发展过程中都有一个从劳动密集型转变为资金密集型的过程。资金密集型企业具有技术装备先进、工艺过程复杂、原材料消耗量大和劳动生产率高等特点,如钢铁企业、石油化工企业等。

(3) 技术密集型企业。技术密集型企业又称知识密集型企业,是指综合运用先进科学技术成就的企业。这类企业拥有大量的科技人才,需要花费较多的科研时间和产品开发费用,能生产高、精、尖产品,如宇航企业、大规模集成电路企业等。我国是发展中国家,目前还是以劳动密集型企业为主,但是事实证明,只有大力发展技术密集型企业,才能适应信息化、网络化、全球化的经济发展要求。

4. 汽车服务企业的主要类型

(1) 整车销售服务。整车销售企业可分为新车销售企业和二手车交易企业,其中新车销售企业又分为品牌专营和多品种经销企业。品牌专营企业具有整车销售(sale)、配件(spare

part)供应、售后服务(service)、信息反馈(survey)4项主要功能,所以称为4S店或四位一体店。这种企业专营某一品牌汽车,集汽车销售与服务于一体,且能得到汽车生产商在技术和商务上的支持,提供专业化的技术支持和服务,有利于为汽车消费者提供优质服务,适合于经营市场保有量较大的汽车品牌和单车价格较高的汽车品牌。多品牌经销企业难以提供专业化的技术服务,容易让消费者产生顾虑。这种经营形式适合于经销技术和服务网络比较规范和完善的汽车品牌或社会拥有量较少的汽车品牌。二手车交易企业的主要业务为二手车回收、车辆评估、技术状况鉴定、二手车买卖或撮合交易、合同拟定、代办过户手续、必要的检测或维修等。

(2) 配件经销服务。据了解,目前德国博世已在中国建立500多家汽车维修店;美国通用汽车公司下属的汽车维修连锁企业AC德科数年前就进入中国,目前已在国内主要城市布局,并立志成为华东汽车快修的龙头老大;美国3M公司则将其8 000种汽车售后产品覆盖到中国的700家特约美容店、6 000家汽车维修厂和4S销售中心;德国伍尔特集团在中国100多个城市建立起销售服务网络,致力于汽车后市场服务。配件批发商(或代理商)主要从事汽车一般配件及精品配件的批发业务,服务对象是配件零售商、汽车维修企业、装饰美容企业。

(3) 汽车维修服务。按照经营技术条件,维修企业可分为3个类别:一类维修服务企业,可以从事汽车大修、总成大修、一级维护和二级维护、车辆小修等综合维修服务业务;二类维修服务企业,可以从事汽车一级维护、二级维护和小修等维修服务业务;三类维修服务企业只能从事专项修理业务,这种形式的维修企业在我国占有很大的比例。连锁维修服务企业像锁链似的分布在各地,形成强有力的维修服务网络,利用雄厚的资本,大批量进货和销售,以规范化的维修作业方式、统一低廉的服务价格赢得消费者的信赖,并占领市场。

二、管理的概念与作用

(一) 管理的概念

虽然管理作为一种社会实践活动,是伴随着人类的产生而出现的,但是人们对管理形成科学认识的时间还很短暂,管理的理论还很不完善。对于什么是管理,众多学者从各个不同的角度提出了自己的看法。

(1) 管理就是经由他人完成任务。这种说法强调了管理者发挥下属人员作用的重要性。

(2) 管理是由计划、组织、指挥、协调及控制等职能要素组成的活动过程。这一观点是由管理过程理论的创始人、法国管理学家法约尔提出的,强调管理是由若干职能所组成的活动过程。他的观点对日后管理学的研究产生了深刻的影响。

(3) 管理是一种以绩效责任为基础的专业职能。该观点来自德鲁克,强调管理是一种专业性工作,有自己专有的技能、方法和技术,突出管理的自然属性。

(4) 管理就是决策。这是由著名经济学家、诺贝尔奖获得者西蒙提出的,他认为任何管理活动都是一个包括调查研究、制定方案、选择方案及执行方案的过程,因此管理活动的过程就是管理各个阶层制定和执行决策的过程。

以上观点从不同的角度表述了对管理的认识和理解。管理一词还有很多定义,这些定义既反映了人们研究立场、方法、角度的不同,也反映了管理科学的不成熟性。综合上述研究,本书对管理做如下定义:管理是指在社会组织中,管理者为了达成组织的既定目标,通过计划、组织、领导和控制等职能来协调人力、物力和财力等资源的过程。

这个定义有四层含义。第一层含义说明了管理采用的措施和手段是计划、组织、领导和控制四项基本活动。这四项活动又被称为管理的四项基本职能。第二层含义指出了第一层含义的对象，即组织中可供支配的各种人力、物力和财力等方面的资源。第三层含义又是第二层含义的目的。协调人力、物力和财力资源是为使整个组织活动更加富有成效，这也是管理活动的根本目的。第四层含义是指管理是由管理者开展的，有效的管理必须与所处的环境相适应，并根据环境的特点进行活动。

(二) 管理的作用

美国国际商业机器公司的创办人托马斯曾经讲过下面这样一个故事，深入浅出地说明了管理的作用。有一个男孩子买了一条长裤，穿上一试，裤子长了一些。他请奶奶帮忙把裤子剪短一点，可奶奶说眼下的家务事太多，让他去找妈妈。而妈妈回答他，今天她已经同别人约好去玩牌。男孩子又去找姐姐，但是姐姐有约会，时间就要到了。这个男孩子非常失望，担心明天穿不上这条裤子，他就带着这种心情入睡了。

奶奶忙完家务事，想起了孙子的裤子，就去把裤子剪短了一点；姐姐回来后心疼弟弟，又把裤子剪短了一点；妈妈回来后也把裤子剪短了一点。可以想象，第二天早上大家会发现这种没有管理的活动所造成的恶果。

由上述例子可以看出，任何集体活动都需要管理。在没有管理者协调时，集体中每个成员的行动方向并不一定相同，甚至可能互相抵触。即使目标一致，由于没有整体的配合，也达不到总体的目标。具体来讲，管理的作用有以下几点。

(1) 管理是社会化大生产的客观要求，是人类社会活动和生产的必要条件。从理论上讲，人类的活动不但具有目的性，而且具有相互依存性。这一特征说明，只有有效的管理才能协调人们共同的劳动，最大限度地发挥人力资源的作用，促进人类社会和文明的发展。这同时回答了为什么管理实践与人类历史同样悠久。

(2) 管理水平和社会生产的效益水平直接相关，管理在社会生产过程中实质上起到了放大和增效的作用：放大组织系统中人、财、物、信息、技术等要素的作用，增强人与人、人与物、物与物之间的组合效果。第二次世界大战后，日本几乎沦为一片废墟，可在随后的几十年间，日本的经济飞速发展，日本的汽车、家电产品等遍布全世界，国民生产总值跃居世界第二位。这一经济奇迹不只是来源于技术领先、资源丰富，还有赖于在相同的物质条件和技术条件下，由于管理水平的不同而产生的效益、效率或速度的差别。这就是管理所产生的作用。

(3) 管理是实现企业目标的前提条件。管理和技术是企业发展的两个车轮。美国前国防部部长麦克纳马拉说过，美国经济的领先地位三分靠技术，七分靠管理。美国经济竞争力的强大在于其在管理方面做了大量工作。多年来，对破产企业进行的大量调查结果表明，在破产企业中，几乎有90%是管理不善所致。我国有许多国有企业陷入了困境，调查显示，80%以上的亏损企业也是管理不善所致。可见，要想提高我国企业的经济效益，增强市场竞争力，就必须充分认识到管理的重要性，建立适合我国国情的现代管理制度和体系，使管理成为经济发展的有力支持。

(4) 管理是实现个人目标的前提条件。人们之所以要加入组织，是因为组织能帮助他们实现自己的目标。但是，一旦人们加入了组织，他们个人目标的实现情况往往取决于组织的管理状况。管理不好，可能使组织成为一大群孤立个人的简单集合体，组织无法发挥群体优势，也无法满足组织成员实现个人目标的愿望。

任务 2　现代汽车服务企业管理概述

一、汽车服务企业概念

据相关统计,2009年我国汽车产销分别完成1 379.10万辆和1 364.48万辆,首次超过美国,位居世界第一;2010年我国全年累计生产汽车1 826.47万辆,销售汽车1 806.19万辆;2011年累计生产汽车1 841.89万辆,销售汽车1 850.51万辆;2012年累计生产汽车1 927.18万辆,同比增长了4.63%,销售汽车1 930.64万辆,同比增长了4.33%;2013年首次突破产销2 000万辆的大关。汽车产销量的快速增长,带来了汽车服务产业的迅猛发展。汽车服务业从企业经营模式到管理理念也经历了由传统经营模式向现代公司制模式的转变,以及由单一经营形式向复合经营形式的转变。汽车品牌专营、多品种经销、连锁经营、二手车交易、特约汽车维修站、综合汽车维修企业、快捷维修及汽车改装、汽车装饰美容、汽车金融、汽车保险、汽车租赁及汽车俱乐部等汽车服务企业如雨后春笋般出现,已形成适应汽车消费者多层次需求的服务体系。

近年来,我国汽车服务企业的数量呈现高速增长趋势。据不完全统计,每年全国汽车服务企业总数正以10%左右的速度增长。国外汽车服务企业正逐步进入我国市场,汽车服务业的市场竞争将会日益激烈。企业经营管理能力的提升是提高企业市场竞争能力的一个非常重要的手段,改善汽车服务企业的经营管理水平,无疑是应对汽车后市场激烈竞争的有效措施。要搞好汽车服务企业管理,必须了解汽车服务企业的性质、特征及生产经营特点。

汽车服务企业是指为现实和潜在汽车使用者与消费者提供服务的企业,主要是指从事汽车营销的企业和为汽车使用者或消费者提供维修和保障技术服务、配件供应及其他相关服务的企业。

二、汽车服务企业管理的内容

根据汽车服务企业生产经营的内容和特点,企业管理包含以下几个方面的内容。

(一) 运作管理

运作管理是根据不同的汽车服务企业的运作特点,对生产运作过程进行的管理。例如,汽车4S店的主要管理内容包括:

(1) 营销过程管理,涉及整车或配件销售过程、汽车消费信贷等的管理;

(2) 维修生产管理,包括生产计划、作业组织、生产调度、工时定额等的管理;

(3) 售后服务管理,包括保险理赔、二手车交易、维护修理、检测诊断、美容装饰等服务过程的管理。

(二) 质量管理

质量管理是指确定质量方针、目标和职责,并通过质量体系中的质量策划、控制、保证和改进来使其实现的全部活动。通过建立质量保障体系、设计与推行标准服务流程、完善服务补救程序等提高服务质量,从而提高顾客满意度,让顾客感动,直至成为企业的忠诚顾客。

(三) 财务管理

财务管理是指企业在生产过程中对资金运作的管理,是企业在生产过程中以价值形态表现的全部活动,包括物质配置、生产经营过程、经营活动成果等在账面上的正确反映。现代财务管理的主要内容包括资金的筹集、运用、分配,资产的管理,收入、成本、利润的管理等。

(四) 人力资源管理

寻找到优秀的员工,并创造有利条件,充分调动员工的主观能动性,发挥各自的优势,对企业的市场竞争力有着巨大的影响。人力资源管理包括人员的招聘与选拔、岗位设计和职能划分、人员薪酬和考核评估设计、人员的培训等。

(五) 信息化管理

信息化管理是汽车服务企业管理的重要内容之一。汽车服务企业信息化管理的主要内容有:对汽车消费者服务的信息化、汽车购买的电子化、与整车制造商的信息传递与共享、汽车服务企业内部管理的信息化以及汽车物流控制的信息化等。

三、我国汽车服务企业管理的发展现状

我国汽车服务企业的管理水平与国际先进水平相比仍存在一定的差距,主要体现在以下几个方面。

(一) 服务管理理念尚未深入普及

与国外汽车服务业相比,目前我国汽车服务业最大的差距是服务管理理念的落后。"以人为本,顾客至上"和"全面实施用户满意工程"等先进服务理念,在我国汽车服务业内还只是停留在口号上,没有深入员工心中,不能完全体现在实际工作中。尽管大家都在争取"与国际接轨",都在引进国际先进的服务理念,可实际上都只是流于表面。很多厂商只重视生产、轻视服务,对汽车的售后服务投入不足,缺乏主动、及时处理用户意见的态度;经销商只看到眼前的利益,注重销售网点和营业厅的建设,忽视了在售后服务等方面的投入,没有真正发掘汽车后市场这个利润增长点。而政府的服务管理部门,近几年才开始着手汽车召回体系等的建设,在之前的很长一段时间内,我国汽车服务领域的相关法律、法规操作性差,缺乏强制性,不能充分保障广大消费者的合法权益。

(二) 相关管理法律、法规不健全

我国汽车服务行业起步较晚,与之相关的法律、法规还不够健全。在技术性服务领域,至今还没有关于维修项目定额、工时标准、价格标准、质量标准等统一的行业规范,各地区、各部门只能自行订立标准。在非技术性服务领域,同样没有一个统一的行业规范,使得各地在服务项目的品种、收费、服务质量、纠纷处理等环节上得不到协调。在宏观管理政策方面,政府对汽车服务业的重视还不够,在很多领域还存在盲点。前几年影响较大的"三菱帕杰罗事件"就是一个典型的例子,也就是从那以后,汽车召回制度受到了广大消费者的关注。最终,国家质检总局、国家发改委、商务部和海关总署共同发布了《缺陷汽车产品召回管理规定》,并于2004年10月1日起开始实施。

（三）企业从业人员综合水平较低

汽车属于技术密集型产品，因此对汽车服务行业从业人员各方面的能力有着相当高的要求，特别是技术方面。在我国从事汽车维修的人员，很多都是以师傅带徒弟的方式传授技艺的。近几年来，尽管很多中高级技术学校开设了汽车维修专业课程，但是目前社会上的汽车服务业从业人员技术水平仍然偏低。我国汽车服务业从业人员中接受过中等职业教育的不多，接受过高等教育的就更少。中国汽车维修行业协会对部分一、二类汽车维修企业的抽样调查结果显示：在从事技术管理工作的人员中，初中及以下文化程度的占 26.2%；在一线工人中，初中及以下文化程度的占 38.5%；而二、三类汽车维修企业的从业人员大多是农民工、城市普通中学毕业生、转岗择业的工人。这些人员普遍存在文化水平不高、专业知识匮乏、服务意识不强的问题。对于现代车辆的电控发动机、自动变速器、ABS 系统、自动空调等技术含量高、制造精密的零部件，故障诊断应是维修工作的要点，即所谓"七分诊断，三分修理"，如果不经过诊断就盲目拆卸，不但很难排除故障，反而会增加新的故障。而我国真正具备汽车故障判断能力的技术人员不超过 30%，大多停留在只会"换件"的水平上，这种现象急需改观。

另外，汽车配件经营者大量存在缺乏配件基本知识的现象，不能为用户提供专业的咨询服务。高素质的专业人员也是极度缺乏，如二手车交易服务业严重缺乏受过专业培训的具有资质的估价师，很多交易服务商都不能为顾客提供估价等深层次的服务。在汽车服务企业的管理上，缺乏能够驾驭市场走势的领导者，管理手段依然是传统的方式，现代信息技术的普及率较低。整个行业的综合素质偏低是无法提供高水平服务的重要原因。

综上所述，我国汽车行业人才存在的突出问题：一是缺乏领军人才，尤其是既懂现代汽车技术，又懂现代管理的人才；二是缺乏交叉学科的复合型人才；三是汽车研发、汽车营销、汽车服务、汽车体育、汽车博览和汽车文化等领域的人才远远不能满足汽车行业发展的需求，不能满足经济全球化的要求。

（四）市场秩序混乱

在整车流通领域，尽管很多汽车厂商建立了厂商主导的销售服务体系，如实行特约经销制度，但还不能真正做到有效管理、监控经销商的行为，所以在紧俏车型因市场需求旺盛而供不应求的时候，加价销售等行为时有发生。在汽车配件流通领域，质量问题十分突出，调查表明，2001 年我国正宗配件的市场占有率仅有 36%，2002 年为 45%，假冒伪劣配件可谓充斥市场。

价格体系混乱。在我国汽车流通领域，存在诸如加价销售等现象；在汽车维修服务领域，服务和价格的透明度很低，没有一个统一的行业规范。在服务过程中，常常出现服务欺诈、乱收费、理赔不当等侵害消费者利益的行为，"诚信"的理念还处在宣传教育阶段，要使从业人员真正做到尚需时日。

市场机制与竞争秩序混乱。特别是在汽车维修与配件经营等行业，由于从业者数量众多，竞争日益激烈，从业者实力相差无几，往往采取低价竞争策略，以求吸引顾客，却导致了恶性循环，使得假冒伪劣配件大行其道，服务质量低下，不仅损害了消费者的利益，服务商本身也得不到多大的好处。

任务3　企业管理的要素及特征

一、现代企业管理体系

（一）现代企业管理体系特点

所谓管理体系，就是企业系统的具体划分模式，以及子系统与母系统、子系统与子系统之间的关系。就现代管理而言，企业总系统可分为经营决策、计划管理、生产经营、过程监控、经济核算、信息管理和后勤保障等子系统，形成一个围绕企业宗旨和目标运转的有机体系。

从系统论的观点出发，完整的系统对外界变化的反应应该呈整体状态，也就是说，各子系统对同一信息的反应应该是一致的、协调的和均衡的。如果内部子系统之间相互制约、混乱和不协调，将导致传递信息或指令的通道不畅甚至中断。以汽车服务企业为例，组成各子系统的部门与机构，如计划决策、运输生产、机务管理、经济核算、资金管理和后勤保障等应该职责分明、相互配合、相互补充、相互监督。这样，就不会因为内部因素不完善而出现市场信息输入迟滞、混乱甚至错误，从而产生负面影响。完善和健全企业管理体系，可以使企业在市场竞争中及时、迅速、准确地把握信息，极大地提高了企业的竞争实力，保证企业目标得以顺利实现。

（二）现代企业的经营管理机制

科学的企业经营管理机制，可以使管理者从繁忙的事务性工作中解脱出来，把精力集中到科学管理中去，从而不断地创新、改革与完善现有的管理机制，使企业管理走向良性循环。

健全而完善的企业经营机制应该包括以下几方面内容。

1. 经营目标

企业经营目标可分为远期目标和近期目标。远期目标一般不是很具体，是企业未来若干年的大致规划，但它的方向性一般较为明确，用于指导近期目标并作为近期目标的制定依据之一。而近期目标是短期内的执行目标，由一系列具体指标组成，较为精确，要准确把握，严格执行。

在确定企业经营目标时，我们需要把握两个原则。

（1）销量原则。企业是商品生产者，商品生产的目的不是为了拥有使用价值，而是为了获得交换价值，即通过商品交换获取最大利润。这是确立企业经营目标的基本前提。

（2）利润原则。企业要获取最大利润，生产的商品必须能使消费者接受，最大限度地满足消费者的需求。这中间贯穿了一个社会效益与经济效益的关系问题，二者之间的辩证关系是不追求社会效益，则无法满足社会需求，从而无法产生经济效益；过分强调经济效益而无视社会效益，将会导致企业社会环境的恶化，最终导致经济效益的丧失。

2. 内部经营

（1）分配机制。分配机制包含资源的分配和利益的分配。资源的分配强调资源利用效果，并对资源利用的责任与目标等原则性问题做出了明确的规定，以确保利用效果。利益的分配将资源利用效果与利用者本身的利益挂钩，且分配中往往包含资源的再分配，二者相辅相成、不可分离。

（2）竞争机制。市场竞争实际上是资源利用的竞争，竞争的过程就是寻求资源利用最佳效果的过程，而资源利用效果又导致资源的再分配。这就是竞争的实质，体现了市场竞争及人类社会所有竞争的规律。

（3）制约机制。制约方式包括财产制约和利益制约。前者针对生产资料所有者而言，约束其行为，促使其自觉地寻求确保财产不断增值的方法；后者针对经营者和劳动者而言，促使其不断地提高资源的利用效益。

（4）动力机制。随着社会和人类行为的不断发展，社会形态的动力源（如使命感、荣辱观、责任感和创造欲等）所占的比重日益增大。经济形态和社会形态的动力源是相互关联、相互制约和相互促进的辩证矛盾关系，二者的作用与地位均因时而异、因事而异、因人而异和因地而异。

二、现代企业制度的特征

（一）产权明晰

产权明晰是指要以法律的形式明确企业的出资者与企业的基本财产关系。完整意义上的产权关系是多层次的，应表明财产最终归谁所有、由谁实际占有、谁来使用、谁享受收益、归谁处置等财产权中的一系列关系。建立现代企业制度，应该明确企业与其所有者之间的基本财产关系，理顺企业的产权关系。企业中的国有资产属国家所有，即全民所有。由代表国有资产所有者的政府所授权的有关机构作为投资主体，对经营性国有资产进行配置和运用，作为企业中国有资产的出资人，依法享有出资者权益，并以出资额为限对企业承担有限责任。

（二）政企分开

首先，要把政府的社会经济管理职能与经营性国有资产所有权职能分开，通过构筑国有资产出资人与企业法人之间规范的财产关系，强化国有资产的产权约束。其次，要把政府的行政管理、监督职能与企业的经营管理职能分开。政府主要通过法律、法规和经济政策等宏观措施，调控市场，引导企业，规范国家与企业的分配关系，政府依法收税，企业依法纳税。把企业承担的社会职能分离出来，分别由政府和社会组织承担。政企分开是指在理顺企业国有资产产权关系、产权明晰的基础上，实行企业与政府的职能分离，建立新型的政府与企业的关系。实行政企分开，建立企业与政府之间的适应社会主义市场经济体制的新型政企关系，要求在明晰企业产权的基础上，实行政府对企业的调控、管理和监督。

（三）权责明确

权责明确是指在明晰产权、理顺产权关系、建立公司制度、完善企业法人制度的基础上，通过法律、法规确立出资人和企业法人对企业财产分别拥有的权利、承担的责任和各自应履行的义务。

企业拥有法人财产权，以全部法人财产独立享有民事权利、承担民事责任，依法自主经营。企业以独立的法人财产对其经营活动负责，以其全部资产对企业债务承担责任。通过建立企业法人制度和公司制度，形成企业的自负盈亏机制和对企业经营者的监督机制。同时，企业法人财产权的确立也是建立现代企业制度的基础。企业法人行使财产权要受出资人所有权的约束和限制，对出资人履行义务，依法维护出资人的权益，承担资产保值和增值的责任，绝不能损害出资人的合法权益。

(四) 管理科学

管理科学是建立现代企业制度的保证。管理科学是指把改革与企业管理有机地结合起来，在产权明晰、权责明确、政企分开的基础上，加强企业内部管理，形成企业内部的一系列科学管理制度，尤其要形成生产关系方面的科学管理制度。

一方面，要求企业适应现代生产力发展的客观规律，按照市场经济发展的需要，积极应用现代科技成果，在管理人才、管理思想、管理组织、管理方法、管理手段等方面实现现代化，并把这几方面的现代化内容同各项管理职能有机地结合起来，形成有效的现代化企业管理；另一方面，要求建立和完善与现代化生产要求相适应的各项管理制度。

现代企业制度的四个特征有较强的关联度，既互为因果，又互为条件，只有将四个特征都充分地体现出来，才能从根本上解决我国企业改革面临的深层次问题。

三、企业管理要推陈出新

(一) 创新的含义

创新起源于拉丁语，原意有三层含义：第一，更新；第二，创造新的东西；第三，改变。创新是人类特有的认识能力和实践能力，是人类主观能动性的高级表现形式，是推动民族进步和社会发展的不竭动力。一个民族要想走在时代前列，就一刻也不能没有理论思维，一刻也不能停止理论创新。创新在经济、商业、技术、社会学及建筑学这些领域的研究中有着举足轻重的分量。口语中，经常用"创新"一词表示改革的结果。既然改革被视为经济发展的主要推动力，创新因素也就显得至关重要。

1. 创新并不局限于某种具体产品

创新并不局限于某种具体的产品，流程也可以创新。例如，从法国里昂到美国俄亥俄州的首府哥伦布这条航线上，至少有四家航空公司在运营，如果想亲自在这四家公司订票，可能要忙上一个小时，而先进的电脑订票系统只需数秒便可解决这个问题。这种订票系统的创新在为顾客创造增值价值方面做出了贡献，这一点非常重要，所以不应该将创新仅局限于市场变化引起的产品调整或现有产品种类的增加。

2. 创新并不等于技术突破

创新不等于技术突破，但是它要求在结合现有技术或应用新技术方面具有一定的创造力，能够将现有技术与新技术创造性地进行组合。例如，沃尔沃公司的创新在于最近推出的汽车广告中再也找不到任何技术方面的术语了。在过去，要真正理解汽车广告的含义，必须具备一名工程师的素质。现在，沃尔沃不再重点介绍产品的特点，而是把重点放在了迅速而高效的售后服务，以及保险、信贷等方面。

3. 创新过程的管理

创新过程的管理非常重要，在创新的过程中要时刻牢记三大目标：保证设计质量、合理地利用资源、良好的时间管理。设计质量的好坏是衡量创新是否成功最重要的一个标准。为了满足消费者的需求，管理者必须要保证设计的质量。创新项目要取得成功，就要合理地利用资源，不仅需要资金，还需要人力资源。经常能发现如下情况：企业的资金很充裕，却没有合适的人员来开发新产品或将它投放市场。人们虽然已经认识到良好的时间管理是非常必要的，但是又认为缩短产品开发时间与产品投放市场的时间会花费大量的金钱。据推测，如果要将软件产品的开发时间减少一半,编程人员的数量需要增加一倍以上,甚至可能达到原人数的三倍,这样很可能出现得不偿失的情况。

(二)创新的要素

1. 公司文化

为了促进创新,公司必须创造一种使雇员们敢于冒险的环境,显然,最好的方法是鼓励自己创业。相对于大公司来讲,规模较小的公司比较有活力,通常能提出更多的创新观点,但是小公司没有足够的人力与财力来开展大规模的创新项目,因此需要将小公司的优势与大公司的实力结合在一起。

当有好的想法时,任何人都不应该垄断它。创业气氛浓厚的公司应该建立一套合理的机制,允许任何一个部门提出好的想法,尽量从公司的底层去发现创业者。思考一下:你的公司有没有从未提出过任何建议的部门?如果确实有的话,公司的内部沟通肯定是出了问题,因为一个部门不可能找不出一位具有创造力的人才。公司里经常存在一些并不完美的创业者,必须通过教育、激励等方式挖掘他们的最大潜能。公司可以选拔那些具有企业家才能的雇员,为他们提供培训的机会,使他们成为公司内部的创业者。

2. 杠杆效应

创新中重要的是在为寻求帮助而告知他人相关信息与为维护自身竞争优势而保守秘密这两者之间寻找一个最优平衡点。如果创新成功,就会促进社会资源的有效运用,增强竞争力。要是开辟了一个全新的市场,供应商也会因此而大幅度地增加销售额。

此外,能够一起从创新中获益的公司或组织,会愿意承担部分的开发或推广成本。所以,有一些创新项目可以在付出代价最小的情况下产生最大的效益,要善于从周围环境中发现这样的项目。观察周围,除了自己的公司以外,还有哪些公司或组织可以从这一创新项目中得到最大的收益?首先要找出能够提供80%的创新信息,同时可以为开发投入资金的20%的公司,然后要做的便是建立伙伴关系。双方可以签订合同,也可以单纯建立一种非正式的合作关系,无论采取哪种方式,都要避免将创新项目的所有资料告诉这位短期伙伴。归根到底,就是利用创新的预期收益来吸引别人,使其承担部分创新任务所必须支出的成本。这一技巧可以称为创新过程中的"组织性杠杆效应",它可以给你带来长期的好处。

 项目考核

阅读以下案例,按规则完成训练。

李华的成长故事

李华今年21岁,是一所高职学院大三的学生,正在一家汽车4S店顶岗实习。李华勤奋好学、工作踏实,短短三个月,已被领导和师父表扬了好几次。李华喜欢自己的专业,计划做一名优秀的技师,可最近有两件事改变了他的想法。一是实习单位推行的"今天我来当领导"活动,使李华有机会当了一天经理助理,感到管理很有意思。二是父亲和他的谈话。父亲经营着一家小汽车零配件厂,上周日父亲告诉他,自己身体状况欠佳,希望李华能在毕业后子承父业,管理工厂。李华经过认真考虑,决定要系统学习管理知识,做一名管理者。为此,他制订了理论和实践相结合的学习计划,即把企业管理的理论知识应用到实践之中,并不断修订,使之成为一份管理者的成长计划。今天,他要去实习单位向王经理请教管理是什么,怎样做一名管理者,也想请王经理给自己的学习计划提一些建议。李华内心忐忑不安,王经理会接待他吗?会满足他的需求吗?

(案例来源:企业管理实务,冯开红、吴亚平编著,北京电子工业出版社 2009 年出版)

一、考核规则

将学生分成若干小组,每组 5~6 人,各小组推荐一名学生为负责人(管理者)来组织活动,下一次活动时更换负责人,力求人人都能得到训练。各小组成员根据训练内容的不同,每人扮演不同的角色。从每个小组中抽出一人组成考核组,考核的形式为考核组集体打分,考核标准为形式性考核占 50%(包括流程、角色、需要的书面材料等),实质性考核占 50%(包括小组及个人的实际表现、内容掌握程度、目标实现程度等)。

二、考核运行

1. 考核规则说明(建议时间 15~20 分钟)。

2. 分组及就职演说,采用角色扮演方式,准备完毕后,进行就职演说(建议时间 15~20 分钟)。

3. 上述案例中李华怎样才能见到王经理?请你帮李华设计一份问题提纲。设想一下,王经理会给李华讲些什么?帮李华制订一份学习企业管理的成长计划。作为一名基层管理者,开展工作应当从哪里入手?帮李华整理一下今天的收获。

4. 分析会议与解决方案(建议时间 80~100 分钟)。

会议主题:_____

会议形式:_____

时间控制:_____

会议结论:_____

解决方案:_____

5. 主管(自己所扮演的角色)对一天工作的述职(建议时间 20~30 分钟)。

6. 小组讨论点评与活动总结(建议时间 15~20 分钟)。

7. 对各小组进行考核评价。

8. 教师点评(建议时间 20~30 分钟)。

项目 2
汽车服务企业的筹建与开业

◀ **学习目标**

(1) 了解汽车服务企业的筹建过程。
(2) 掌握汽车服务企业的开业标准。
(3) 知道如何进行汽车服务企业的市场预测与分析。

【项目引入】

郑州市位于河南省中部,地跨黄淮流域。郑州运输环境畅通,公路方面,310 国道与 G4(北京—港澳)、G30(连云港—霍尔果斯)高速通畅无阻;铁路方面,陇海线与京九线交汇于此。河南省统计局统计数据显示,2011 年,郑州的国民经济总量排全省第一位;按人均国民生产总值计算,郑州排第二位。

郑州市的品牌汽车 4S 专卖店主要集中在郑州市北部地区,该地区集中了市场的主流品牌,包括一汽丰田、东风日产、海南海马、广汽本田、上海通用、东风雪铁龙等汽车专卖店。同时也存在若干汽车大卖场,主要是经营一些二线品牌的中低端汽车。该片区已成为郑州市乃至豫中地区最大的汽车集散地。

近年来,政府充分利用汽车销售一条街的优势,强化企业的服务意识,在资金、用地、人才等方面给予投资商有力支持,在积极引导汽车销售一条街原有品牌专卖店做大规模的同时,着力引进上规模、上档次的新的品牌专卖店,进一步加快了汽车销售一条街的发展步伐,扩大了汽车销售一条街的辐射面,提升了其影响力。在政府对汽车销售一条街的积极扶持和强力服务下,整个行业保持了强劲的发展势头。目前汽车品牌专卖店已经达到近 30 家,国内知名品牌汽车专卖店纷至沓来,从业人员达到 2 000 多人,辐射范围不断扩大,行业集聚效应明显增强,一个以郑州为核心、辐射整个中国中部的汽车销售专业市场初具规模并迅速崛起,吸引了全市乃至河南周边地区的消费者前来选购,汽车销售日益红火。2013 年,纳入范围的 23 家汽车销售企业销售额达到 22.6 亿元,上缴税收 2 006 万元。

【相关知识】

任务 1 汽车服务企业的筹建

一、企业厂点的选择

选择汽车服务企业厂点的要求是达到最高的投资回报率。厂点的选择将直接影响到服务半径地区内潜在的客户群体,同时,市场需求的变化也会关系到整个企业的规模及特征。厂址的选择和布局规划是一项重大的、长期性的投资,关系到企业的长期发展。

汽车服务企业的选址流程大致包括市场调研、确定企业位置类型及确定企业厂址和规模三大方面,如图 2-1 所示。

图 2-1 汽车服务企业选址流程

(一)市场调研

1. 市场调研的含义与意义

市场调研是运用科学的调研方法,有目的、有计划地搜集、整理和分析有关供求双方的各种情报、信息和资料,把握供求现状和发展趋势,为销售计划的制订和企业决策提供正确依据的信息管理活动。

在汽车服务行业蓬勃发展的今天,只有根据市场形势的不断变化制定企业的营销方案,营销活动才能做到正确而有效。而要了解和掌握企业的外部情况,就必须依赖市场调研,从市场调研中获取市场信息资料,分析这些市场信息资料,可预测市场发展趋势。通过市场调研,可以了解市场总的供求情况、市场的大小和未来发展趋势,以便确定企业的运营模式和发展方向。市场调研对于汽车服务企业的经营管理而言有着重要的意义。

(1) 明确企业发展方向。通过市场调研,有利于企业了解汽车维修市场的现状和发展趋势,了解市场的供求关系,结合自身的情况,建立和发展差异化竞争优势,明确和调整企业的发展方向,形成自己鲜明独特的形象。

(2) 进行服务产品定位。通过市场调查,了解市场动态,促进企业产品品质的提升。产品可分为核心产品、形式产品、期望产品、附加产品和潜在产品五个层次。产品的任意一个层次都有重要的内容,只有在这些方面与竞争者有所差别,才能让消费者有所偏爱。对于汽车服务企业来说,服务产品涉及服务质量、服务态度、工期长短、服务价格等几个方面。通过市场调研了解消费者需求,也将促进新的服务产品的开发,以开拓新的利润增长点。例如,有的地区汽油资源相对紧缺,但天然气资源较为丰富,一些汽车服务企业得到这样的信息后,就开展了汽车天然气改装的业务,迅速抢占市场,取得了良好的经营成果。

(3) 进行消费者分析。汽车服务企业希望拥有尽可能多的消费者,通过市场调研,可以了解消费者的集中程度、盈利能力、对价格的敏感程度,以及企业产品对消费者的影响程度和消费者掌握信息的情况等。

(4) 进行竞争者观察。通过市场调研,了解竞争对手的情况,知己知彼方能百战不殆;分析本行业中竞争者的数量、竞争者的异同点、大部分企业经营现状以及其他行业对本企业的影响等。

2. 市场调研的方法
1) 室内调研

企业在进行市场调研时,从成本效益的角度考虑,首先要进行的不是实地调查,而是室内研究,以便充分利用企业内外已经存在的信息。以一家汽车服务企业为例,可以先行搜集、整理和分析本企业已经掌握的本地区的市场信息,比如利用统计部门、咨询公司发布的行业市场统计数据和情报,以及一些学者所发表的学术研究成果,这就是室内调研过程。

2) 实地调查

实地调查就是运用科学的方法,系统地现场搜集、记录、整理和分析有关市场信息,了解商品或劳务在供需双方之间转移的状况和趋势,为市场预测和经常性决策提供正确可靠的信息。企业自行开展的实地调查,无论对于企业准备、实施或是调整经营战略和经营决策,都是不可缺少的。仅仅依靠室内调研的结果,就匆忙进行经营决策,往往会有失偏颇。实地调查可以按照企业的迫切需要进行设计,因此是针对性和实用性都很强的市场调研方法,可以解决企业迫切需要解决的问题。实地调查主要有以下几种方式:

(1) 询问法。询问法就是利用调查人员和调查对象之间的语言交流,来直接搜集信息的调查方法。这种方法的特点是,调查人员将事先准备好的调查事项,以不同的方式向调查对象提问,将获得的有关信息收集起来,作为待分析的信息。

询问法分面谈询问、电话询问以及书信询问多种形式。面谈询问即调查人员针对选出的调查对象,按照规定的访问内容、步骤进行的个人面谈或小组面谈,是调查中最常用的方法。电话询问即调查人员用电话向调查对象进行询问。这种方法的主要优点在于能很快获得所需要的信息,而且调查人员不会产生太大的心理压力。书信询问即将设计好的书面材料邮寄或者派发给调查对象,请其填写后再收回。这种方法的主要优点是可以用于调查对象广泛分布的、范围较大的地区,答复时间相对充裕;其缺点是调查对象可能会误解问题的含义,因此不适宜询问较多问题,且调查时间较长,无法获得观察资料。

(2) 观察法。观察法就是调查人员通过直接观察和记录调查对象的言行来搜集信息的调查方法。这种方法的优点是调查人员与调查对象直接接触,可以观察和了解调查对象的真实反应。缺点是无法了解调查对象的内心活动及其他一些可以用询问法获得的资料,如收入情况、潜在需求和爱好等,此外,也可能由于调查者的判断错误,影响信息的准确性。观察法主要用于零售商家了解顾客和潜在顾客对商店的内部布局、进货品种、价格水平和服务态度的看法。这一方法对调查人员要求较高,可采用一些现代化工具进行配合。

(3) 试验法。目前普遍应用于消费品市场的调查方法是试验法,即向市场投放一部分产品,进行试验,收集顾客的反馈意见。凡是在调查商品品种、质量、包装、价格、设计、商标、广告以及陈列方式时,都可以采取试验法。但是这种方法成本过高,调查范围过小。

3. 市场调研的步骤

1) 准备阶段

(1) 确定市场调研目标。从经营管理的角度出发,市场调研的目的在于通过搜集、整理资料,帮助企业准确地做出经营战略和决策,在此之前,必须根据企业亟待解决的问题,确定市场调研的目标和范围。

(2) 确定所需信息资料。企业进行市场调研必须根据已确定的目标和范围去搜集相关的资料。如今资料种类繁多、内容复杂,如果没有正确地确定所需信息资料的范围,就如同大海捞针,费时且费力。

(3) 进行室内调研。为有效地利用企业内外现有资料,可以利用室内调研方法,获取既定的信息资源。包括对企业内部资料、政府统计数据、咨询公司所做的行业调查报告和学术研究成果的搜集和整理。

2) 实施阶段

(1) 决定搜集资料的方式。搜集资料一定要围绕先期确定的调研目标和信息资料范围去开展,同时考虑资料的准确性、及时性、系统性和针对性,选择合理的调查方法,如实验法、观察法、调查法等。

(2) 设计调查方案。市场调查几乎都是抽样调查,抽样调查最核心的问题是抽样对象的选取和问卷的设计。如何抽样,应视调查目的和准确性要求而定;而问卷的设计,要求完全依据要了解的内容拟订。调查方案中的问题应尽量减轻被调查者的负担,做到问题简单明了,逻辑通畅,不具有诱导性;如果要求选择回答,则问句的备选答案要求具有完备性;设计的问题方式要求多样化。

(3) 组织实地调查。就是到现场去搜集资料,应该加强对调查活动的规划和监控,及时调整和补救调查中出现的问题。要认真地开展实地调查工作,这样收集的信息才具有科学性和预见性。

（4）进行观察试验。在调查结果不足以实现既定目标和要求以及信息广度、深度有限时，还可以采用观察和试验的方法，组织有经验的市场调研人员对调查对象进行观察，或是进行对比试验，以获得更具有针对性的信息。

3）总结阶段

（1）整理分析资料。对获得的信息和资料进行进一步统计分析时，市场调研人员须以客观的态度和科学的方法，运用调查所得的资料、数据和事实，进行细致的统计计算，以获得高度概括的市场动向指标，以揭示市场发展的现状和趋势。具体包括编辑整理、分类汇总、统计分析等工作。

（2）准备研究报告。市场调研的最后阶段是根据比较、分析和预测结果写出书面调研报告，内容一般为调查目的和调查结论的比较，阐明针对既定目标所获结果，以及建立在这种结果基础上的经营思路和可执行的行动方案。

4）分析结果

特别要注意的是，对调研结果进行统计、分析和预测后所获得的信息，要达到如下要求：

（1）准确性。进行市场调研时必须坚持科学的态度和求实的精神，客观地反映事实，要认真鉴别信息的真实性和可信度。

（2）及时性。任何市场信息都有严格的时间要求，因此市场调研必须适时提出，快速实施，定时完成，所获得的情报也应该及时利用。

（3）针对性。市场信息繁多，所以进行市场调研时首先要明确调研目的。根据调研目的的要求，有的放矢，才能事半功倍。

（4）系统性。市场信息在时间上应有连贯性，在空间上应有关联性，随着时间、空间的推移和改变，市场将发生巨大的变化，信息也将不断扩充。企业对市场调研的资料加以统计、分类和整理，并提炼为符合事物内在本质联系的情报。

（二）确定企业位置类型

1. 商圈的内容

商圈是商业企业吸引顾客的空间范围，是指以企业地址为中心，向外延伸一定距离而形成的一个地理区域。它由核心商业圈、次级商业圈和边缘商业圈构成。商圈具有以下几个形态：

（1）商业区。商业集中的地区，其特色为区域范围大、流动人口多、热闹、各种商铺林立。其消费特点为快速、流行、娱乐性强、冲动购买多及消费金额比较高等。

（2）住宅区。住宅区住户数量至少在1 000户以上。其消费特点为消费人群稳定、讲求便利性和亲切感、家庭用品购买率高等。

（3）办公区。该区办公大楼林立。办公区的消费特点为讲求便利性、外来人口多、消费水准较高等。

（4）混合区。混合区分住商混合、住办混合等。混合区具备单一商圈形态的消费特色，属于多元化的消费习性。

商圈的要素主要包括以下六点：

（1）消费人群。

（2）有效经营者。

（3）有效的商业管理。

（4）商业发展前景。商圈未来的形象、概念都是打造商圈的主要手段。

（5）商业形象。商圈必须有自己的形象和特色。消费环境、对外宣传等都是商圈树立形象的重要环节。

（6）商圈功能。商圈按功能分为传统商圈和主题、概念商圈。北京王府井商圈等属于传统商圈，而数码城、汽车城等属于主题商圈。

2. 商圈的分析

商圈的分析内容主要由以下部分组成：

（1）人口规模及特征：人口总量和密度，以及相关的汽车保有量。

（2）劳动力保障：管理层学历、工资水平、普通员工学历、工资水平。

（3）供货来源：运输成本，运输与供货时间，可获得性与可靠性。

（4）促销：促销手段以及可传播性，成本与经费情况。

（5）经济情况：主导产业，季节性经济波动，经济增长点。

（6）竞争情况：现有竞争者的商业形式、位置、数量、规模、营业方针、经营风格、经营商品、服务对象；所有竞争者的优势与弱点分析；长期和短期的企业变动。

（7）法规：税收、执照、环境保护制度。

（8）其他：租金、投资的最高金额、四周的交通情况等。

对上述内容做具体分析如下：

（1）人口特征分析。商圈内的人口规模、家庭数量、收入分配、教育水平和年龄分布等情况可从政府的人口普查、购买力调查、年度统计等资料中获知。

（2）竞争分析。在做商圈竞争分析时，必须考虑下列因素：现有企业的数量、现有企业的规模及分布、新店开张率、所有企业的优势与弱点、短期和长期变动以及饱和情况等。任何一个商圈都可能处于企业过少、过多和饱和的情况。饱和指数表明一个商圈所能支持的商店不可能超过一个固定数量，饱和指数可由以下公式求得：

$$IRS = (C \times RE)/RF$$

式中：IRS——商圈的零售饱和指数；

C——商圈内的潜在顾客数目；

RE——商圈内消费者人均消费支出；

RF——商圈内同类商店的营业总面积。

假设某地区汽车服务企业的每平方米营业额为 2 000 元，某一商圈内有 3 000 户家庭有车，每户家庭每年在汽车维修保养中支出人民币 5 000 元，共有 10 个汽车服务企业在商圈内，共有 10 000 m^2 营业面积，则该商圈的饱和指数为

$$IRS = (3\,000 \times 5\,000)/10\,000 = 1\,500$$

这一数字离 2 000 元有近 500 元的差距，差距越大，则意味着该商圈内的饱和度越低；差距越小，则意味着该商圈内的饱和度越高。在不同的商圈中，应选择零售饱和指数较高的商圈开店。

（3）对商圈内经济状况的分析。如果商圈内经济很好，居民收入稳定增长，汽车保有量逐渐增多，汽车服务消费逐渐增强，就表明在商圈内建立企业的成功率越高。

3. 汽车企业位置类型选择

汽车企业位置类型可以简单地分为 3 类：孤立汽车服务经营区域、半饱和汽车服务经营区域和汽车城或汽车服务中心。

（1）孤立汽车服务经营区域内汽车服务商较少，企业一般单独坐落在市郊公路旁。其优点在于竞争对手给予的压力相对较小，企业场地租金相对便宜，而且在地点选择、场地规划上都相对自由。但也存在明显的缺点，如较难吸引顾客、宣传成本较高、零配件运送费高、营运业务需求比较全面等。

（2）半饱和汽车服务经营区域内汽车服务商处于半饱和状态。这一类经营区域客流量比较大，各个企业之间可以实现经营业务的互补，但同时带来了相同业务的竞争，并且由于地处市区，将导致地租成本过高、仓储难、交通紧张、停车配套设施缺乏统一规划等问题。

（3）汽车城或汽车服务中心是指经过统一规划而建设的汽车经营区域。其优点在于管理相对集中，配套设施比较齐全，公共成本较低，宣传力度、广度较大，客流群体多为车主，各服务商的互补相对充分。缺点在于统一的规划会导致企业经营缺乏灵活性，且企业间竞争更加激烈。

（三）确定企业厂址和规模

1. 确定企业厂址

经过市场调研和企业位置类型的选择后，应对候选的厂址方案进行仔细的评估，主要考虑以下几个方面：

（1）所选经营区域的人口情况和消费购买力。

（2）区域房租和投资成本。

（3）交通进出的便捷性和周围是否有充足的停车位。

（4）区域竞争情况和竞争者地址。

（5）良好的地势可视性，容易看到企业标识。

（6）区域政府规划和限制。

2. 企业厂区规划

汽车服务企业的厂区规划直接影响着企业的品牌形象，作为给客户留下第一印象的厂区布局，必须周密规划、合理布置。厂区设施应包括业务大厅、维修车间、顾客休息区、办公区、配件库、停车区等。厂区规划的原则是方便顾客，方便工作，人车路线分开，工作区与非工作区分开，通风照明符合要求，各个区间标识清楚。

1) 经营环境

服务企业的布局应将其功能性和企业理念文化相结合。企业通过经营环境给员工和大众传达企业价值观和文化特征，因此良好的环境氛围体现着企业的优秀管理能力和品牌优势。一般来说，很多汽车厂商对其旗下的销售服务企业有严格的环境布置要求，而经营环境对于非品牌服务商来说也尤为重要。经营环境的布置原则主要包括以下几点：

（1）厂牌标识规格统一，清晰醒目，远近可见，与周围环境相协调。

（2）所有场所设施保持清洁，墙壁不可残缺，铁架不可残缺锈蚀，玻璃干净透明，打造优美的绿化环境。

（3）经营场所保持充足的照明，道路上设有导向箭头，门口设有安全出口标识并且无障碍，方便人车出入。

（4）重要服务内容、服务项目、服务流程等信息应向顾客公开。

（5）业务大厅办公用品摆放整齐，顾客休息区域提供娱乐设施和茶水。

（6）人员着装统一并佩戴胸卡，方便客户辨认，保持微笑服务。

(7) 应为员工提供适当的休息场所。

2) 业务大厅

业务大厅是顾客进入的第一站。作为直接为车主提供服务的场所,业务大厅应带给人亲切、友好、舒适的整体感觉,它是客户透视企业文化的最佳载体。

(1) 大规模汽车服务厂应在业务大厅内设立跟踪服务台、救援服务热线电话、收银柜台等。工作人员要求统一着装并佩戴胸卡。需要设立宽敞舒适的客户休息室,休息室内的娱乐设施要保持完好有效,报纸杂志需定期更新,服务人员应提供饮料。也可在休息区域与车间之间设玻璃墙,便于客户观看车间情况,使车主在业务大厅等候的同时,身心得到休息和放松。如果在维修质量和速度上也有很好的保证,就能给客户留下一个很好的印象,利用客户的人际网,吸引到更多的客户。在同等服务质量下,客户当然会选择使自己心旷神怡的舒适环境。

(2) 中小汽车服务厂可根据资金的支持力度相对减少投资,搞好企业形象。应做到业务大厅地面整洁、玻璃干净、光线明亮、灯光设施完好,保持良好通风,使空气清新。大厅可悬挂企业服务宗旨、零件宣传资料,张贴车辆维修流程图和常用维修配件的工时价格。服务人员需笑容可掬,对客户表示关注和尊重。

3) 维修车间

维修车间是汽车服务企业的生产部门,是企业生产的第一线。在维修车间,要求所有硬件齐备,员工充足,保证效率。对于较大型的服务企业,维修车间要有完善的工位,包括检修工位、专用工位、保养工位、一般维修工位、电气修理工位,还需要设置钣金车间、喷漆车间和洗车场所等。对于中小型汽车服务企业,应保证常用工位的完整,配件库和工具设备要布局合理、便于利用,以提高工作效率。在安全要求方面,维修车间的工作灯需使用 36 V 安全电压,安全操作规程应上墙,钣金、喷漆车间应分开,以防噪声和化学污染。

4) 办公区

办公室服务的对象为员工以及企业内外的来访者。办公室设计有三个目标:第一是经济实用,满足日常工作的需要,以较少的费用实现更高的功能;第二是美观大方,能够满足人的生理和心理需要,创造出一个轻松良好的工作环境;第三是独具品位,办公室也是企业文化的物质载体,要努力体现企业物质文化和精神文化,反映企业的特色和形象。

办公室在设计上应符合下述基本要求:

(1) 符合企业实际,不要不顾企业自身的生产经营状况和财务状况,一味追求办公室的高档豪华气派;

(2) 符合使用要求,例如,总经理办公室在楼层安排、使用面积、室内装修、配套设备等方面都与一般职员的办公室不同,不是因为身份差异,而是他们的办公室具有不同的使用要求;

(3) 符合工作性质,例如,技术部门的办公室需要配备微机、绘图仪器等技术工作必需的设备,而公共关系部门显然更需要电话、传真机、沙发、茶几等接待工作需要的设备和家具。

办公室在布局上有两个要求:一方面要利于沟通,办公室作为企业重要的工作场所,必须保证工作人员之间的充分沟通,以实现信息的及时、有效传递,各环节协调运行;另一方面要便于监督,办公室是集体工作的场所,上下级之间、同事之间既需要沟通,也需要相互督促。由于个性的差异,每个人都有优点和缺点,而个人的缺点往往是自己难以觉察到的,如不及时纠正,便会造成工作失误,给企业带来损失。同事之间相互监督,能够有效地避免这一问题。因此,办公室的布置必须有利于员工在工作中相互督促、相互提醒,从而把工作中的失误减少到最低限度。

5）配件库

配件库的布局应根据仓库的作业程序,方便工作开展,提高工作效率。配件库应有足够的仓储面积,保证进货、出货的通畅,在进口处还需预留一定面积作为卸货区。库房内需单独设立危险品的放置区,并要有明显的警示标志。仓库的地面由于需承受重压,要有一定的强度。仓库由于堆积货物众多,更需要做好通风、防火、防盗工作。

6）停车区

停车区需要合理布局,给客户提供方便,车辆停放区域需用油漆画出,并设置明显标识,以划分客户停车区、接待区域、待修区域等。整个停车区域要保持清洁,车辆保持整齐有序。

7）厂区道路

厂区道路设立限速牌,道路应有标识,方便出入,转弯处需设置反光镜,上下坡需有减速带,防止汽车碰擦。

二、审批与开业

（一）汽车维修企业和经营业户立项、开业、变更审批程序

1. 汽车维修企业和经营业户筹建、立项程序

（1）申请从事汽车维修企业经营的,应向所在地县级以上道路运输管理机构提出筹建立项申请。

（2）在受理筹建立项申请时,申请人应提交的文件如下:

①经营项目、经营场所、经营规模、法人代表、职工人数等书面材料。

②有效的资金担保书和信誉证明。

③申请具有法人资格的企业,应有可行性报告以及主管部门的立项批准书,没有主管部门的,提交所在地乡镇级人民政府的许可证明。

④法律、法规规定的应提交的其他资料。

（3）道路运输管理机构自受理日起30日内审查完毕,按审批权限做出审批决定。批准筹建的,向申请者发出立项批准书,规定筹建时限;不批准的,给予申请人书面答复。

（4）审批筹建立项的原则是该申请是否符合本地区的汽车维修行业发展规划要求,是否符合开业条件。

2. 汽车维修企业和经营业户经营许可申请程序

（1）对于申请从事汽车维修经营许可的,筹建就绪后,即可在规定时间内填写"开业申请表",提出开业申请,同时向道路运输管理机构提交法人身份证、质检员证等有效证件复印件,厂点布置分布图,车间工艺布置图,相关设备清单、资产清单等。特许经销维修的,需提交正式的签约合同。

（2）道路运输管理机构应在受理日起30天内完成审查,做出许可或不予许可的决定。一类汽车维修企业由省级道路运输管理机构审批;二类汽车维修企业由市级道路运输管理机构审批;三类汽车维修企业由县级道路运输管理机构审批。

（3）汽车维修经营许可证可由各省、自治区、直辖市道路运输管理机构统一印制并编号,由县级道路运输管理机构发放并管理。

（4）获得经营许可证的申请人,由审批机构核发"汽车维修业技术合格证"及"汽车维修企业经营标志牌",还需持证依法向当地工商行政部门办理工商执照,向税务部门办理税务登记手续。

（5）汽车维修经营许可证的有效期如下:一类汽车维修企业6年,二类汽车维修企业4年,三类汽车维修企业3年。

（6）在有效期届满前30日,应向原许可的道路运输管理机构提出延续申请。

3. 汽车维修企业或经营业户变更申请、审批程序

1) 名称变更

（1）合并、分立、联营或隶属关系改变时,由经营者向上级主管部门提交批文或有关协议等。

（2）营业场所变动时,由经营者说明变动原因,提交有关文件。

（3）扩大或缩小经营范围时,应要求提交原经营状况和申请计划。

2) 经营权变更

（1）转让或出售企业的汽车维修经营者,出让方按歇业程序办理,受让方持转让证明,根据具体情况,分别按"名称变更""经营范围变更"等程序办理。

（2）向非经营者转让或出售企业的汽车维修经营者,出卖方按歇业、停业程序办理手续,受让方按开业程序办理手续。

3) 租赁或承包经营权的变更

个人租赁或承包经营者若因财产等原因引发产权和经营权的变更,由个人租赁或承包经营者持抵押协议到企业所在地道路运输管理机构备案。道路运输管理机构对于经营者的变更,应认真审查,重新核定其经营范围、经济性质和管理办法等。

4) 经营范围的变更

汽车维修企业或经营业户因故变更其经营范围的,由原批准开业的道路运输管理机构受理。汽车维修经营范围的变更主要属于同类变更,属于扩大经营范围的企业,按开业程序办理;属于缩小经营范围的企业,应由经营者填报变更表,经审核同意的换发经营证件,必要时向社会通告。

（二）市场开发部的建立及内容

1. 市场开发部建立的意义

随着社会的发展和市场经济的建立,新市场、新客户的开发,是每个公司都必须面临和解决的现实问题。对于刚刚起步的企业来说,新市场开发的多少与质量的好坏更是影响着企业的发展。

如今汽车维修企业总是将服务对象单纯地看成对车辆提供维修技术服务,其技术服务特性越来越突出,含量越来越高,往往忽视对车主的感情投入,导致很多企业虽然有良好的技术支持,却总是抱怨客户丢失严重,这种对于车主的忽视使得企业与客户之间的关系走上了歧路。市场开发部的建立,一方面可以促进企业形象的宣传,有利于企业取得客户的信任;另一方面可以对客户进行全面的了解,为客户提供更周到、更具体的服务。

2. 新市场开发的步骤

1) 事前准备

市场开发人员开发新市场,事前的准备非常重要。孙子曰:"知己知彼,百战不殆。"只有准

备充分,谈判时才能有的放矢,才能立于不败之地,因此对自己公司和目标市场的了解就显得尤为重要。市场开发人员正式上岗之前,应该进行一段时间的岗前培训,安排有关企业文化、技术、生产、财务、法律等方面的专业人士对他们分别进行企业情况、产品技术与服务条款等基本知识培训。

除了对自己的公司进行了解外,还需要了解市场和竞争对手。可以通过市场调查的方式得到社会状况、市场状况以及客户状况等信息。社会状况包括目标市场的人文环境、所处地理位置、人口数量、经济水平、消费习惯等;市场状况是指市场容量及竞争状况;客户状况是通过直接或间接的方式,了解当地服务商的状况,包括已有服务商及潜在服务商。市场调查的目的是熟悉市场行情,掌握第一手的客户资料,确定潜在目标客户群。在寻找潜在客户的方式上,可采用追根溯源的方法,以找到合适的客户。

2) 商业谈判

市场调研结束了,就可以根据已经确定的潜在目标客户,依据服务商应具备的条件及自己的优势和劣势,列出一个目标客户清单并进行筛选。

谈判前可先进行电话预约,使客户对公司服务有一个大致的印象,便于确定下一步谈判的侧重点,也便于自己更好地利用时间。上门洽谈是客户开发的成败之举,洽谈内容的重点为服务产品的质量、定价、促销手段、企业的品牌规划等,谈得越详细,客户将越感兴趣,最好还能把未来的美好蓝图充分向客户展示。在此要注意的是,在洽谈过程中,要注意聆听的艺术,一方面表示对对方的尊重,另一方面,也有利于了解和回答对方的问题。

3) 签约

如果谈判进行得顺利,跟着就是签约,但是往往在签约之前,客户会提出一些异议,只有消除了客户的异议,才能使目标客户基本上确定下来。然后,通过邀请其到公司参观考察等方式,进一步扫除客户心里的疑团和障碍。最后,趁热打铁,签订服务协议。

(三) 开业筹备工作

企业的开业筹备工作需在厂房建设和租赁合同签订的过程中同时开展,当厂房建设完毕时,大部分的开业筹备工作也应该结束。筹备工作具体包括以下几个方面:

1. 基础管理工作

(1) 各种规章制度的制定,包括综合管理制度、人员管理制度、安全生产制度等。

(2) 完善健全组织架构,明确各部门的职责范围及从属关系。

(3) 技术资料、业务资料、资产报表等准备完毕。

2. 仪器及备件

(1) 按汽车维修企业开业条件,将仪器设备、工具购置完毕,做好书面记录。

(2) 仪器设备安装到位并调试成功,将仪器性能指标、操作方法等文件归类保存。

(3) 整理仓库配件,做好记录,并保证配件的库存量满足日常服务需求。

3. 基础设施

维修车间、办公室、接待室等基础设施准备完毕,消防、卫生、用电等达到规范标准。

4. 员工

(1) 罗列招聘列表,开展员工招聘工作,并确认各岗位职责及要求。

(2) 进行员工培训,使其掌握企业文化,明确业务要求。

5. 企业形象

设计企业标识,按标准制作厂牌、指示路标等。开发企业网站,同时开展多项宣传手段。

6. 后勤及其他

统一制作工作服、工作证,设立厂区道路禁停区标识、仪器安全警示标识等,各类规章制度、工作说明上墙。

(四) 开业典礼

企业开业时都要举行开业典礼,过去企业总是不重视开业典礼,把它当作一种形式。但是对于现代企业,尤其是汽车服务企业来说,开业典礼既是一个值得纪念的日子,也是一次向大众宣传企业形象和展示企业文化的好机会。

1. 邀请嘉宾

嘉宾一般包括维修企业的主管部门负责人、当地行政单位车管领导、有影响力的企事业单位负责人、特约顾客、媒体宣传人员等。部分贵宾要提前发送邀请函,以确定出席开业典礼的嘉宾人数。

2. 媒体宣传

可在电台、报纸、网站等媒体上进行前期宣传,也可以结合自己的客户网络进行宣传活动。开业庆典当天,应该在企业门口悬挂横幅和广告气球等,将当天活动盛况用照片或录像的形式保存下来,发给新闻媒体以加强宣传效果。

3. 安排现场优惠活动

开业典礼的当天,企业一方面可开展舞狮等各类活动以增加典礼的仪式感和观赏性,另一方面可以开展各类优惠活动,例如帮助业主免费检测车辆或者打折销售车内装饰物品等,让客户获得实实在在的利益,进一步树立企业形象。

4. 开业庆典程序

(1) 宣布开业庆典开始。

(2) 介绍到场嘉宾,宣读贺电、贺信。

(3) 邀请领导或者嘉宾讲话。

(4) 宣布开业,邀请嘉宾参加剪彩、挂牌仪式,并鸣炮或舞狮加以庆祝。

(5) 向在场人员介绍企业经营业务、先进技术和设备、优惠的价格等企业优势。

(6) 带领嘉宾参观企业厂区,并且开展面向车主的优惠活动。

5. 开业庆典后续工作

企业在开业庆典后,应该加强后续工作,其中主要包括:

(1) 对参会的重要客户和领导进行回访,征询他们关于企业建设和发展的意见,以及对企业的想法。

(2) 对参加优惠活动的客户进行回访,询问活动的效果和服务的质量,表明希望继续为他们服务的意向。

(3) 对重点客户和潜在客户进一步跟进,要求技术人员和服务人员一同登门拜访,尽可能为他们解决实际困难。

| 知识拓展

美国汽车销售服务的发展历程

美国汽车销售服务经历了一个世纪的发展与变化,其分销渠道的发展趋势是从初期的多种分销渠道,发展成为以零售商为主的分销渠道。大致经历了以下5个阶段。

生成阶段(20世纪20年代以前,自由多渠道)。当时由于汽车工业处于起步和大量生产阶段,厂家规模较小,汽车处于卖方市场,汽车销售通过多种流通渠道,包括代理商、移动推销员、百货店、生产企业的销售公司等渠道进行。

形成阶段(20世纪20年代至30年代,生产企业主导的专营代理渠道)。20世纪20至30年代,美国汽车市场由卖方市场转变为买方市场,这一时期,随着大批量生产体制的确立以及市场需求的变化,汽车出现了供给过剩。为适应这一变化,由汽车生产企业为主导的专营代理分销渠道,即"汽车生产企业—地区销售分公司—零售店"式的汽车流通渠道,渐渐占据主导地位。

法律约束阶段(20世纪30年代至80年代)。这一时期的汽车分销渠道基本延续了以前的形式。但是为了打破生产企业的垄断局面,美国成立了"汽车零售联合会",以维护中间商的利益。同时还立法保护中间商,如规定生产企业如在现有专卖店10英里(1英里=1.609 344千米)范围内增设新的专营店时,必须征得现有专营店的同意。

规模扩大阶段(20世纪80年代至90年代)。进入20世纪80年代,美国开始出现特大汽车零售商,其经营规模多达20~40家零售店。这一时期美国的汽车零售商既有品牌专卖店,也有多种品牌兼卖店,还有一个零售商经营多个专卖店乃至"轿车超级市场"的。

稳定发展阶段(20世纪90年代以后)。20世纪90年代以后,美国汽车生产企业为缓和同零售商之间的矛盾,采取了妥协政策,将同零售商的关系视作企业内部部门关系,加强了供应链管理,从而缓和了工商双方的矛盾。

任务2 开业标准

新的国家标准《汽车维修业开业条件》GB/T16739—2014由中华人民共和国国家质量监督检验检疫总局发布,并于2015年1月1日起开始实施。新标准分为两个部分:第1部分为汽车整车维修企业,第2部分为汽车综合小修及汽车专项维修业户。

一、汽车整车维修企业

(一)范围

本部分规定了汽车整车维修企业应具备的人员、组织管理、安全生产、环境保护、设施和设备等条件。本部分适用于汽车整车维修企业(一类、二类),是道路运输管理机构对汽车整车维修企业实施行政许可和管理的依据。

(二)规范性引用文件

下列文件对于本部分的应用是必不可少的。凡是注日期的引用文件,仅注日期的版本适用于本部分。凡是不注日期的引用文件,其最新版本(包括所有修改单)适用于本部分。

GB/T 5624　汽车维修术语

GB/T 16739.2—2014　汽车维修业开业条件　第2部分　汽车综合小修及专项维修业户

GB/T 18344　汽车维护、检测、诊断技术规范

GB/T 21338　机动车维修从业人员从业资格条件

(三)术语和定义

GB/T 5624界定的下列术语和定义适用于GB/T 16739的本部分。

1. 汽车整车维修企业(the enterprises for motor vehicle maintenance and repair)

有能力对所维修车型的整车、各个总成及主要零部件进行各级维护、修理及更换,使汽车的技术状况和运行性能完全(或接近完全)恢复到原车的技术要求,并符合相应国家标准和行业标准规定的汽车维修企业。按规模大小分为一类汽车整车维修企业和二类汽车整车维修企业。

2. 小型车(small-vehicle)

车身总长不超过6 m的载客车辆和最大设计总质量不超过3 500 kg的载货车辆。

3. 大中型客车(large and medium passenger vehicle)

车身总长超过6 m的载客车辆。

4. 大型货车(heavy-duty goods vehicle)

最大设计总质量超过3 500 kg的载货车辆、挂车及专用汽车的车辆部分。

(四)人员条件

(1)应具有维修企业负责人、维修技术负责人、维修质量检验员、维修业务员、维修价格结算员、机修人员、电器维修人员、钣金(车身修复)人员和涂漆(车身涂装)人员。从业人员资格条件应符合GB/T 21338的规定,并取得行业主管部门及相关部门颁发的从业资格证书,持证上岗。

(2)维修质量检验员数量应与其经营规模相适应,至少应配备2名维修质量检验员。

(3)机修人员、电器维修人员、钣金人员和涂漆人员,一类企业至少应各配备2人;二类企业应至少各配备1人。

(4)其他岗位从业人员,一类企业应至少各配备1人,不能兼职。二类企业允许一人二岗,可兼任一职。

(5)从事燃气汽车维修的企业,至少应配备1名熟悉燃料供给系统专业技术的专职作业、检验人员,并经培训合格,持证上岗。

(五)组织管理条件

1. 基本要求

(1)应建立健全组织管理机构,设置经营、技术、业务、质量、配件、检验、档案、设备、生产

和安全环保等管理等部门并落实责任人。

(2) 应建立完善的质量管理体系。

(3) 应有现行有效的与汽车维修有关的法律、法规、规章和标准等文件资料。

2. 经营管理

(1) 应具有规范的业务工作流程,公开业务受理程序、服务承诺和用户抱怨受理程序等,并明示经营许可证、标志牌、配件价格、工时定额和价格标准等。

(2) 应建立并执行价格备案及公示、汽车维修合同、汽车维修费用结算清单、汽车维修记录、统计信息报送和安全生产管理等制度。

(3) 维修过程、配件管理、费用结算和维修档案等应实现电子化管理。

3. 质量管理

(1) 应建立并执行汽车维修质量承诺、进出厂登记、检验、竣工出厂合格证管理、汽车维修档案管理、标准和计量管理、设备管理、配件管理、文件资料有效控制和人员培训等制度。

(2) 汽车维修档案应包括维修合同,进厂、过程、竣工检验记录,竣工出厂合格证存根,维修结算清单,材料清单等。

(3) 配件管理制度应规定配件采购、检查验收、库房管理、信息追溯、配件登记及台账、索赔等要求。

(4) 应具有所维修车型的维修技术资料及工艺文件,确保完整有效并及时更新。

(六) 安全生产条件

(1) 应建立并实施与其维修作业内容相适应的安全管理制度和安全保护措施。

(2) 应制定各类机电设备的安全操作规程,并明示在相应的工位或设备处。

(3) 使用与存储有毒、易燃、易爆物品和粉尘、腐蚀剂、污染物、压力容器等,均应具备相应的安全防护措施和设施。安全防护设施应有明显的警示、禁令标志。

(4) 生产厂房和停车场应符合安全生产、消防等各项要求,安全、消防设施的设置地点应明示管理要求和操作规程。

(5) 应具有安全生产事故的应急预案。

(七) 环境保护条件

(1) 应具有废油、废液、废气、废水(以下简称"四废")、废蓄电池、废轮胎、含石棉废料及有害垃圾等物质集中收集、有效处理和保持环境整洁的环境保护管理制度,并有效执行。有害物质存储区域应界定清楚,必要时应有隔离、控制措施。

(2) 作业环境以及按生产工艺配置的处理"四废"及采光、通风、吸尘、净化、消声等设施,均应符合环境保护的有关规定。

(3) 涂漆车间应设有专用的废水排放及处理设施,采用干打磨工艺的,应有粉尘收集装置和除尘设备,并应设有通风设备。

(4) 调试车间或调试工位应设置汽车尾气收集净化装置。

(八) 设施条件

1. 接待室(含客户休息室)

(1) 应设有接待室。一类企业的接待室面积不小于 $80 m^2$,二类企业的接待室面积不小于 $20 m^2$。

(2)接待室应整洁明亮,明示各类证、照、主修车型、作业项目、工时定额及单价等,并应有供客户休息的设施。

2. 停车场

(1)应有与承修车型、经营规模相适应的合法停车场地,并保证车辆行驶通畅。一类企业的停车场面积不小于 200 m^2,二类企业的停车场面积不小于 150 m^2。不得占用公共用地。

(2)租赁的停车场地应具有合法的书面合同书,租赁期限不得少于 1 年。

(3)停车场地面应平整坚实,区域界定标志明显。

3. 生产厂房及场地

(1)生产厂房面积应能满足表 2-1 所列设备的工位布置、生产工艺和正常作业,并与其经营业务相适应。一类企业的生产厂房面积不小于 800 m^2,二类企业的生产厂房面积不小于 200 m^2。

(2)生产厂房内应设有总成维修间。一类企业总成维修间面积不小于 30 m^2,二类企业总成维修间面积不小于 20 m^2,并设置总成维修所需的工作台、拆装工具、计量器具等。

(3)生产厂房内应设有预检工位,预检工位应有相应的故障诊断、检测设备。

(4)租赁的生产厂房应具有合法的书面合同书,租赁期限不得少于 1 年。

(5)生产厂房地面应平整坚实。

(6)从事燃气汽车维修的企业,应有专用维修厂房,厂房应为永久性建筑,不得使用易燃建筑材料,面积应与生产规模相适应。厂房内通风良好,不得堆放可能危及安全的物品。厂房周围 5 m 内不得有任何可能危及安全的设施。

(7)从事燃气汽车维修的企业,还应设有密封性检查、卸压操作的专用场地,可以设在室外。应远离火源,应明示防明火、防静电的标志。

(九)设备条件

(1)应配备表 2-1 要求的仪表工具、专用设备、检测设备和通用设备,其规格和数量应与其生产规模和生产工艺相适应。

表 2-1 设备明细表

仪 表 工 具			
序号	设备名称	序号	设备名称
1	万用表	8	外径千分尺
2	气缸压力表	9	内径千分尺
3	燃油压力表	10	量缸表
4	液压油压力表	11	游标卡尺
5	真空表	12	扭力扳手
6	空调检漏设备	13	气体压力及流量检测仪 (针对燃气汽车维修企业)
7	轮胎气压表	14	便携式气体检漏仪 (针对燃气汽车维修企业)

续表

专用设备					
序号	设备名称	大中型客车	大型货车	小型车	其他要求
1	废油收集设备		√		
2	齿轮油加注设备		√		
3	液压油加注设备		√		
4	制动液更换加注器		√		
5	脂类加注器		√		
6	轮胎轮辋拆装设备		√		
7	轮胎螺母拆装机	√	√	○	
8	车轮动平衡机		√		
9	四轮定位仪	○	○	√	二类允许外协
10	四轮定位仪或转向轮定位仪	√	√	○	二类允许外协
11	制动鼓和制动盘维修设备	√	√	○	
12	汽车空调冷媒回收净化加注设备		√		大货车允许外协
13	总成吊装设备或变速箱等总成顶举设备		√		
14	汽车举升设备		√		一类应不少于5个,二类应不少于2个。汽车举升机或具有安全逃生通道的地沟
15	汽车故障电脑诊断仪		√		
16	冷媒鉴别仪		√		
17	蓄电池检查、充电设备		√		
18	无损探伤设备	√	○	○	
19	车身清洗设备		√		
20	打磨抛光设备	√	○	√	
21	除尘除垢设备	√	○	√	
22	车身整形设备		√		
23	车身校正设备	○	○	√	二类允许外协
24	车架校正设备	√	√	○	二类允许外协
25	悬架试验台	○	○		允许外协
26	喷烤漆房及设备	√			大中型客车允许外协
27	喷油泵试验设备(针对柴油车)		√		允许外协
28	喷油器试验设备		√		
29	调漆设备	√	○	√	允许外协
30	自动变速器维修设备(见 GB/T16739.2—2014)		√		允许外协
31	氢气置换装置(针对燃气汽车维修企业)	√	○	√	
32	气瓶支架强度校验装置(针对燃气汽车维修企业)	√	○	√	允许外协

注:√要求具备;○不要求具备。

续表

检测设备		
序号	设备名称	其他要求
1	尾气分析仪或不透光烟度计	
2	汽车前照灯检测设备	可用手动灯光仪或投影板检测
3	侧滑试验台	可用单板侧滑台
4	制动性能检验设备	可用制动力、制动距离、制动减速度的检验设备之一

通用设备			
序号	设备名称	序号	设备名称
1	计算机	5	气体保护焊设备
2	砂轮机	6	压床
3	台钻(含台钳)	7	空气压缩机
4	电焊设备(大中型客车、大型货车维修)	8	抢修服务车

（2）从事营运车辆二级维护的企业，应配置满足 GB/T 18344 规定的所有出厂检验项目的检测设备。

（3）各种设备应能满足加工、检测精度的要求和使用要求，并应符合相关国家标准和行业标准的要求。计量器具及表 2-1 所列检测设备应按规定检定合格。

（4）汽车举升机、喷烤漆房及设备等涉及安全的产品应通过交通产品认证。

（5）允许外协的设备，应具有合法的合同书，并能证明其技术状况符合（3）、（4）的要求。

二、汽车综合小修及专项维修业户

（一）范围

GB/T 16739 的本部分规定了汽车汽车综合小修及专项维修业户应具备的通用条件，及其经营范围、人员、设施、设备等条件。

本部分适用于汽车汽车综合小修及专项维修业户（三类），是道路运输管理机构实施行政许可和管理的依据。

（二）规范性引用文件

下列文件对于本部分的应用是必不可少的。凡是注日期的引用文件，仅注日期的版本适用于本部分。凡是不注日期的引用文件，其最新版本（包括所有修改单）适用于本部分。

GB/T 5624　汽车维修术语

GB/T 21338　机动车维修从业人员从业资格条件

（三）术语和定义

GB/T 5624 界定的下列术语和定义适用于本部分。

1. 汽车综合小修业户（the enterprises for vehicle comprehensive current repair）

从事汽车故障诊断和通过修理或更换个别零件，消除车辆在运行过程或维护过程中发生或发现的故障或隐患，恢复汽车工作能力的维修业户（三类）。

2. 汽车专项维修业户(the enterprises for vehicle maintenance and repair of special items)

从事汽车发动机维修、车身维修、电气系统维修、自动变速器维修、轮胎动平衡及修补、四轮定位检测调整、汽车润滑与养护、喷油泵和喷油器维修、曲轴修磨、气缸镗磨、散热器维修、空调维修、汽车美容装潢、汽车玻璃安装及修复等专项维修作业的业户(三类)。

(四) 通用条件

(1) 从事综合小修或专项维修关键岗位的从业人员数量应能满足生产的需要,从业人员资格条件应符合 GB/T 21338 的规定,并取得行业主管及相关部门颁发的从业资格证书,持证上岗。

(2) 应具有相关的法规、标准、规章等文件以及相关的维修技术资料和工艺文件等,并确保完整有效、及时更新。

(3) 应具有规范的业务工作流程,公开业务受理程序、服务承诺、用户抱怨受理程序等,并明示各类证、照、作业项目及计费工时定额等。

(4) 停车场面积应不小于 30 m²。停车场地界定标志明显,不得占用道路和公共场所进行作业和停车,地面应平整坚实。

(5) 生产厂房的面积、结构及设施应满足综合小修或专项维修作业设备的工位布置、生产工艺和正常作业要求。

(6) 租赁的生产厂房、停车场地应具有合法的书面合同书,并应符合安全生产、消防等各项要求。租赁期限不得少于 1 年。

(7) 设备配置应与其生产作业规模及生产工艺相适应,其技术状况应完好,符合相应的产品技术条件等国家标准或行业标准的要求,并能满足加工、检测精度的要求和使用要求。检测设备及计量器具应按规定检定合格。

(8) 应设配备安全生产管理人员,熟知国家安全生产法律法规,并具有汽车维修安全生产作业知识和安全生产管理能力。应有所需工种和所配机电设备的安全操作规程,并将安全操作规程明示在相应的工位或设备处。

(9) 使用与存储有毒、易燃、易爆物品和粉尘、腐蚀剂、污染物、压力容器等均应具备相应的安全防护措施和设施。作业环境以及按生产工艺配置的处理"四废"及采光、通风、吸尘、净化、消声等设施,均应符合环境保护的有关规定。

(五) 经营范围、人员、设施、设备条件

1. 汽车综合小修

1) 人员条件

(1) 应有维修企业负责人、维修技术负责人、维修质量检验员、维修业务员、维修价格结算员、机修人员和电器维修人员。

(2) 维修质量检验员应不少于 1 名。

(3) 主修人员应不少于 2 名。

2) 组织管理条件

(1) 应具有健全的经营管理体系,设置技术负责、业务受理、质量检验、文件资料管理、材料管理、仪器设备管理、价格结算、安全生产等岗位并落实责任人。

(2) 应具有汽车维修质量承诺、进出厂登记、检验记录及技术档案管理、标准和计量管理、设备管理、人员技术培训等制度并严格实施。

(3) 维修过程、配件管理、费用结算、维修档案等应实现电子化管理。

3) 设施条件

(1) 应设有接待室，其面积应不小于 10 m²，整洁明亮，并有供客户休息的设施。

(2) 生产厂房面积应不小于 100 m²。

4) 主要设备

主要设备应包括：压床，空气压缩机，汽车故障电脑诊断仪，温、湿度计，万用表，气缸压力表，真空表，燃油压力表，尾气分析仪或不透光烟度计，轮胎漏气试验设备，轮胎气压表，千斤顶，轮胎轮辋拆装、除锈设备或专用工具，车轮动平衡机，汽车空调冷媒回收净化加注设备，空调专用检测设备，空调专用检漏设备，不解体油路清洗设备，举升设备或地沟，废油收集设备，齿轮油加注设备，液压油加注设备，制动液更换加注器，脂类加注器，汽车前照灯检测设备（可用手动灯光仪或投影板检测），制动减速度检验等制动性能检验设备。

2. 发动机维修

1) 人员条件

(1) 设置岗位及从业人员条件应符合汽车综合小修的要求。

(2) 维修质量检验员应不少于 2 名。

(3) 发动机主修人员应不少于 2 名。

2) 组织管理条件

企业的组织管理条件同汽车综合小修。

3) 设施条件

(1) 应设有接待室，其面积应不小于 20 m²，整洁明亮，并有供客户休息的设施。

(2) 生产厂房面积应不小于 100 m²。

4) 主要设备

主要设备应包括：压床，空气压缩机，发动机解体清洗设备，发动机等总成吊装设备，发动机翻转设备，发动机诊断仪，废油收集设备，万用表，气缸压力表，真空表，量缸表，正时仪，汽油喷油器清洗及流量测量仪，燃油压力表，喷油泵试验设备（允许外协），喷油器试验设备（允许外协），连杆校正器，无损探伤设备，立式精镗床，立式珩磨机，曲轴磨床，曲轴校正设备，凸轮轴磨床，曲轴、飞轮与离合器总成动平衡机。

3. 车身维修

1) 人员条件

(1) 应有维修企业负责人、维修技术负责人、维修质量检验员、维修业务员、维修价格结算员、机修人员、钣金人员和涂漆人员。

(2) 维修质量检验员应不少于 1 名。

(3) 车身主修及维修涂漆人员均应不少于 2 名。

2) 组织管理条件

企业的组织管理条件同汽车综合小修。

3) 设施条件

(1) 应设有接待室,其面积应不小于 20 m²,整洁明亮,并有供客户休息的设施。

(2) 生产厂房面积应不小于 120 m²。

4) 主要设备

主要设备应包括:电焊及气体保护焊设备,切割设备,压床;空气压缩机,汽车外部清洗设备,打磨抛光设备,除尘除垢设备,型材切割机,车身整形设备,车身校正设备,车架校正设备,车身尺寸测量设备,喷烤漆房及设备,调漆设备,砂轮机和角磨机,举升设备,除锈设备,吸尘、采光、通风设备,洗枪设备或溶剂收集设备。

4. 电气系统维修

1) 人员条件

(1) 应有维修企业负责人、维修技术负责人、维修质量检验员、维修业务员、维修价格结算员和电器维修人员。

(2) 维修质量检验员应不少于 1 名。

(3) 电子电器主修人员应不少于 2 名。

2) 组织管理条件

企业的组织管理条件同汽车综合小修。

3) 设施条件

(1) 应设有接待室,其面积应不小于 20 m²,整洁明亮,并有供客户休息的设施。

(2) 生产厂房面积应不小于 120 m²。

4) 主要设备

主要设备应包括:空气压缩机,汽车故障电脑诊断仪,万用表,充电机,电解液比重计,高频放电叉,汽车前照灯检测设备,电路检测设备,蓄电池检测、充电设备。

5. 自动变速器维修

1) 人员条件

(1) 应有维修企业负责人、维修技术负责人、维修质量检验员、维修业务员、维修价格结算员、机修人员和电器维修人员。

(2) 维修质量检验员应不少于 1 名。

(3) 自动变速器专业主修人员应不少于 2 名。

2) 组织管理条件

企业的组织管理条件同汽车综合小修。

3) 设施条件

(1) 应设有接待室,其面积应不小于 20 m²,整洁明亮,并有供客户休息的设施。

(2) 生产厂房面积应不小于 200 m²。

4) 主要设备

主要设备应包括:自动变速器翻转设备、自动变速器拆解设备、变扭器维修设备、变扭器切割设备、变扭器焊接设备、变扭器检测(漏)设备、零件清洗设备、电控变速器测试仪、油路总成测试机、液压油压力表、自动变速器总成测试机、自动变速器专用测量器具、空气压缩机、万用表、废油收集设备。

6. 轮胎动平衡及修补

1）人员条件

至少有1名经过专业培训的轮胎维修人员。

2）设施条件

生产厂房面积应不小于15 m^2。

3）主要设备

主要设备应包括：空气压缩机、轮胎漏气试验设备、轮胎气压表、千斤顶、轮胎螺母拆装机或专用拆装工具、轮胎轮辋拆装、除锈设备或专用工具、轮胎修补设备、车轮动平衡机。

7. 四轮定位检测调整

1）人员条件

至少有1名经过专业培训的汽车维修人员。

2）设施条件

生产厂房面积应不小于40 m^2。

3）主要设备

主要设备应包括：举升设备、四轮定位仪、空气压缩机、轮胎气压表。

8. 汽车润滑与养护

1）人员条件

至少有1名经过专业培训的汽车维修人员。

2）设施条件

生产厂房面积应不小于40 m^2。

3）主要设备

主要设备应包括：不解体油路清洗设备、废油收集设备、齿轮油加注设备、液压油加注设备、制动液更换加注器、脂类加注器、举升设备或地沟、空气压缩机。

9. 喷油泵、喷油器维修

1）人员条件

至少有1名经过专业培训的柴油机高压油泵维修人员。

2）设施条件

生产厂房面积应不小于30 m^2。

3）主要设备

主要设备应包括：喷油泵、喷油器清洗和试验设备，喷油泵、喷油器密封性试验设备，弹簧试验仪，千分尺，厚薄规。

4）附加设备

从事电控喷油泵、喷油器维修还需配备：电控喷油泵、喷油器检测台，电控喷油泵、喷油器专用拆装工具，电控柴油机故障诊断仪，超声波清洗仪，专用工作台。

10. 曲轴修磨

1）人员条件

至少有1名经过专业培训的曲轴修磨人员。

2）设施条件

生产厂房面积应不小于60 m^2。

3) 主要设备

主要设备应包括:曲轴磨床,曲轴校正设备,曲轴动平衡设备,平板,V型块,百分表及磁力表座,外径千分尺,无损探伤设备,吊装设备。

11．气缸镗磨

1) 人员条件

至少有1名经过专业培训的气缸镗磨人员。

2) 设施条件

生产厂房面积应不小于60 m^2。

3) 主要设备

主要设备应包括:立式精镗床、立式珩磨机、压床、吊装起重设备、气缸体水压试验设备、量缸表、外径千分尺、厚薄规、激光淬火设备(从事激光淬火必备)、平板。

12．散热器维修

1) 人员条件

至少有1名经过专业培训的维修人员。

2) 设施条件

生产厂房面积应不小于30 m^2。

3) 主要设备

主要设备应包括:清洗及管道疏通设备、气焊设备、钎焊设备、空气压缩机、喷漆设备、散热器密封试验设备。

13．空调维修

1) 人员条件

至少有1名经过专业培训的汽车空调维修人员。

2) 设施条件

生产厂房面积应不小于40 m^2。

3) 主要设备

主要设备应包括:汽车空调冷媒回收净化加注设备、空调电器检测设备、空调专用检测设备、万用表、冷媒鉴别设备、空调检漏设备、数字式温度计、汽车故障电脑诊断仪。

14．汽车美容装潢

1) 人员条件

至少有经过专业培训的1名维修人员和2名车身清洁人员。

2) 设施条件

生产厂房面积应不小于40 m^2。

3) 主要设备

主要设备应包括:汽车外部清洗设备,吸尘设备,除尘、除垢设备,打蜡设备,抛光设备,贴膜专业工具。

15．汽车玻璃安装及修复

1) 人员条件

至少有1名经过专业培训的维修人员。

2)设施条件

生产厂房面积应不小于 30 m^2。

3)主要设备

主要设备应包括:工作台、玻璃切割工具、注胶工具、玻璃固定工具、直尺、弯尺、玻璃拆装工具、吸尘器。

 知识拓展

4S 店的优势

4S 店是一种以"四位一体"为核心的汽车特许经营模式,包括整车销售(sale)、零配件销售(spare part)、售后服务(service)、信息反馈(survey)等。据统计,2004 年底,仅北京地区在工商局注册的经销商就有 2 092 家,有 400 家注册资本达到 1 000 万元以上。上海大众已经拥有 427 家 4S 店,一汽大众拥有 330 多家 4S 店,一汽解放拥有的 4S 店也已达到 128 家,雪铁龙拥有 170 家 4S 店。截至 2020 年末,国内主要汽车厂商的 4S 店有 2.8 万家。4S 店为什么如此火爆,能够在短时间内取得如此巨大的发展呢?主要是由于 4S 专卖店具有以下优势。

1. 舒适的购车环境

4S 店在外观和内部布局上,统一规范、统一标识,建筑豪华、装修考究,为消费者营造出高档、舒适、优美的购车环境,因此吸引了大量的客户,特别是高端客户。例如,广州本田是国内公认较为成功的品牌专卖店,它直接采用日本本田公司的品牌专营模式,是国内首家建立的 4S 专卖店,从硬件上来讲,每家专卖店的店面设计整齐统一,内部的功能室和车间划分都非常严格。每位来访者都会感觉到置身于简洁高雅、井然有序的环境。有的经销商还根据自身的条件,建有客户俱乐部、娱乐室、户外运动场等设施,让消费者有了"家"的感觉。

2. 有厂商的技术支持

4S 店是制造商的特许专营店,能得到厂家强有力的技术支持,自然也能为消费者提供好的技术支持和服务。厂家会为 4S 店培训大量的销售人员和维修技术人员。销售人员经过专业培训,对该车型的技术特点比较熟悉,对于购车者咨询的各种问题能够给出清晰的回答,这样可以促进销售量;维修技术人员经过专业培训,对该车型各个系统的工作原理、结构特点、常见故障更加熟悉,在排除故障时更加熟练,这样能够为顾客提供专业的维修服务。

3. 配备专用工具,采用正宗原厂设备

根据制造商的要求,4S 店在建立时都必须配备该车型的专用工具及发动机分析仪、解码器等正宗原厂设备。有了这些设备,维修人员可以快速、准确地诊断出顾客车辆的故障,从而提高车辆维修的质量和维修速度。另外,在 4S 店,所有车辆维修保养所用到的零配件都是正宗原厂件。零配件的质量有了保障,汽车维护保养的质量就有了保障。

4. 仅针对单一车型

所谓品牌专卖,是针对单一的品牌,即单一的车型。4S店的维修技术人员通常只修一种车型,因此,容易成为这一车型的专家,更何况有厂家强有力的技术支持和专门针对该车型的工具设备。由此看来,4S店的车辆维修、保养质量较有保障,与修"万国车"的维修店相比较,具有一定的技术优势。

任务3 汽车服务的市场调查与预测

一、汽车服务的市场调查

(一) 市场调查的概念

市场调查就是以商品的购买者(个人或团体)和市场营销组合的各要素为对象,运用科学的方法,搜集、记录、整理和分析所有情报和信息资料,从而掌握市场的现状及其未来发展趋势的一种企业经营活动。市场调查既可能是通过了解市场供求发展变化的历史和现状,为市场预测准备可用资料,也可能是为了总结经验,或是为寻找目标市场而进行市场细分的调查研究。

(二) 汽车服务市场调查的内容

从企业经营决策的需要出发,汽车服务企业基于营销和服务管理的市场调查内容有以下几个方面。

1. 市场需求情况调查

主要调查本企业产品或服务在总体市场或各种细分市场的需求量的影响因素。

(1) 需求量调查:汽车服务企业是以汽车产品销售或服务为中心的,为用户提供产品服务和技术保障,其市场需求的主要影响因素有经济发展水平、人均收入、汽车拥有量、车型构成和国家相关政策等。

(2) 消费行为调查:了解消费者的爱好、习惯、使用条件、购买方式、购买量、购买动机、购买时间等。

(3) 潜在需求调查:一种是用户已意识到,且有能力,也准备购买或接受维修服务的现实需求;另一种是处于潜在的需求,但由于种种原因还不能接受服务的需求。

2. 销售趋势调查

主要包括购买者的需求趋势、企业营销策略改变后可能造成的销售变化趋势等。

3. 市场竞争调查

要使企业立于不败之地,首先要搞清楚谁是竞争对手或潜在的竞争对手。

(1) 竞争对手的基本情况:包括厂家数量、分布、生产总规模、可提供的服务、满足需求的总程度等。

(2) 竞争对手的竞争力:包括资产拥有情况、企业规模、目标市场、销售能力、销售渠道、销售价格、销售策略、服务质量、技术装备和水平、市场占有率等。

（3）竞争对手发展新服务的动向：包括发展方向、特性、进程、运作情况、竞争力等。

（4）潜在竞争对手：包括将要出现的新的竞争对手和已有的竞争对手能力提高后的竞争力，做到知己知彼，才能百战不殆。

4. 销售渠道调查

主要调查了解产品销售渠道的历史与现状，包括商品价值和商品实体运动流经的各个环节、销售机构的基本情况、销售渠道的利用情况及促销手段的运用等。

5. 企业经营政策执行情况调查

主要调查企业在产品、服务、价格、市场定位、广告宣传等方面的执行情况，包括用户反映、实施效果、改进意见等。

（三）市场调查的步骤

市场调查具有较强的科学性，为了保证市场调查的准确性，就必须遵循一定的科学程序，加强组织工作，按照一定的步骤进行。

1. 确定调查目标

企业市场调查的目标应该是企业生产经营中所需研究和解决的具体问题。确定调查目标前，要先对企业的生产经营活动现状进行全面分析，找出需要解决的问题，再根据问题的轻重缓急，有计划地提出调查目标。

2. 拟订调查计划

调查计划是调查目的和任务的具体化，但是开始调查时的计划内容不必过于详细。因为调查过程中还会根据需要进一步充实或调整调查内容。只需把调查的问题分类，规定好必须搜集的资料，确定好基本的调查方法，预算好调查费用即可。

3. 初步情况分析

调查人员首先要搜集企业内部和外部的有关情报资料，进行初步情况分析。企业的内部资料包括各种记录、历年的统计资料、生产销售的统计报表、财务决算报告等。企业的外部资料包括政府公布的统计资料、研究机关的调查报告、有关刊物及年鉴等。进行初步情况分析的目的就是帮助调查人员探索和认识问题，从中发现因果关系。此阶段的资料不必过于详细，只需重点搜集对所要研究分析的问题有参考价值的资料。

4. 深入现场调查

经过初步分析，会发现许多需要具体调查了解的问题，这就需要进一步补充调查项目、设计调查表格、拟定询问项目、确定调查样本和具体调查方法，并深入现场进行调查。

5. 整理分析资料

首先要检查和评定所搜集的资料，即要审核资料的根据是否充分、推理是否严谨、阐述是否确切、观点是否成熟，以确保资料的真实性和准确性；其次将资料分类、统计计算，有系统地制成多种计算表、统计表、统计图，以便分析利用；最后运用调查所得资料数据和事实分析情况，得出结论，进而提出改进建议。

6. 写出调查报告

凡是进行特定目的的调查，都必须写出调查报告。编写调查报告时要遵循以下原则：

（1）报告的内容要紧扣主题。

（2）准确运用调查中的数据，列举事实要客观。

(3) 文字简练，尽量使用图表。
(4) 较好地提出对问题的看法或解决建议。

（四）市场调查方法与选择

由于市场调查的重要性和应用的广泛性，人们不断地对这一问题进行研究，总结出许多科学有效的调查方法。现代调查理论提供了多种调查方法，如图 2-2 所示，归纳起来有直接调查法和间接调查法两大类。间接调查法主要是通过人们对广告宣传的反应，间接掌握市场情况。下面着重介绍直接调查法中的几个方法。

1. 询问调查法

询问调查法就是事先拟定调查项目，通过面谈、电话、信函等手段向被调查者提出问题，搜集所需信息资料的一种调查方法。具体方式有会议调查法、当面询问法、电话调查法、信函调查法等。询问调查法是市场调查中最常使用的方法之一，费用较少，时间较短，省时省力，但是采用信函调查法时往往回收率较低、回收时间长。

2. 观察调查法

观察调查法就是指调查人员直接深入现场进行观察与记录的一种搜集信息的方法。这一方法对调查者要求较高，需要进行专门培

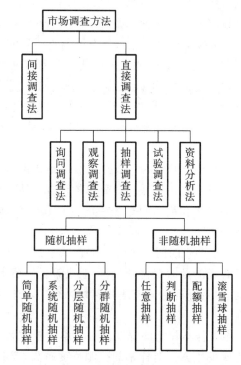

图 2-2 现代市场调查方法

训，劳动工作量较大、花费大。观察调查法可以直接取得相关信息，客观地了解情况，但不能了解内在原因，需较长时间才能发现某些规律，因此适用范围有限。

3. 试验调查法

试验调查法是通过小规模的销售活动，测验某种产品或某一项营销措施的效果，以确定扩大规模的必要性。如向市场投放一定量的产品，进行销售或服务试验，搜集顾客意见。这种方法成本高、时间长、适用范围有限。

4. 资料分析法

资料分析法是依据历史和现实的动态统计资料进行统计分析的方法。通过资料研究，可以进行市场供求趋势分析、市场相关因素分析、市场占有率分析等。这种方法的优点是可以充分利用现成的资料，节省调查费用，但要求调查人员必须有较丰富的专业知识和分析能力。资料分析法既可为现场直接调查做准备，也可弥补现场直接调查的不足。

5. 抽样调查法

抽样调查法是市场调查中普遍采用的一种方法。它是从全部的调查对象中抽取一部分具有代表性的样本，进行调查研究，从而推断出调查对象（市场）的整体情况。使用这种方法的关键在于如何正确选择具有代表性的样本，只要样本抽取适当，它便具有很强的科学性，否则会造成整个调查的失败。

抽样调查可分为随机抽样和非随机抽样两种。随机抽样又可分为简单随机抽样、系统随机抽样、分层随机抽样和分群随机抽样等方法;非随机抽样可分为任意抽样、配额抽样、判断抽样和滚雪球抽样等方法。

市场调查方法种类繁多、各具特点,适用条件也不尽相同,调查方法的选择是否恰当,对调查结果影响极大。因此,为了充分利用各调查方法的特点,高效准确地得出调查结果,在选择、设计调查方法和实施调查时,应考虑以下因素。

(1) 搜集信息的能力。市场调查的目的就是搜集有用的信息,因此,在设计和选择调查方法时,首先应考虑该调查方法搜集市场信息的能力。为达到市场调查的目的,为市场分析预测提供可靠的信息,准确地反映市场动向,要求搜集到的信息资料要尽可能全面,否则可能以偏概全,使调查结果出现误差。一般来讲,试验调查法和观察调查法受经费和范围所限,搜集资料和信息的能力相对较弱;而使用询问调查法时,访问人员具有较强的信息搜集能力,能搜集到较高质量的资料。

(2) 调研的成本。调研成本是制约调查方法选择的另一重要因素。受调查成本的影响,企业有时不得不选择一些简单的调查方法,这将大大影响调查质量和效果。就调查成本而言,资料调查法和询问调查法中的电话调查法较为省钱、省力;询问调查法、试验调查法则成本较高。

(3) 调查时间的长短。调查效率是设计与选择调查方法的又一标准。调查时间长,不能反映市场的及时变化,影响企业决策。一般来讲,时间要求较紧时,可选择电话调查法;时间适中时,可选择问卷调查法和观察调查法,时间允许时,最好选择询问调查法,能取得较为准确的结果。

(4) 样本控制的程度。对样本的控制程度关系到调查的效果,因此也是选择调查方法时应考虑的因素。对样本的控制程度越高,越能及时、快速地获得所需信息资料,而且有利于调查人员灵活、有效地调整调查速度,并能取得较好的调查结果。如询问调查法、试验调查法等就有这方面的优势,而资料调查法和问卷调查法则明显不足。

(5) 人为因素的控制。选择调查方法时,应注意调查人员对样本及调查结果的影响,防止调查失真。必须有效排除调查人员对被调查人员的影响以及调查人员自身因素的影响,将人为因素的影响控制在最小范围内。

(五) 市场调查技巧

进行市场调查除了运用适当的方法外,还必须使用一定的技巧,才能得到令人满意的调查结果。这里主要介绍调查问题的提问技巧和调查表格的设计技巧。

1. 调查问题的提问技巧

调查时,必须注意提问技巧,以便取得被调查者的配合,提高调查的准确性。常用的提问方法有以下几种:

(1) 二项选择法。二项选择法是指把要调查的内容具化为调查提纲、调查表格或信函,能让被调查者很方便地在两种对立的答案中择一作答。这种方法的优点是回答方便、观点明确、无中立意见;缺点是不能表明意见在程度上的差别。例如,在对被调查者的行为特征进行调查时,问"你是否拥有自己的汽车",答案只能是有或者没有。因此此项方法一般用于书面调查。

(2) 多项选择法。多项选择法是指让被调查者从预先准备好的多个备选答案或结论中,选择其中一项或数项予以回答。多项选择法比二项选择法的强制性有所缓和,可区分程度上的差别。采用这种方法时应注意:①备选答案要事先编号;②备选答案既要包括所有可能情况,又要避免重复;③备选答案不宜过多,数量不超过 10 个较为理想。

(3) 自由回答法。自由回答法是指被调查者可以不受限制地回答询问的内容,一般用于面谈或电话调查。此法的优点是回答问题时可以不受限制,并可深入探悉被调查者的建议性意见和未来需求。其缺点是受被调查者表达能力影响,易引起回答的含义不明确,所获资料较难整理分析。

(4) 顺位选择法。顺位选择法是指由被调查者根据自己的认知程度,对所列答案定出先后顺序。顺位选择法一般分为两种:①调查人员预先确定答案,请被调查者按给定的答案决定先后顺序;②调查人员预先不确定答案,由被调查者根据自己的认知程度依次回答或填写。

调查人员拟定问题的类型时,还要注意:
(1) 所拟问题必须是被调查者能够答复的;
(2) 所拟问题应是必要的,无关的问题不要列入;
(3) 注意询问语句的措辞和语气,避免含糊的词句或带有暗示性的问题。

2. 调查表格的设计技巧

调查表格的设计要简单明了,项目不宜过多,问题不宜过繁,语句不宜过长,避免含糊用词,内容要防止偏见,数据要便于处理。表格应按一定逻辑顺序加以排列,注意承上启下、互相衔接。调查表格的大小应便于传递、整理和装订存档。

二、汽车服务的市场预测

(一) 市场预测的概念

所谓市场预测,就是根据市场调查得到的有关市场经济活动的各种信息资料,运用一定的方法和数学模型,预测未来一定时期内市场对产品(或服务)的需求量及变化趋势,为企业研究制定目标和经营决策提供客观依据的活动。

由此可见,市场预测在企业生产经营活动中起着重要作用。首先,市场预测是企业制定经营决策的前提条件;其次,市场预测是企业制定经营计划的重要依据,企业在制定计划时,除依据国家计划外,必须考虑市场的需求,随时根据市场需求,调整其市场经营计划,这就要求企业进行市场预测;最后,市场预测会使企业更好地满足市场需求,提高企业的竞争能力。

市场的购买力、爱好、需求结构是不断变化的,企业必须对市场做出正确的预测,通过预测来掌握市场的变化规律,以适应市场需求来组织生产和改变经营方向。

(二) 市场预测的分类

1. 按预测性质划分

(1) 定性预测的基本原理是以研究预测对象的发展规律为基本出发点,主要考虑各方面因素的变化,运用逻辑学的方法,来推断预测对象的未来发展趋势。在实际工作中,由于各种因素的影响,人们有时不可能全面掌握预测对象及其影响因素的统计资料,无法以定量的形式进行分析,只能凭借积累的经验、少量的数据和主观判断等,对事物的发展趋势和未来状态进行分析、假设、判断、推理、估计和评价。

(2) 定量预测是在充分掌握大量、准确的系统数据资料的基础上,根据实际经验和具体情况,建立合适的数学模型,通过分析和计算推断出事物在未来可能产生的结果(用数据表示)。

定量预测是依据事物过去和现在的统计资料和情况,分析研究其发展变化规律,对未来进行预测的。但是影响事物的因素是多方面的,由于诸多因素的不可预见性,再加上有些因素无法用定量方式描述,建立数学模型时也不可能把所有的因素都考虑进去。因此,预测结果与实际结果之间是有误差的。故不能认为定量预测的结果就能准确地反映事物的未来发展趋势,实际上,定量预测的结果常常需要进行修正。

(3) 综合预测法。前面两种方法都有其局限性,为了克服其缺点,在预测时,常常把定性预测和定量预测两种方法结合起来使用,使之相互验证、互为补充,以提高预测的准确性。综合预测法,一方面可以对各种不同预测结果进行对比分析,找出并消除其中的不确定因素;另一方面可以找出各相关事件相互影响的规律性,把它们结合起来进行分析,以提高预测结果的准确性。

2. 按预测期限划分

(1) 长期预测是指预测期限为5年以上的预测,属于战略预测或规划性预测,由于预测期限较长,且受未来不确定因素的影响较大,通常只能进行趋势估计。因此,预测结果与实际结果之间的差距也大,需要根据实际情况不断调整预测结果。

(2) 短期预测一般指预测期限为1周至1年之内的预测。一般来讲,这种预测的准确性和可靠性都比较高。

预测结果的准确性和可靠性与预测期限有关。而预测期限的长短,要依据预测对象的内容、性质、特点和具体要求,以及进行经营决策和制定战略的需要而定。

(三) 汽车服务企业市场预测的内容

汽车4S店和维修服务企业的市场预测一般包括以下几方面内容。

1. 市场占有率预测

市场占有率是指汽车服务企业中某品牌汽车的销售(维修服务)量或销售额与市场上同类品牌汽车的全部销售(维修服务)量或销售额之间的比率。它着重考虑的是产品本身的特性和销售努力水平对销售量的影响。

2. 市场需求预测

预测销售(维修服务)市场的需求量以及发展趋势,包括对现在的和潜在的需求预测。

3. 资源预测

预测企业发展新产品(新的服务项目)有无充足、可靠的资源。

4. 市场购买力预测

预测市场上现有购买力水平和潜在的购买力水平情况,并对消费者的消费倾向、消费结构、消费心理的变化进行分析预测。

5. 商品寿命周期预测

预测在市场发展过程中某种商品处于寿命周期的哪个阶段,以便采取相应的策略。

6. 新产品发展预测

预测新技术、新材料的运用所导致的新产品发展方向、新产品的结构变化等。

7. 价格变动趋势预测

价格对产品供应与销售来说,是一个非常敏感的因素,通过预测价格涨落情况及发展趋势,有助于调整经营方式。

8. 库存预测

汽车零部件的库存是维修服务企业安排生产的重要依据。这里主要预测汽车零部件库存状况,有关竞争和销售问题以及生产计划的安排问题。

9. 经营效果预测

主要是对企业各种产品(服务)的经营效果以及改变经营决策所取得的经营效果的预测。

(四) 市场预测的步骤

市场预测由于目的、方法、条件等的不同,实际操作的程序和步骤也不完全相同,最简单的预测流程如图 2-3 所示。

1. 明确目的、确定目标

明确要预测什么,达到什么目标和要求。

2. 搜集和分析历史数据

搜集资料时要注意其可靠性,特别要注意时间序列,更要分析历史上偶然产生的特殊因素。

3. 确定数学模型

由于客观因素的影响相当复杂,若数学模型中因素过多,建模就会相当复杂,故要找出 1~2 个主要因素,建立相对应的数学模型,并进行预测。

4. 分析评价

数学模型一般只能反映主要影响因素,得出一般性结论,故结论会有误差。实际情况是经常发展变化的,如本企业及其他企业新产品的发展、价格的变化,都会影响未来产品的销售,因此要对预测结果的误差及其原因进行分析。

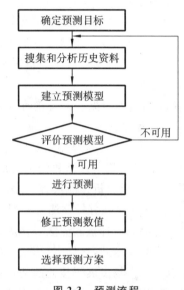

图 2-3 预测流程

5. 修正预测数值

主要是对未考虑在预测模型内的因素进行分析,以充实、修正模型的预测结果,为选择预测方案打好基础。

6. 选择预测方案

从各种预测方案中,选择最佳方案或预测值作为决策依据。

总之,要搞好市场预测,提高预测的准确性,就必须确定好预测的对象和目标,保证资料的准确性,同时要注意提高预测人员的素质,选择正确的预测方法,从而使预测方案、预测结果更加接近实际,真正地为企业经营决策服务。

(五) 市场预测的方法

1. 定性预测法

定性预测法是一种经验推断方法,主要依据人们的经验和主观判断进行预测。

(1) 德尔菲法(专家意见法)。由企业外具有市场专长的专家做市场预测。这种方法的基本程序如下:首先确定预测课题,然后请一组专家(10~50 人)背靠背地对需要预测的问题提出意见,主持人将各人意见综合整理后反馈给每个人,使他们有机会对他人的不同意见进行比较,并发表自己的看法,再返回给主持人,主持人综合整理后再次反馈给每个人。如此重复四五次后，一般可得出比较一致的意见。这种做法可以使每位专家充分发表自己的意见，免受权威人士左右。可见，德尔菲法具有多次反馈性、收敛性、匿名性的特征。但此法主要靠主观判断，倘若专家选得不合适，预测结果就很难保证准确性；另外，多次反馈意见，一是比较费时间，二是可能引起专家反感。

（2）厂长（经理）意见法。由企业厂长（经理）召集计划、销售、财务等部门的负责人，广泛交换意见，对市场前景做出预测。然后由厂长（经理）将意见汇总，进行分析处理，得出预测结果。这种方法集中了各部门负责人的经验和智慧，解决问题较快，简单、省时、省费用，但每个人据以做出判断的情报往往带有片面性。因此，实际运用中应尽量与其他方法相结合，以提高预测的准确性。

（3）销售人员意见法。征求本企业推销人员和销售部门业务人员的意见，然后汇总成整个企业的预测结果。用这种方法得出的预测值比较接近实际，因为企业推销人员一般分管一定区域，对该区域的经济发展情况和需求情况较熟悉，而销售部门人员始终在销售第一线，也熟悉市场情况。

（4）消费者意见法。直接听取消费者的意见，在综合分析的基础上做出预测。

2．定量预测法

定量预测法又称为统计预测法，是根据一定数据资料，运用数学模型来确定各变量之间的数量关系，根据数学计算和分析的结果来预测市场的未来。常用的定量预测法有时间序列分析预测法、因果分析预测法等。

（1）时间序列分析预测法。时间序列分析预测法是根据过去的历史资料、数据来推算市场发展趋势的一种预测方法。例如，要预测某品牌汽车的销售趋势，可将过去的实际销售数按时间先后顺序排列，这样，就形成了时间序列。通过分析这个序列，从中找出其变化的规律性，并假定未来市场发展仍按此趋势进行。常用的时间序列分析预测法有简单平均法、加权平均法、趋势修正移动平均法、一次指数平滑法、二次指数平滑法、三次指数平滑法等。

（2）因果分析预测法。因果分析预测法是利用因果关系来预测的方法。通过研究已知数据，找出其变化规律，建立数学模型进行预测，若变化关系只涉及两个变量，就用一元回归；涉及两个以上变量时则用多元回归。

 项目考核

选择一个你比较熟悉的汽车品牌，对这个品牌进行调研，并写出关于这个汽车品牌的开业分析报告。要求包含以下方面的内容：

(1) 汽车服务企业厂址的选择要经过那些流程？
(2) 在企业筹建时，怎样进行市场调研，方法有哪些？
(3) 在筹建的过程中，建立市场开发部的意义和内容有哪些？
(4) 所筹建的维修企业的经营范围、人员、设备条件是什么？

项目 3
人力资源管理

◀ **学习目标**

(1) 了解人力资源的特征和人力资源管理的作用,薪酬制度和评估方法的分类。

(2) 理解人力资源管理和工作分析的含义,人力资源规划与其他人力资源职能的分类。

(3) 掌握工作分析的内容、员工招聘的方法。

【项目引入】

某公司是一家汽车维修与保养服务品牌店。在一次经理例行会议上,销售经理说:"我有一个好消息,我们得到了一个大订单,但是我们必须在一年内完成。我告诉客户我们能够做到。"

此时,人事经理提出一个现实的问题:"据我所知,我们现有人员根本无法在客户要求的期限内提供符合他们要求的服务。我们需要逐步地对现有工人进行培训,同时需要到社会上招聘一些具有这种经验的人才。还有,要建立具有竞争力的岗位薪酬体系,完善我们公司目前的晋升机制和激励机制。我认为我们应该对这一项目进行更加详细的分析。如果我们必须在一年内完成这一项目,我们的人力资源成本将大幅度增加,项目的成本也将增加。"

【相关知识】

任务1 人力资源管理

一、人力资源管理概述

在农业经济时代,土地是重要的生产要素;在工业经济时代,资本是重要的生产要素;在知识经济时代,人是最重要的生产要素。社会越发展,人们就越深刻地认识到,人力是一种资源,它对推动社会进步和企业发展具有举足轻重的意义。因此,在知识经济时代,企业的成败实际上取决于对人的管理,怎样求才、知才、用才、育才是每个成功的企业管理者必备的素质。把员工看成最宝贵的财富,为提高员工价值而进行投资,加强对员工的评估激励与职业引导,增强员工活力,是现代人力资源管理的基本出发点。

汽车是一种对可靠性、安全性要求较高的现代化运输工具,其结构复杂,技术密集。为适应社会发展的需要,车辆的品种日益增加,新技术、新工艺、新材料也在不断被采用,这就决定了汽车服务行业的技术复杂性。现代汽车服务企业的核心竞争力之一是现代人力资源管理,汽车服务企业的组织建设决定着企业的命运,而企业组织的建设依赖的是人力资源管理。

(一)人力资源的概念

1. 定义

人力资源(human resources,简称 HR)是指在一个国家或地区中,处于劳动年龄、未到劳动年龄和超过劳动年龄但具有劳动能力的人口之和,或者表述为,一个国家或地区的总人口减去丧失劳动能力的人口之后的人口。人力资源也指一定时期内组织中的人所拥有的能够被企业所用,且对价值创造起贡献作用的教育、能力、技能、经验、体力等的总称。从狭义上讲,人力资源就是企事业单位独立的经营团体所需人员具备的能力(资源)。

2. 人口资源、人力资源及人才资源的关系

人口资源是指一个国家或地区所拥有的人口总量,是一个最基本的底数,一切人力资源、人才资源皆产生于这个最基本的资源中,主要表现为人口数量。人才资源是指一个国家或地

区中具有较多科学知识、较强劳动技能,在价值创造过程中起关键或重要作用的那部分人。人才资源是人力资源的一部分,即优质的人力资源。应当说这三个概念的本质是有所不同的,人口资源和人才资源的本质是人,而人力资源的本质是脑力和体力。人口资源、人力资源更多的是一种数量概念,而人才资源更多的是一种质量概念,三者在数量上存在一种包含关系。在数量上,人口资源是最多的,是人力资源形成的数量基础;人口资源中具备一定脑力和体力的那部分才是人力资源;而人才资源又是人力资源的一部分,是人力资源中质量较高的那部分,也是数量最少的。在比例上,人才资源是最小的,它是从人力资源中产生的,而人力资源又是从人口资源中产生的。人口资源、人力资源及人才资源的关系如图 3-1 所示。

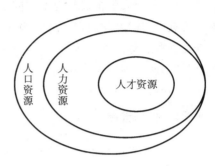

图 3-1 人口资源、人力资源、人才资源的关系

(二) 人力资源的特征

1. 能动性

劳动者总是有目的、有计划地运用自己的劳动能力。有目的地活动,是人类劳动与其他动物本能活动的根本区别。劳动者按照在劳动过程开始之前已确定的目的,积极、主动、创造性地进行活动。

2. 再生性

对于劳动者个体来说,劳动能力在劳动过程中消耗之后,通过适当的休息和补充需要的营养物质,劳动能力又会再生出来;从劳动者的总体来看,随着人类的不断繁衍,劳动者会不断地生产出来。因此,人力资源是取之不尽、用之不竭的资源。

3. 增值性

人力资源的再生产过程是一种增值的过程。随着人口的不断增多,劳动者的数量会不断增多,从而增大人力资源总量;随着教育的普及和提高,以及科技的进步和劳动实践经验的积累,个体劳动能力会不断提高,从而增大人力资源存量。

4. 时效性

作为人力资源的劳动能力只存在于劳动者个体的生命周期之中。开发和利用人力资源要讲究及时性,以免造成浪费。一般来说,人 16 岁之前是其劳动力形成的过程,还不是现实的劳动能力;16 岁之后才能形成现实的劳动能力并一直保持到 60 岁左右;60 岁之后,人的劳动能力进入衰退期;人一旦死亡,其劳动能力也跟着消亡。

5. 两重性

人力资源既是投资的结果,同时又能创造财富。也可以说,人力资源既具有生产性,也具有消费性。

6. 创造性

人力资源区别于其他资源的最本质特征在于它是有意识的,通过其智力活动可表现出巨大的创造力,不仅丰富了人们的生产和生活资料,而且不断增强着人自身的能力。人力资源的这种创造性特征,从社会的角度出发,要求给予科学的制度安排和制度创新来调动人的积极性和有效地配置资源;从企业的角度出发,要求给予恰当的激励以提高人力资源使用效益;从个人的角度出发,要求增加智力投资,选择最适合自己的专业,以使人力资本投资收益最大化。

7. 社会性

每个民族（团体）都有自身的文化特征，每种文化都是一个民族（团体）的共同的价值取向。但是这种文化特征是通过人这一载体而表现出来的。由于每个人受自身民族文化和社会环境的影响不同，其个人的价值观也不相同，他们在生产经营活动、人际交往等社会活动中，其行为可能与民族（团体）文化所倡导的行为准则发生矛盾，可能与他人的行为准则发生矛盾。这就需要人力资源管理注重团队的建设，注重人与人、人与群体、人与社会的关系及利益的协调与整合，倡导团队精神和民族精神。

> **知识链接**
>
> 农业是我国的第一产业；第二产业是指对第一产业和本产业提供的产品（原料）进行加工的产业部门，在我国专指采矿业，制造业，电力、燃气及水的生产和供应业，建筑业；第三产业又称为第三次产业，是按"三次产业分类法"划分的国民经济中的一个产业部门，指以服务劳动为基础，为社会生产和生活提供服务的部门，其范围一般包括商业、服务业、公用事业、交通运输业、邮电通信业、银行业、保险业等。

（三）人力资源管理

1. 人力资源管理的定义

人力资源管理是指运用科学方法，协调人与事之间的关系，处理人与人之间的矛盾，充分发挥人的潜能，使人尽其才、事得其人、人事相宜，以实现组织目标的过程。

20世纪以后，国内外从不同侧面对人力资源管理的概念进行阐释，综合起来可以分为四大类：第一类主要是从人力资源管理的目的出发来解释它的含义，认为它是借助对人力资源的管理来实现目标；第二类主要是从人力资源管理的过程或承担的职能出发进行解释，把人力资源看成一个活动过程；第三类主要解释了人力资源管理的实体，认为它就是与人有关的制度、政策等；第四类从人力资源管理的目的、过程等方面出发，进行综合解释。

人力资源管理的任务即根据企业发展战略的要求，通过有计划地对人力资源进行合理配置，搞好企业员工的培训和人力资源的开发，采取各种措施，激发企业员工的积极性，充分发挥他们的潜能，做到人尽其才、才尽其用，更好地促进生产效率、工作效率和经济效益的提高，进而推动整个企业各项工作的开展，以确保企业战略目标的实现。

2. 人力资源管理的职能

人力资源管理的职能如图3-2所示。

3. 传统人事管理与人力资源管理的区别

（1）传统人事管理与人力资源管理的核心内容不同。传统人事管理强调的是以工作为核心，看重人对工作的适应性，人应该服从领导、服从组织分配、服从工作需要。对人的评价也只是对其工作成果（绩效）进行评价，而不注重甚至忽视个人的发展。人力资源管理强调以"人"为核心，寻找"人"与"工作"相互适应的契合点；强调企业的基石是人，企业唯一真正的资源是人，管理就是充分开发人力资源以做好工作，创造一个个人与企业的价值共同体，把个人价值的实现与企业的发展紧密联系起来。

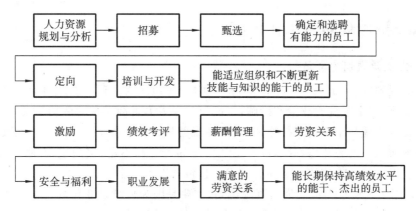

图 3-2 人力资源管理的职能

（2）传统人事管理与人力资源管理在企业中的战略地位不同。汽车服务企业的人事管理部门只是一个负责员工工作的业务部门或办事机构。人力资源管理则是企业经营战略的重要组成部分，特别是在网络信息技术飞速发展、以"智富"为特征的当代知识经济社会中，人作为新知识、新技术、新思维、新理念的主体，成为企业的特殊资本。因此，人力资源管理成为企业最重要的经营战略核心。

（3）传统人事管理与人力资源管理的着力点不同。人事管理主要着眼于当前人员（岗位）的补充与上岗培训等。人力资源管理则是谋求企业长远发展，追求投入产出的最佳方式，使"合适的人在合适的位置上"，以启动员工为手段，创造出以十当百、以百当千的积数效绩。

（4）传统人事管理与人力资源管理在机构系统及职能设置上不同。在大中型企业上层有党委组织部门或人事部门，教育培训工作分别由教育、劳资部门管理。而人力资源管理是一个相互联系的有机整体，是一个完整的系统。

4. 人力资源管理的六大模块与意义

人力资源管理的六大模块，是通过模块划分的方式对企业人力资源管理工作涵盖的内容所进行的一种总结。具体包含人力资源规划、招聘与配置、培训与开发、绩效管理、薪酬福利管理、劳动关系管理。

人力资源管理的主要意义有如下几点：

（1）通过合理的管理，实现人力资源的精干和高效，取得最大的使用价值。人的使用价值达到最大应等同于人的有效技能得到最大限度的发挥。

（2）通过采取一定措施，充分调动广大员工的积极性和创造性，也就是最大限度地发挥人的主观能动性。据调查发现，按时计酬的员工每天只需发挥自己 20%～30% 的能力，就足以保住个人的饭碗；但若充分调动其积极性、创造性，可发挥出其 80%～90% 的能力。

（3）培养全面发展的人。人类社会的发展，无论是经济的、政治的、军事的、文化的发展，最终目的都要落实到人——一切为了人本身的发展。目前，教育和培训在人力资源开发和管理中的地位越来越高，马克思指出，教育不仅是提高社会生产的一种方法，而且是造就全面发展的人的唯一方法。

二、人力资源规划与工作内容

(一) 人力资源规划的含义

人力资源规划(human resource planning，HRP)是组织为实现其发展目标，对所需人力资源进行供求预测，制定系统的政策和措施，以满足自身人力资源需求的活动。人力资源规划是一种将人力资源管理与组织宏观战略相结合，并最终实现组织目标的途径。即通过合理地分析和预测组织所处的动态环境系统，以及组织自身的优势和不足，实现组织在恰当的时间、恰当的岗位上获得恰当的人选的一个动态过程。它包含以下三层意思：

(1) 一个组织之所以要编制人力资源规划，主要是因为环境是变化的。企业的内部环境、外部环境都在不断变化，导致企业对人力资源供求的动态变化；

(2) 人力资源规划的主要工作是制定必要的人力资源政策和措施；

(3) 人力资源规划的最终目标是使组织和个人都得到长期利益。

(二) 人力资源规划的作用

人力资源规划是人力资源管理工作的一个重要职能，也是人力资源管理工作的基础。人力资源规划的作用体现在以下方面。

(1) 使组织及时了解由于企业经营活动变化而导致的人力资源管理方面的变化。组织的生存和发展与组织的人力资源密切相关，组织经营活动过程中的任何变化都有可能导致组织中人力资源的变化，如果组织的人力资源不能适应组织的这种变化，组织的目标就难以实现。人力资源规划就是要预见将要产生的组织变化对人力资源需求的影响，并且及早进行准备。

(2) 有助于组织获得并且留住能满足企业需要的，具有一定知识、能力和经验的人员。通过人力资源规划，组织可以了解哪些人员是组织短缺的，组织应该制定什么样的员工发展政策和薪酬政策，以吸引和留住组织所需要的人员。人力资源规划对调动员工的积极性也很重要。只有在人力资源规划的条件下，员工才可以看到自己的发展前景，从而去积极地争取。人力资源规划有助于引导员工的职业生涯设计和职业生涯发展。

(3) 在所有的管理职能中，人力资源规划最具有战略性和主动性。科学技术瞬息万变，而竞争环境也变化莫测。这使得人力资源预测不仅变得越来越困难，也变得更加紧迫。人力资源管理部门必须对组织未来的人力资源供给和需求做出科学预测，以保证组织能及时获得所需要的各种人才，进而保证实现组织的战略目标。由此看来，人力资源规划在各项管理职能中起着桥梁和纽带的作用。

(4) 通过人力资源供给和需求的科学分析，制定合理的人力资源规划，有助于一个组织战略目标、任务和规划的制定和实施；提高竞争优势，如最大限度地削减经费、降低成本、创造最佳效益；辅助其他人力资源政策的制定和实施，如招聘、培训、职业设计和发展等。

(三) 人力资源规划的内容

(1) 晋升规划：晋升规划实质上是组织晋升政策的一种表达方式。对企业来说，有计划地提升有能力的人员，以满足职务对人的要求，是组织的一种重要职能。从员工个人角度来看，有计划的提升会满足员工自我实现的需求。晋升规划一般用指标来表达，例如晋升到上一级职务的平均年限和晋升比例。

(2) 补充规划：补充规划也是人事政策的具体体现，目的是合理填补组织中、长期内可能产生的职位空缺。补充规划与晋升规划是密切相关的。由于晋升规划的影响,组织内的职位空缺逐级向下移动,最终积累在较低层次的人员需求上。这同时也说明,低层次人员的吸收录用,必须考虑若干年后的使用问题。

(3) 培训开发规划:培训开发规划的目的,是为企业中、长期所需填补的职位空缺事先准备人员。在缺乏有目的、有计划的培训开发规划的情况下,员工自己也会培养自己,但是效果未必理想,也未必符合组织中职务的要求。当我们把培训开发规划与晋升规划、补充规划联系在一起的时候,培训的目的性就明确了,培训的效果也就明显提高了。

(4) 调配规划:组织内的人员在未来职位的分配,是通过有计划的人员内部流动来实现的。这种内部的流动计划就是调配规划。

(5) 工资规划:为了确保未来的人工成本不超过合理的支付限度,工资规划也是必要的。未来的工资总额取决于组织内的员工是如何分布的,不同的分布状况,其成本是不同的。

(四) 人力资源规划与人力资源管理其他职能之间的关系

(1) 绩效评估是进行人员需求和供给预测的一个重要基础,通过对员工工作业绩及态度能力进行评价,企业可以对员工的状况做出判断。如果员工不符合职位的要求,就要进行相应的调整,这样造成的职位空缺就形成了需求预测的一个来源;同时,对于具体的职位来说,通过绩效评估可以发现企业内部有哪些人能够胜任这一职位,这也是内部供给预测的一个重要方面。

(2) 员工配置就是在企业内部进行人员的晋升、调动和降职,员工配置的决策取决于多种因素,如企业规模的变化、组织架构的变动及员工的绩效表现等。而人力资源规划也是其中一个重要的因素,员工配置的一项重要作用就是进行内部人力资源供给,当然这种供给只是针对某个层次而言的。在需求预测出来以后,企业就可以根据预测的结果和现有的人员状况,制订相应员工配置计划来调整内部的人力资源供给,以实现两者的平衡。

(3) 从人力资源规划的内容可以看出,作为人力资源管理的一项重要职能,它与人力资源管理的其他职能之间存在着非常密切的关系,如图 3-3 所示。

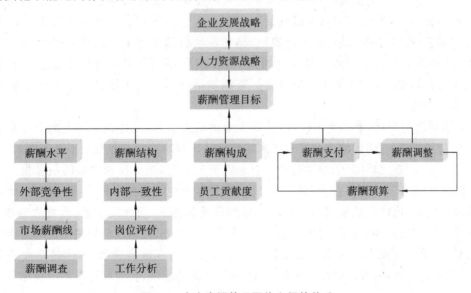

图 3-3　人力资源管理职能之间的关系

任务2 员工培训

一、员工培训的含义

员工培训是指组织为开展业务及培育人才的需要,采用各种方式对员工进行有目的、有计划的培养和训练的管理活动。公开课、内训课等均为常见的员工培训形式。

员工培训按内容来划分,可以分为两种:员工技能培训和员工素质培训。员工培训按培训形式可分为两种:公开课和内训课。

二、员工培训的意义

有效的员工培训是提升企业综合竞争力的过程。事实上,培训的效果并不取决于受训者个人,企业组织本身作为一个有机体的状态,起着非常关键的作用。良好的培训对企业有以下三点好处。

(1) 培训能促进企业与员工、管理层与员工层的双向沟通,增强企业向心力和凝聚力,塑造优秀的企业文化。不少企业采取自己培训和委托培训的办法,这样做容易在培训中融入企业文化,因为企业文化是企业的灵魂,是一种以价值观为核心,对全体员工进行企业意识教育的微观文化体系。企业管理人员和员工认同企业文化,不仅会自觉学习并掌握知识和技能,而且会增强主人翁意识、质量意识、创新意识。这样可以培养大家的敬业精神、革新精神和社会责任感,形成上上下下自学科技知识、自觉发明创造的良好氛围,企业的科技人才将茁壮成长,企业科技开发能力会明显增强。

(2) 培训能提高员工综合素质,提高生产效率和服务水平,树立企业良好形象,增强企业盈利能力。据美国权威机构监测,培训的投资回报率一般在33%左右。在对美国大型制造业公司的分析中,公司从培训中得到的回报率可达20%~30%。摩托罗拉公司向全体雇员提供每年至少40小时的培训,调查表明,摩托罗拉公司每1美元培训费可以在3年以内实现40美元的生产效益。摩托罗拉公司认为,素质良好的公司雇员们已通过技术革新和节约操作为公司创造了40亿美元的财富。摩托罗拉公司的巨额培训收益说明了培训投资对企业的重要性。

(3) 适应市场变化,增强竞争优势,培养企业的后备力量,保持企业的生命力。企业竞争实际上是人才的竞争,明智的企业家愈来愈清醒地认识到培训是企业发展不可忽视的"人本投资",是提高企业"造血功能"的根本途径。有研究资料表明,企业技术创新的最佳投资比例是1:1,即"人本投资"和"硬件投资"各占50%。以人本为主的软技术投资,作用于机械设备的硬技术投资后,产出的效益成倍增加。在同样的设备条件下,增加人本投资,可达到投1产8的投入产出比。发达国家在推进技术创新中,不但注意引进、更新改造机械设备等方面的硬件投入,而且注重以提高人的素质为主要目标的软技术投入。事实证明,人才是企业的第一资源,有了一流的人才,就可以开发一流的产品,创造一流的业绩,企业就可以在市场竞争中立于不败之地。

三、员工培训的分类

（一）按内容划分

员工培训按培训形式来划分，可分为两种：公开课和内训课。公开课培训是让员工到企业外面参与一些相关的讲师开办的公开培训课程。内训课是企业邀请相关讲师到企业进行调研，对企业员工进行针对性的培训，这是全面的内部培训，一般不对外公开。

（二）按形式划分

员工培训按内容来划分，可分为两种：员工技能培训和员工素质培训。员工技能培训是企业针对岗位的需求，对员工进行的岗位能力培训。员工素质培训主要是对员工的心理素质、工作态度、工作习惯等进行培训。

四、培训方法

（1）讲授法。讲授法属于传统的培训方式，优点是运用起来方便，便于培训者控制整个过程。缺点是信息单向传递，反馈效果差。常被用于一些理念性知识的培训。

（2）视听技术法。通过现代视听技术（如投影仪、DVD、录像机等工具），对员工进行培训。优点是运用视觉与听觉的感知方式，直观鲜明。缺点是学员的反馈与实践较差，且制作和购买的成本高，内容易过时。它多用于企业概况、技能传授等内容的培训，也可用于概念性知识的培训。

（3）讨论法。按照费用与操作的复杂程度，讨论法又可分成一般小组讨论与研讨会两种方式。研讨会多以专题演讲为主，中途或会后允许学员与演讲者进行交流沟通，优点是信息可以多向传递，与讲授法相比反馈效果较好，缺点是费用较高。而小组讨论法的特点是信息交流的方式为多向传递，学员的参与性高，费用较低，但运用时对培训教师的要求较高。多用于巩固知识，训练学员分析、解决问题的能力与人际交往的能力。

（4）案例研讨法。向培训对象提供相关的背景资料，让其寻找合适的解决方法。这一方式费用低，反馈效果好，可以有效训练学员分析和解决问题的能力。另外，培训研究表明，案例讨论的方式也可用于知识类的培训，且效果更佳。

优点：①可以帮助学员学习分析问题和解决问题的技巧；②能够帮助学员确认和了解不同的解决问题的可行方法。

缺点：①需要较长的时间；②在激励一些人的同时也会激怒一些人；③与问题相关的资料有时可能不甚明了，影响分析的结果。

（5）角色扮演法。受训者在培训教师设计的工作场景中扮演特定的角色，其他学员与培训教师在学员表演后做适当的点评。此方法信息传递多向化，反馈效果好，实践性强，费用低，因而多用于人际关系能力的训练。

优点：①能激发学员解决问题的热情；②可增加学习的多样性和趣味性；③能够激发热烈的讨论，使学员各抒己见；④能够提供在他人立场上设身处地思考问题的机会；⑤可避免可能的危险与尝试失败的痛苦。

缺点：①观众的数量不宜太多；②演出效果可能受限于学员过度羞怯或过强的自我意识。

培训时应注意的问题：①要准备好场地与设施，使演出学员与观众之间保持一段距离；

②演出前要明确议题所遭遇的情况;③谨慎挑选演出学员与分配角色;④鼓励学员以轻松的心情演出;⑤可由不同组的学员重复演出相同的情况;⑥可安排不同文化背景的学员演出,以了解不同文化的影响。

(6) 自学法。这一方式较适合于一般理念性知识的学习,由于成人学习具有偏重经验与理解的特性,让具有一定学习能力与自觉性的学员自学是既经济又实用的方法,但此方法也存在监督性差的缺陷。

(7) 互动小组。互动小组法也称敏感训练法,此法主要适用于管理人员的实践训练与沟通训练,让学员通过培训活动中的亲身体验来提高处理人际关系的能力。这种培训方法可明显提高人际关系与沟通的能力,但其效果在很大程度上依赖于培训教师的水平。

(8) 网络培训法。网络培训法是一种新型的计算机网络技术培训方式,投入较大,但由于使用灵活,符合分散式学习的新趋势,能够节省学员集中培训的时间与费用。这种培训方式信息量大,新知识、新观念传递优势明显,更适合成人学习。因此,特别为实力雄厚的企业所青睐,也是培训发展的一个必然趋势。

(9) 个别指导法。师徒传承也叫"师傅带徒弟""学徒工制""个别指导法",是由一个有经验的资深员工,来支持一位资历较浅者进行个人发展或生涯发展的体制。师傅的角色包含了教练、顾问以及支持者。身为教练,会帮助资历较浅者发展其技能;身为顾问,会为资历较浅者提供支持并帮助他们建立自信;身为支持者,会以保护者的身份积极介入各项事务,让资历较浅者得到更重要的任务。

优点:①在师傅指导下开始工作,可以避免盲目摸索;②有利于尽快融入团队;③可以消除刚刚进入工作的紧张感;④有利于传统的优良工作作风的传递;⑤可以从指导人处获取丰富的经验。

(10) 场景还原法。场景还原法是一种新型的员工培训方法。它的主要方式就是让新员工有一个途径从项目、任务、客户、同事等多个维度来了解事情的前因后果、背景环境,而这个途径就是"活动流"。

> **知识链接**
>
> 树立新的培训理念。首先,树立"培训是人力资本增值源泉"的理念,进一步提高企业领导对培训工作重要性的认识,真正意识到员工培训是现代企业生存、竞争、发展的基础。其次,对员工的培训应该是终身过程,使员工在任何职业生涯阶段都可以发挥作用。最后,变单一的工作能力培训为综合型培训,在对工作能力和技能进行培训的同时,还必须注重对学习态度、创新能力等进行协同开发。

领度系统可以让员工根据工作需要进入相应的活动流中,如项目活动流、任务活动流、客户活动流、个人活动流等。如果想了解项目,进入项目活动流就可以了解项目的目标、资源、执行过程、文档等所有信息。如果是接手一个项目中未完成的任务,可以将任务重新分配给新的同事,这个新同事会马上了解到任务执行的前期记录,因为任务活动流中记录了执行过程中的所有问题、解决方法,以及客户的反馈等,像放电影似的展现在眼前。如果一个新领导想了解部门员工的话,可以尝试进入员工的个人空间去了解他们的工作、兴趣、爱好、工作真实进度、对工作提出的建议,以及所完成的项目、任务等。这样领导就能快速融入团队,快速开展自己的工作。

五、培训流程

(一)就职前培训(部门经理负责)

就职前:让本部门其他员工知道新员工的到来,为新员工准备好办公场所、办公用品,准备好给新员工培训用的部门内训资料,为新员工指定一位资深员工作为导师,给新员工布置第一项工作任务等。

(二)部门岗位培训(部门经理负责)

到职后第一天:到人力资源部报到,进行新员工入职须知培训(人力资源部负责);到部门报到,部门经理代表全体部门员工欢迎新员工的到来,介绍新员工认识本部门员工;部门结构与功能、部门内的特殊规定介绍;新员工工作描述、职责要求介绍;讨论新员工的第一项工作任务等。

到职后第五天:部门经理与新员工进行非正式谈话,重申工作职责,谈论工作中出现的问题,回答新员工的提问;对新员工一周的表现做出评估,并确定一些短期绩效目标,设定下次绩效评估的时间。

到职后第三十天:部门经理与新员工面谈,讨论试用期一个月来的表现,填写评价表。

(三)公司整体培训(人力资源部负责)

培训内容如下:公司历史与愿景、公司组织架构、主要业务;公司政策与福利、公司相关程序、绩效评估;公司各部门功能介绍、公司培训计划与程序。还应进行公司整体培训资料的发放,回答新员工提出的问题。

六、员工培训发展建议

针对企业培训的现状,我们认为企业应该根据自己的情况采取如下改进措施:

(1)将培训工作落到实处。我国企业,尤其是中小企业要树立起对培训重要性的认识,不要总是流于形式,应该转变思想观念,认认真真地开展培训工作。同时,要做好培训效果评估工作,不能"虎头蛇尾",并且要做到培训工作与企业规划的有机结合,使培训工作有助于企业总体目标的实现。

(2)做好长远规划,不能只顾眼前的利益。很多企业之所以忽略甚至放弃培训这个环节,很大程度上是因为资金的不足,也可以说,他们不愿在这方面投入太多的费用。但实际上,我们要学会"从长计议",加强对人力资源教育培训的投资。

(3)改进培训方法。学习、借鉴国外先进的培训方法,深入进行教学改革,总结探索出一套符合中国国情的、以提高能力为主要目的的培训工作新思路,摆脱培训方式、方法就是简单的"复制、粘贴"的局面。

(4)建立和发展完善的培训教学体系,不断提高培训的质量和针对性,使培训内容与受训者要求获得的知识、能力和技巧协调一致。通过教育培训管理系统监控培训过程,定期对培训效果进行评估和反馈,使其成为促进高质量培训的有力手段。

（5）不同的培训机构之间、企业与培训机构之间要学会交流有关培训的信息知识和经验。根据我国现有国情，争取资本的优化，不同的职能部门之间要能够做到共享专门的技能和设备，通过共同努力来增强资源基础。

（6）注重解决特殊领域的人力资源培训发展的问题。例如，培养新兴产业领域、高新技术领域的人才，从而改变这些领域人力资源不足和质量低下的问题。对于中国来说，这些特殊领域的人才正是未来我国经济持续发展的主要原动力。

◀ 任务3 绩 效 评 估 ▶

一、绩效评估的含义与功能

（一）绩效评估的含义

1. 含义

绩效评估是指考评主体对照工作目标或绩效标准，采用一定的考评方法，评定员工的工作任务完成情况、员工的工作职责履行程度和员工的发展情况，并将上述评定结果反馈给员工的过程（以员工为考评对象）。绩效考评是指运用一定的评价方法、量化指标及评价标准，对企业各部门为实现其职能所确定的绩效目标的实现程度，以及为实现这一目标所安排预算的执行结果所进行的综合性评价。

绩效评估是人力资源开发与管理的重要环节，是其他环节正确实施的基础与依据。建立企业员工评估制度，是提高员工队伍素质的需要，是充分调动员工积极性的手段，是企业劳动管理科学化的重要基础。

2. 目标

绩效评估的目标是改善员工的组织行为，充分发挥员工的潜能和积极性，以求更好地达到组织目标。目标的实现需要学习，需要沟通。在绩效评估的过程中，主要的参考点是未来，要将评估结果作为一种资源，去规划某项工作或某个员工未来的可能性，这就是对员工及工作的开发。

3. 原则

（1）公平原则。公平是确立和推行人员考评制度的前提。不公平，就不可能发挥考评应有的作用。

（2）严格原则。考评不严格，就会流于形式，形同虚设，不仅不能全面地反映员工的真实情况，还会产生消极的后果。考评的严格性包括以下方面：要有明确的评估标准，要有严肃、认真的评估态度，要有严格的评估制度，以及科学而严格的程序及方法等。

（3）单头考评的原则。对各级员工的考评，都必须由被考评者的"直接上级"进行。直接上级相对来说最了解被考评者的实际工作表现（成绩、能力、适应性），也最有可能反映真实情况。间接上级（即上级的上级）对直接上级做出的考评评语，不应当擅自修改。这并不排除间接上级对考评结果的调整修正作用。单头考评明确了考评责任所在，并且使考评系统与组织指挥系统达成一致，更有利于加强企业组织与指挥的管理机能。

(4) 结果公开原则。考评的结论应对本人公开,这是保证考评的民主性的重要手段。一方面,可以使被评估者了解自己的优点和缺点、长处和短处,从而使考评成绩好的人再接再厉,继续保持先进;也可以使考评成绩不好的人心悦诚服、奋起上进。另一方面,有助于防止考评中可能出现的偏见以及种种误差,以保证评估结果的公平性与合理性。

(5) 结合奖惩原则。依据考评结果,应根据贡献的大小、成绩的好坏,有赏有罚,有升有降。这种赏罚、升降不仅要与精神激励相联系,还必须通过工资、奖金等方式与物质利益相联系,只有这样,才能达到考评的真正目的。

(6) 客观考评的原则。绩效评估应当根据明确规定的考评标准,针对客观的考评资料进行评价,尽量避免渗入主观因素和感情色彩。

(7) 反馈的原则。考评的结果(评语)一定要反馈给被考评者本人,否则就起不到考评的教育作用。在反馈考评结果的同时,应当向被考评者就评语进行解释说明,肯定其成绩和进步,说明不足之处,提供关于今后努力方向的参考意见等。

(8) 差别的原则。评估等级之间应当有鲜明的界限,针对不同的考评结果,在工资、晋升等方面应体现明显的差别,使考评具有激励性,能激发员工的上进心。

(9) 注重实绩的原则。此原则要求在对员工进行绩效评估时,以其工作实绩为根本依据。坚持注重实绩的原则,要把考评的着眼点、着力点放在员工的实际贡献上,要着重研究实绩的数量关系和构成实绩的数量因素,还要处理好考绩与其他方面尤其是考德方面的关系。

(二)绩效评估的功能

(1) 激励功能。绩效评估应奖优罚劣,改善员工的行为,调整其心态,激发其积极性,促使组织成员更加积极、主动地去完成组织目标。

(2) 改进功能。通过绩效评估,便于发现组织中存在的问题,并把问题界定清楚,使原来隐藏在冰山之下的问题突显出来,推动管理者去寻找解决问题的方法,最终达到改善绩效的目的。

(3) 评价功能。绩效评估可以表明员工哪些地方做得较好,哪些地方做得还不够,需要改进。公平合理的绩效评价对组织成员非常重要,在此基础之上的报酬可以包括薪酬、福利、职位晋升、职位调整、培训、淘汰等物质与非物质的内容。

(4) 监控功能。员工的绩效评估,对组织而言,就是任务在数量、质量和效率等方面的完成情况;对员工个人而言,则是上级对下属工作状况的评价。组织通过对员工工作绩效的考评,获得反馈信息,便可据此制定相应的人事决策与措施,调整和改进其效能。

二、绩效评估的种类和程序

(一)绩效评估的种类

1. 根据评估人员划分

(1) 上级评估:一般由被评估者的上级领导和人力资源管理人员进行,是最常见的评估方式。

(2) 自我评估:依据一定的标准,由被评估者对自己进行评价,典型方式有自我申报制度。

(3) 同级评估:由同级同事对被评估者的工作绩效进行评价,有利于贯彻民主原则,提高员工的参与感。

2. 根据评估的时间划分

(1) 日常评估：每天进行的评估或每星期进行的评估，也包括日常工作中的单一评估，如日记录、周记录。

(2) 定期评估：通常一个月、一个季度、半年进行一次评估，是对员工绩效较全面的评估。

(3) 长期评估：可分为一年一度和数年一度两种。一般是对员工各方面情况的全面的、综合性的评估。

(4) 不定期评估：根据工作需要，为了检查员工某方面情况，或为某一临时性目的而进行的评估。

3. 其他划分方法

按评估的形式划分，有口头评估与书面评估，直接评估与间接评估，个别评估与集体评估。根据评估标准的设计方法划分，有绝对标准评估和相对标准评估。此外，根据评估的目的和用途，还可以把绩效评估划分为例行评估、晋升评估、转正评估、评定职称评估、转换工作评估等。

(二) 绩效评估的程序

一般来说，绩效评估程序从完整的绩效管理过程来划分，大致分为四个阶段，即 PDCA 循环。

1. 绩效评估计划 (plan)

绩效评估计划是每个绩效管理周期中的第一步。在一个新的绩效周期开始前，根据企业确立的战略目标，通过目标分解、逐层落实的方法，将企业的中长期目标分解成若干个短期目标，明确到每一个部门及员工个人。同时根据岗位职责，制定相应的绩效评估指标和标准，这是绩效评估时为避免主观随意性而不可缺少的前提条件。因此，在绩效评估计划阶段，管理者和下属需要进行沟通，对员工在绩效评估周期的绩效结果达成共识。

2. 绩效实施与管理 (do)

制定了绩效评估计划后，员工要按照计划开展工作。管理者以设定的各类绩效评估指标作为依据，对员工日常工作进行监督与管理，并据此进行人力资源的配置、调配、评估、培训等日常管理工作。

3. 绩效评估 (cheek)

在每一个绩效管理周期即将结束的时候，依据绩效评估计划，由管理者和员工共同对员工的绩效目标完成情况进行考评。绩效评估的依据是绩效评估计划中的关键绩效指标，还包括在绩效实施与管理过程中收集和记录的员工日常工作表现等。

4. 绩效反馈面谈 (act)

每个绩效管理周期的最后阶段就是绩效反馈面谈。绩效反馈面谈，重在让员工明白工作要按标准执行，要把任务具体化，并在工作中做好记录，做到科学规范、有源可溯。由此，使员工知道管理者对自己的期望，了解自己的绩效，认识到自身有待改进的方面；与此同时，员工可就自己在完成绩效目标的过程中遇到的困难和问题，与管理者沟通，在其指导下及时解决，确保在下个绩效评估周期内，员工和企业的绩效都能得到有效提升。只有这样，才能让管理者和员工都参与到评估中来，让管理者和员工从内心接受绩效评估，并身体力行地去执行，达到预期效果。

综上所述，当一个绩效管理周期完成后，在得到绩效评估结果的基础上进行反馈面谈，开始制订新的绩效管理计划，然后进入下一轮的实施与管理、调整与评估。如此周而复始，形成每完成一个绩效管理周期都不断上升的闭环,保持持续发展和提升的良好趋势,使企业整体处于一个良性循环中。

三、绩效评估方法选择

1) 关键事件法

此法需给每一待评估员工设立一本"评估日记"或"绩效记录",由考察人或知情人随时记载。事件的记录本身不是评语,只是素材的积累,但有了这些具体事实作为根据,便可得出可信的考评结论。

2) 关键绩效指标法

关键绩效指标(key performance indicator,KPI)法是以企业年度目标为依据,通过对员工工作绩效特征的分析,据此确定反映企业、部门和员工个人一定期限内综合业绩的关键性量化指标,并以此为基础进行绩效评估。KPI 是衡量企业战略实施效果的关键指标,设置该指标的目的是建立一种机制,将企业战略转化为企业的内部过程和活动,以不断增强企业的核心竞争力和持续地取得高效益。KPI 评估中一个重要的管理假设就是一句管理名言:"你不能度量它,就不能管理它。"所以,KPI 一定要抓住那些能有效量化的指标并将之有效量化。而且,在实践中,可以"要什么,考什么",应抓住那些亟须改进的指标,提高绩效评估的灵活性。KPI 一定要抓住关键,而不能片面与空泛。当然,KPI 并不是越少越好,而是应抓住绩效特征的根本。

3) 写实考评法

写实考评法评估指标的设置应遵循 SMART 原则。

S:(specific)——明确的、具体的。指标要清晰、明确,让评估者与被评估者能够准确地理解目标。

M:(measurable)——可量化的。汽车服务企业要实行量化管理,组织架构要量化,目标、评估指标更要量化,比较好、还不错这类词都不具备可量化性,将导致标准的模糊。指标一定是要数字化的,没有数字化的指标,是不能随意评估的,一评估就容易出现误差。

A:(attainable)——可实现的。评估指标必须是付出努力能够实现的,既不过高,也不偏低。比如对销售经理的评估,最可能的销售收入目标是 2 000 万,结果要求收入目标达到 1.5 亿,也不给予任何支持,这就是一个完全不具备可实现性的指标。指标的目标值应结合个人的情况、岗位的情况、过往历史的情况来设定。

R:(relevant)——有相关性。评估指标要与其他目标具有一定的相关性。评估指标与工作的其他目标是相关联的,是与本职工作相关联的。

T:(time-bound)——有时限的。评估指标应具有时限性,工作目标要在规定的时间内完成,时间一到,就要看结果。例如,要求实现 2 000 万的销售额,单单这么要求是没有意义的,必须规定在多长时间内完成 2 000 万的销售额,这样才有意义。

4) 因素评定法

因素评定法是通过调查分析与实测数据统计分析,提出人员绩效评估的有关因素,形成评价标准量表体系,然后把被测者纳入该体系中进行评价的方法。因素测定法的评定角度主要有以下几点:

(1) 自我评定,即由评定者依据参照式标准量表,自己对自己的工作绩效进行评价。其特点是具有参与性、自我发展性、督促性。

（2）同级评定，即由同一职务层次的人员依据参照式标准量表互相进行评价。它必须满足三个条件：一是同事之间必须是相互高度信任的，彼此之间能够互通信息；二是报酬制度不是彼此竞争的；三是被评价人的绩效应该是评定人了解和掌握的。

（3）下级评定，即由管理者的直接下级依照参照式标准量表对其上级领导的绩效进行评价。它有利于表达民意，但往往受人际关系的影响较大。

（4）直接领导评定，即由管理者依据参照式标准量表对其直接下属的工作绩效进行评价。

5）领导行为效能测定法

这是在组织行为科学研究的基础上发展起来的一种测量与评价领导者行为与工作绩效的新方法。它采用问卷调查的方式，从领导者、领导情境、被领导者等多方面对领导行为与领导者所处工作情境状况进行评价。

6）目标管理法

目标管理法（management by objective，MBO）始于管理学大师彼得·得鲁克提出的目标管理理论，它作为一种成熟的绩效评估模式，迄今已有几十年的历史，如今广泛应用于各个行业。目标管理的模式：为了保证目标管理的成功，确立目标的程序必须准确、严格，以达成目标管理项目的成功推行和完成；目标管理应该与预算计划、绩效评估、工资、人力资源计划和发展系统结合起来；要弄清绩效与报酬的关系，找出这种关系之间的动力因素；要把明确的管理方式和程序与频繁的反馈相联系；绩效评估的效果大小取决于上层管理者在这方面的努力程度，以及与下层管理者进行沟通的技巧水平；下一步的目标管理准备工作应在目前目标管理实施的末期之前完成，年度的绩效考评作为最后参数输入预算之中。

7）分级法

分级法又可称为排序法，即按被评估员工每人绩效的相对优劣程度，通过比较，确定各人的相对等级或名次。按照分级程序的不同，分级法又可分以下几类：

（1）简单分级法是在全体被评估员工中先挑选绩效最出色的一个列于序首，再找出次优的列为第二名，如此排序，直到将最差的一个列于序尾。

（2）交替分级法是以最优和最劣两级作为标准等次，采用比较选优和淘劣的方法，交替对人员某绩效特征进行选择性排序。

> **知识链接**
>
> 作为理论研究，各种方法有着自身严格的理论界限和体系框架，但作为一个管理者，更应关注它们之间的共性。综合起来，可以概括为以下几个方面：
>
> 首先，企业的目标是核心。无论哪一种方法，管理的内容都是目标，管理的目的都是保证目标的实现。其次，系统的内在逻辑。公司、部门和具体岗位，高层、中层和基层，都属于一个神经系统，压力的传递、责任的追踪、绩效伙伴，谁也离不开谁。最后，同样要遵循SMART原则。该原则是业绩管理操作性强的根本。

（3）范例对比法通常从五个维度进行评估，即品德、智力、领导能力、对职务的贡献和体格，每一维度又分为优、良、中、次、劣五个等级。然后就每一维度的每一等级，先选出一名适当的员工作为范例。实施评估时，将每位被评估的员工与这些范例逐一对照，按近似程度评出等级分。最后,各维度分数的总和便作为被评估员工的绩效评估结果。

(4)对偶比较法即将全体员工逐一配对比较,按照逐对比较中被评为较优的总次数来确定等级或名次。

(5)强制分配法是按事物"两头小,中间大"的正态分布规律,先确定好各等级在总数中所占的比例,然后按照每人绩效的相对优劣程度,强制列入其中的一定等级。

任务4 报酬与激励

一、工资与奖金

工资是指基于劳动关系,用人单位根据劳动者提供的劳动数量和质量,按照法律规定或劳动合同约定,以货币形式直接支付给劳动者的劳动报酬。尽管人的需要是多层次、多方面的,但是工资的丰厚程度仍然是对员工的工作积极性进行激励的主要手段。目前,通常使用的工资制度有计时工资制与计件工资制。企业在决定向员工支付多少工资时,重点要考虑国家法律的规定、同行企业对相应岗位的给付以及公平性的体现。其中公平原则是决定工资水平最重要的因素,外部公平与内部公平必须兼顾。外部公平就是与其他组织相比,企业支付的工资必须是优厚的,否则很难吸引与留住合格的员工。内部公平是指当某个岗位的员工将自己的工资与企业内其他员工相比时,能产生公平的感觉。

奖金是指对劳动者提供的超额劳动所支付的报酬,是实现按劳分配的一种补充形式。奖金大体上可分为两类:一类是由于劳动者提供超额劳动,直接增加了社会财富(如增产、节约等)而给予的奖励;另一类是由于劳动者提供超额劳动,为增加社会财富创造了条件(如技术革新等)而给予的奖励。

二、确定工资的步骤

(一)类似岗位薪资调查

薪资调查可以由企业自己做,也可以委托其他咨询服务机构去做,或是采纳已有的商业性、专业性薪资调查和政府薪资调查的数据。薪资调查有助于确定基准职位的薪资水平,其他职位再根据其在组织中的相对价值和基准薪资水平来确定薪水水平。

(二)确定岗位相对价值

可在工作分析的基础上,采取一定的方法,根据岗位在组织中的影响范围、职责大小、工作强度、工作难度、任职条件、岗位工作条件等特性进行评价,确定岗位在组织中的相对价值,并据此建立岗位价值序列。确定岗位相对价值的方法有职位归类法、序列法、要素计点法。

(三)类似岗位并为同级

企业中有百十个岗位,却并非需要确定百十个工资等级,而是将难度、付出度类似的职位并入同一等级。如某个企业将高级技工、助理工程师、办公室高级文员等职位设为同一等级,这样就只需要处理十几个工资等级。

三、基本工资制度的主要类型

（一）计时工资制度

1. 定义

计时工资制度是一种按照单位时间工资标准和劳动时间来计算和支付工资的一种制度，有小时工资制、日工资制、月工资制、年工资制等四种形式。计算方式为：计时工资＝特定岗位在单位时间的工资标准×实际有效的劳动时间。计时工资制适用于有明确的工作等级并能够制定出恰当的工资标准的企业或岗位，如餐馆中的一些服务人员、汽车公司的司机等。计时工资制度虽然是一种传统的工资制度，但是目前仍然在广泛使用。

2. 条件

（1）制定明确合理的技术、业务标准和相应的工资标准。

（2）建立严格的技术、业务考核制度和晋升(级)制度。

（3）要有科学合理的劳动定额和岗位(职务)责任制，对员工在一定时间应完成的工作规定数量和质量上的要求。

（4）计时工资制应与奖金制度配套实施，以奖金作为一种补充的分配形式。

3. 计时工资制的优缺点

（1）优点。①计时工资制主要取决于劳动者本人的技术业务水准或本人所在岗位（职务）相应的工资标准，而不直接取决于工作物或劳动对象的技术业务水准。②计时工资制强调员工本人技术业务水准的高低，因此，有利于促进员工努力学习科技文化和业务知识，不断提高自己的技术业务水平和劳动熟练程度，提高劳动工作质量。③内容和形式简便明确，便于计算和管理。④计时工资不致使员工工作情绪过度紧张，且工资收入水平取决于既定的工资标准，具有较大的稳定性，因此对员工收入、生活水平及身心健康有较大的保障性。

（2）缺点。由于计时工资只能反映员工的技术熟练程度、劳动繁重程度和劳动时间长短的差别，不能全面反映同等级员工在同一工作时间内支付劳动量和劳动成果的差别，在一定程度上造成平均主义。所以，企业在实行计时工资制时，普遍实行奖励制度，以弥补计时工资制的不足。

（二）计件工资制度

1. 定义

计件工资制度是指根据员工完成的工作量或合格产品的数量和计件单价来计算和支付工资的一种制度。计算方式为：计件工资＝完成产品的数量×单件工资标准。这种工资制适用于员工能够独立完成一件相对完整的产品的岗位。例如，制衣行业中，一些企业将设计好的样式交给员工，员工按照要求进行加工，企业根据每位员工完成的合格产品数量来计算工资。计件工资制的一般表现形式有：超额累进计件、直接无限计件、限额计件、超定额计件等。

2. 条件

（1）能准确计量产品数量。

（2）有明确的质量标准，并能准确地进行检验。

（3）产品的数量和质量主要取决于工人的主观努力。

（4）具有先进合理的劳动定额和较健全的原始记录。

(5) 生产任务饱满,原材料、燃料、动力供应和产品销路正常,并需要鼓励员工提高产量。

3. 计件工资制度的优缺点

(1) 优点。①计件工资的显著特点是将劳动报酬与劳动成果最直接、最紧密地联系在一起,能够直接、准确地反映出劳动者实际付出的劳动量,使不同劳动者之间及同一劳动者在不同时间上的劳动差别在劳动报酬上得到合理反映。因此,计件工资能够更好地体现按劳分配原则。②计件工资的实行,有助于促进企业经营管理水平的提高。③计件工资的计算与分配事先都有详细、明确的规定,具有很强的物质激励作用。④计件工资收入直接取决于劳动者在单位时间内生产合格产品的数量多少,因此,可以刺激劳动者从物质利益上关心自己的劳动成果,努力提高自己的技术水平和劳动生产率。

(2) 缺点。计件工资制的缺点是对产品质量关注不够。

(三) 岗位工资制度

1. 定义

岗位工资制度,是按照员工在组织中的工作岗位性质来决定员工的工资等级和工资水平的薪酬制度。岗位不同,付出的劳动不同,对组织的贡献不同,报酬水平也不同。这种工资制度适用于专业化程度高、分工细、岗位设置固定、岗位职责明确的企业,如制造企业等。

2. 条件

实行岗位工资制度,要制定各类岗位的评估标准,包括各岗位的职责范围、操作规程、技术业务要求和上岗员工必须具备的条件,以及上岗人员和下岗人员的工资支付办法等。并且,要结合各类岗位的工作特点,根据需要和可能,配合采取适当的工资形式,如计件工资、浮动工资等;还要加强定员定额管理,建立健全企业的各项规章制度,以期更好地发挥岗位工资制的作用。岗位工资制有多种形式,主要有岗位效益工资制、岗位薪点工资制、岗位等级工资制。但不论哪种工资制,只要称为岗位工资制,岗位工资的比重应该占到整个工资收入的60%以上。

3. 岗位工资制度的优缺点

岗位工资制度的主要优点是便于公正地评价企业员工的劳动贡献,容易实现薪酬管理的公正性目标;主要缺点是缺乏对员工的激励性。一旦员工的岗位确定,工资标准和工资水平就随之确定。一些具有创造力的员工,难以充分发挥潜力。所以许多企业在推行岗位工资制度的同时,也设立了一系列激励制度,来激发员工的工作主动性和积极性。

(四) 业绩工资制度

1. 定义

业绩工资制度又称为绩效工资制度,是一种根据员工工作业绩来确定员工工资水平的薪酬制度。员工的业绩越好,企业支付给员工的工资就应该越高。适用于工作流动性大、难以监控的企业或者部门。

2. 条件

(1) 工资范围足够大,各档次之间拉开距离。

(2) 业绩标准要制订得科学、客观;业绩衡量要公正有效,衡量结果应与工资结构挂钩。

(3) 有浓厚的企业文化氛围支持业绩评估系统的实施和运作,使之起到奖励先进、约束落后的作用。

(4) 将业绩评估过程与组织目标实施过程相结合,将工资体系纳入整个企业的生产和经营运作系统之中。

3. 业绩工资制度的优缺点

业绩工资制度的优点是员工工资与绩效直接挂钩，能调动员工特别是优良员工的劳动积极性；由于工资成本随销售额、利润等指标的变动而变动，因此能防止工资成本过分膨胀；直观透明、简便易行，开发成本和执行成本均较低。

业绩工资制度的缺点是导致员工过分注重短期绩效而忽视长期绩效；容易导致员工之间的收入差距过大，影响员工之间的和睦关系；导致员工忽视售后服务等非销售任务；员工收入稳定性差。

 知识链接

在企业管理实践中，业绩工资在不同企业表现出不同形式，归结起来大致有如下两种类型：一种是纯粹的业绩工资，即员工的所有收入都与其工作业绩挂钩，例如，一些销售人员的工资就是由其销售产品的数量来决定的，完全没有固定工资或只有极少部分固定工资；另一种是业绩工资制度与其他类型的工资制度结合使用，形成"固定工资＋业绩工资"的工资结构。在这种结构中，固定工资通常采用岗位工资制度或技能工资制度确定，而业绩工资部分采用的是业绩工资制度。

四、激励工资制度的主要类型

（一）奖金制度

奖金制度是企业对员工所创造的超额劳动成果的货币补偿形式，是一种补充性薪酬形式。从薪酬结构的角度看，奖金是员工薪酬构成中激励工资的主要组成部分。在许多企业的薪酬构成中，都设立有奖金这一项目，它对企业激发员工的积极性和创造性，实现薪酬制度的激励、竞争功能具有重要作用。

奖金制度的主要特征：较强的灵活性和针对性，可以弥补基本工资的不足，具有明显的激励功能，便于实现员工贡献、收入和企业效益三者之间的有机结合。奖金制度的灵活性和针对性主要体现在企业可以根据实际情况掌握奖励的标准、范围和时间，可以有效地调节和引导员工的行为。

（二）激励制度

长期激励工资制度是企业为了激励经营者和部分关键人才，为了企业长期持续发展而设置的一种激励制度，是薪酬制度的一个组成部分。在经营权与所有权分离的前提下，这种薪酬制度变得越来越重要和普遍，成为企业长期、持续发展的关键之一。其理论基础是，企业经营者、部分关键人才和企业所有者的利益目标不完全相同，前两类人员在企业经营管理中可能追求短期利益，后者则看重企业的长期发展和资产的长期增值。

企业之所以要设计这种激励制度来激励和约束管理人员的行为，其原因在于企业所有者的利益和经营者的利益不完全一致。作为委托方，所有者为了监督代理人的行为，必须付出相应的成本。期权激励制度所给予经营者的奖励，实际上是所有者监督经营者行为的一种成本。

从另一个角度看,企业经营者在企业发展过程中,投入的是人力资本,这种资本与其主体是不可分离的。如果所有者参与分配,那么经营者也应该参与企业利润分配。期权制度实际上是经营者参与企业利润分配的一种形式。

> **知识链接**
>
> 期权制度在美国已经得到普遍使用。在《财富》杂志所列出的500家工业企业中,89%的企业采用这种制度来激励经营者。中国从1997年开始,相继有企业试行这种激励制度,目前使用这种激励工资制度的企业越来越多。但是,从中国企业的实践看,许多问题还没有解决。例如,经营者到底是谁?激励所需的股票又从何处来?

(三)津贴制度

津贴制度指企业对在特殊劳动条件下工作的员工所付出的额外劳动、生活费用及所受到的健康损害而给予的特殊补助。津贴项目可以大致划分为劳动津贴和生活津贴两种类型。

劳动津贴一般适用于一些在非正常工作时间、地点或环境下工作的人,如夜班津贴、地下作业津贴、特殊岗位津贴等;生活津贴一般是企业为保障员工实际工资水平不受物价影响而设立的津贴项目,如外勤工作津贴、出国人员津贴等。在有的企业的报酬制度中,虽然没有明确的津贴项目,但是,在工资中已经考虑了这一因素。

项目考核

将学生分成若干小组,每组5~6人,各小组推荐一名学生为负责人(管理者)来组织活动,下一次活动时更换负责人,力求人人都能得到训练。各小组成员根据训练内容的不同,每人扮演不同的角色。从每个小组中抽出一人组成考核组,考核的形式为考核组集体打分,考核标准为形式性考核占50%(包括流程、角色、需要的书面材料等),实质性考核占50%(包括小组及个人的实际表现、内容掌握程度、目标实现程度等)。

考核运行:

1. 训练规则说明(建议时间15~20分钟)。

2. 分组及就职演说(采用角色扮演方式,准备完毕后,进行就职演说)(建议时间15~20分钟)。

3. 由实训指导教师从企业的工作分析、员工的招聘方法、员工的选择录用等方面指导学生进行模拟招聘。模拟招聘结束后,实训指导教师对学生的表现进行点评分析,指出不足的地方,然后由学生完成实训报告。

4. 分析会议与解决方案(建议时间80~100分钟)。

①会议主题_____

②会议形式_____

③时间控制_____

④会议结论_____

⑤解决方案
5. 主管(自己所扮演的角色)对一天工作的述职(建议时间20~30分钟)。
6. 小组讨论点评与活动总结(建议时间15~20分钟。)
7. 对各小组进行考核评价。
8. 教师点评(建议时间20~30分钟)。

项目 4
汽车服务企业的设备管理

◀ **学习目标**

(1) 了解设备管理的相关知识。
(2) 知道怎样选择与评价设备。
(3) 熟悉设备的使用、维护与修理。
(4) 知道设备的更新与改造。

【**项目引入**】

某汽车运输公司是一家始建于20世纪60年代,以汽车运输和汽车修理为主的国有企业。公司经过几代人的艰苦努力,逐渐发展壮大,建立了较完善的管理体系。但是,随着经济环境的变化,公司设备管理体制越来越不能适应公司发展的要求,甚至在一定程度上阻碍了公司的进一步发展。

1. 公司设备来源

该汽车运输公司成立之初只有89台杂牌汽车,现已发展成为拥有399台各种现代化车辆的运输企业,其间走过了一条曲折、艰辛的道路。

20世纪60至80年代,计划经济占主导地位,国家对企业投资相对稳定,同时公司依靠集团公司计提折旧返还、银行贷款等进行固定资产投资,使设备得到了及时更新和补充。

进入20世纪90年代,经济体制改革进一步深化,市场体系已基本形成。在这期间,固定资产投资主要依靠企业发展中的自我积累,比如说,2004年从二汽以抵账形式买回33台东风车,2012年投入500万更新改造资金,购置各种车辆30余台。公司的设备在数量、质量、品种、现代化程度上都得到了提高,现已成为各种设备配套齐全的现代化运输企业。

2. 公司设备种类

公司的设备管理工作主要由公司的设备科负责。固定资产按集团公司下发的"固定资产目录及分类编号"进行编号,实行微机化、统一化管理,传统的账、卡、物、表相统一的管理方式依然存在。在设备分类上仍然依据20世纪60年代原第一机械工业部颁发的《设备统一分类及编号目录》,将设备按性质分为机械设备和动力设备两大项(见表4-1)。

表4-1 汽运公司设备种类表

序号	分项	大类	细类
Ⅰ	机械设备	金属切削设备	车床、刨床、铣床、磨床、镗床、滚齿床、锯床等
		锻压设备	液压机、锻锤、剪板机、滚筒机等
		起重运输设备	各类汽车、吊车、铲车、挖掘机、桥式吊车等
		木工铸造设备	木工刨床、锯床
		其他机械设备	光鼓机、骑马螺栓拆装机
Ⅱ	动力设备	动能发生设备	锅炉、空压机、水泵
		电器设备	充电机、变压器、电焊机、发电机、清洗机、启动器等
		工业炉窑	少量
		其他动力设备	潜水泵、高压泵试验台、发动机磨合机等

除汽车设备外,公司现有机电设备中,20世纪60年代出厂的有10台,20世纪70年代出厂的有46台,20世纪80年代出厂的有12台,20世纪90年代出厂的有10台,21世纪出厂的有3台。

由于汽车设备属于特种设备,因此其使用寿命受到交通运输部有关规定的限制,到报废期一律强制报废。在399台车辆中,20世纪80年代出厂的有55台,20世纪90年代出厂的有304台,21世纪出厂的有40台。另外,在399台车辆中,162台为汽油车辆,237台为柴油车辆。车辆种类为40种,吨位为2351吨。

由以上数据可以看出,该汽车运输公司的设备种类较多,设备更新换代速度较慢,设备陈旧、老化严重,一些20世纪60年代的设备仍在超期服役,设备新度系数不足0.4(设备固定资产净值与原值之比),这些都制约了公司的生产发展和总体目标的实现。因此,该公司若欲在今后的市场上立住脚跟,不仅要在技术、人才、管理、市场上下功夫,还要着重提高公司的技术装备水平,这样公司战备目标的实现才有根本保证。

请运用设备管理的理论知识和方法,对公司设备现状进行分析。

【相关知识】

任务1　设备管理概述

本节主要介绍汽车服务企业设备管理的概念及设备分类、设备管理工作的内容、设备管理的任务与设备管理部门的职能。

一、设备管理的概念及设备分类

(一) 设备管理的概念

汽车服务企业设备是指在汽车经营服务过程中所需要的机械及仪器等,是企业的有形固定资产,是可供企业长期使用,并在使用过程中基本保持原有的实物形态,且价值在一定限额以上的劳动资料的总称,是汽车服务企业生产经营中必不可少的物质基础。

汽车服务企业设备管理是指从设备的选择、规划、使用、维修、改造、更新,直到报废全过程的决策、计划、组织、协调和控制等一系列管理活动。

设备是一种具有独特性质的物体:一方面,设备以其功能参与产品的形成,而不是其实体转移到产品中去;另一方面,设备具有一定的使用寿命,在使用过程中会产生费用,其自身价值会逐渐降低。因此,设备管理是一项系统工程,是对设备的经济性、技术性和运行过程进行全方位的管理。

(二) 汽车服务企业设备的分类

设备的分类主要是依据设备的结构、性能和工艺特征进行的。凡设备性能基本相同,又属于各行业通用的,列为通用设备;设备结构、性能只适用于某一行业的,列为专用设备。汽车服务企业设备以汽车维修设备为主,具体可分为汽车维修通用设备和汽车维修专用设备。

1. 汽车维修通用设备

汽车维修通用设备主要有适用于汽车维修行业的金属切削机床、锻压设备、空气压缩机、起重设备等。

按照国家标准《汽车维修业开业条件》的要求,汽车维修企业应配备的通用设备有钻床、空气压缩机、电气焊设备、普通车床、砂轮机等。二类维修企业根据生产规模,必备的设备有钻床和镗床。例如钻床可配备24012型,最大钻孔直径为12 mm的台式钻床;普通车床可配备C6140型,床身上最大回转直径为400 mm的卧式车床,或C6136型,床身上最大回转直径为

360 mm 的卧式车床；砂轮机可配备 M3220 型，最大砂轮直径为 200 mm 的台式砂轮机；镗床可配备常用的固定式 T7220A 镗缸机等。

2. 汽车维修专用设备

根据设备的功能和作业部位，汽车维修专用设备可分为汽车清洗设备、汽车补给设备、汽车拆装整形设备、汽车加工设备、汽车举升运移设备及汽车检测设备等。

(1) 汽车清洗设备。汽车清洗设备主要用于汽车车身、底盘外部和汽车零部件的清洗。根据清洗设备的用途可分为汽车外部清洗设备和汽车零件清洗设备。

(2) 汽车补给设备。在汽车维修作业中，需要对车辆润滑部位进行加油润滑，为蓄电池补充电力，为汽车轮胎补充气体。为改善维修工人的劳动条件，提高剂量添加的准确性，减少浪费，需要用补给设备完成此类工作。汽车补给设备按用途可分为加油设备、充电设备及充气设备。

(3) 汽车拆装整形设备。汽车拆装整形设备主要用于汽车维修作业中对总成和零部件的拆装，以及车身和承载梁架变形后的恢复，以减轻工人体力劳动强度，保证维修质量，提高劳动生产率。其主要设备有：电动、气动扳手，轮胎螺母拆装机，骑马螺栓、螺母拆装机，液压机，半轴套管拉压器，车身矫正器，齿轮轴承拉器，专用零件拆装工具等。

(4) 汽车加工设备。在汽车维修过程中，对零件进行加工是恢复零部件技术状况的一种方法。目前加工设备的种类比较多，通用加工设备已成为国家的定型产品，如车床、刨床、磨床等。根据对零件加工部位的不同，汽车加工设备可分为缸体加工设备、曲轴、连杆及轴承加工设备，配气机构加工设备，制动系统加工设备，镗鼓机，光盘机等。

(5) 汽车举升运移设备。此设备主要用于汽车维修作业中整车或零部件的垂直、水平位移，以便进行拆装、修理和存放。其主要设备有：龙门吊、单臂液压吊、二柱举升器、四柱举升器、埋入式液压举升机、液压千斤顶、前桥作业小车、后桥作业小车、变速器拆装小车、发动机翻转架等。

(6) 汽车检测设备。此设备主要用于汽车维修前的故障诊断、维修过程中零部件的检验、汽车修竣后的性能检测及汽车使用中的定期技术状况检测等。目前汽车检测设备种类很多，一般分为发动机检测设备、底盘检测设备、零部件检测设备等。

二、设备管理工作的内容

设备管理工作的具体内容主要有以下几个方面。

(一) 建立健全设备管理机构

企业领导要对设备管理进行责任分工，并根据企业规模，配备一定数量的专职和兼职设备管理人员，负责设备的规划、选购、日常管理、维护修理以及操作人员技术培训工作。

(二) 建立健全设备管理制度

汽车服务企业应当根据国家的法律法规要求以及行业主管部门的具体规定，结合企业的特点制定企业的设备管理制度，规定设备安装、使用、维修等技术操作的规程，明确设备配置、领用、变更、报废等活动的管理程序，明确设备使用与管理的岗位责任制度与奖罚规定等，使设备管理有章可循、全员参与、各负其责。

（三）认真做好设备管理的基础工作

设备管理的基础工作主要包括设备的调入、调出登记，建档、立账，维修保养，报废及事故处理等，要保证设备完好，不断提高设备的利用率。

（四）认真进行设备的规划、配置与选购

根据企业规模和发展前景，合理规划企业设备的配置，要在充分进行技术、经济论证的基础上，认真制订维修设备配置计划，并按照配置计划进行设备选购。选购设备要做到：技术上，能够满足使用要求，并保持一定的先进性；经济上，合理划算，保证良好的投资效益。

（五）加强设备日常保养及维修管理

严格执行操作规程，保证设备安全使用。要加强设备的日常维护，要求操作人员每日班前对设备进行检查、润滑，下班前对设备进行认真清洁。定期对设备进行紧固、调整、换油和检修作业，保证设备处于良好的技术状态，充分发挥设备的利用效率。

（六）适时做好设备的更新改造工作

为适应新型车辆的维修工作，必须对设备技术上的先进性与经济上的合理性，做到全面考虑、权衡利弊，以提高设备更新改造的经济效益。

三、设备管理的任务

企业设备综合管理的目标是保持设备完好，提高企业技术装备素质，充分发挥设备效能，取得良好的投资效益。

汽车服务企业设备管理的主要任务是为企业实现经营目标和完成生产任务提供良好的技术装备，并在此基础上进行技术创新活动，通过一系列技术、经济、组织措施，对设备实行全过程的综合管理，以期达到设备寿命周期费用最经济、设备综合效益最高的要求。具体内容主要包括以下几点：

（1）按照技术先进、经济合理、服务优良的原则，正确选购设备，为企业提供优良的技术装备。

（2）在经济节省的基础上，加强设备管理和维修，保证设备始终处于良好的技术状态。

（3）以设备的寿命周期为研究对象，力求设备整个寿命周期费用最经济和设备综合效益最高。

（4）搞好设备的更新改造，提高设备的现代化水平，使企业的生产活动建立在最佳的物质技术基础上。

（5）改变传统的设备管理观念和方法，提高企业职工使用、维护、修理和管理设备的技术素质。

四、设备管理部门的职能

在企业设备管理中，应广泛采用国内外先进的设备管理方法和维修技术，逐步实行以设备状态检测为基础的设备维修方法，不断提高设备管理的现代化水平。因此，汽车服务企业设备管理部门的主要职能应包括以下内容：

（1）负责做好企业设备管理的基础工作，为企业制定设备管理决策提供依据。

（2）负责监督、检查和协调企业的设备管理工作，对违章运行及技术状况不良的设备，应责令停止使用。

（3）负责或参与制订设备维修及运行计划，下达经济技术指标并定期检查考核，指导设备维修专业化协作工作，做好设备的使用、维护和检修操作规程及岗位责任制等制度的制定工作。

（4）负责并积极组织企业的技术创新活动，使企业的各种设备及其构成在质量上优于现有水平。

（5）负责或参与基建和重大技术改造工程的有关工作，编制设备改造和更新的中长期计划，并组织实施。

（6）负责并参与设备管理的教育和培训工作。

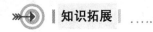

设备管理的基础

1. 设备管理机构与人员配备

汽车服务企业设备管理机构的设置应根据汽车服务企业的现有规模、经营方式、服务设备拥有量以及设备复杂程度来进行，一般应遵循以下原则：统一领导，分级管理；分工与协作统一；职、责、权、利的统一。

2. 设备管理制度

（1）厂部设立设备管理员，负责本厂全部机具设备的登记入册，建立设备档案，定期进行维修保养，做好记录，保养完毕后，要履行签字验收手续。

（2）设备管理员要根据实际需要，做好机具设备、仪器、仪表的购置计划，经主管审批后方能采购。购买时尽量选购优质的产品。

（3）新购的设备、工具、仪器、仪表要经过设备管理员、仓库管理员的验收，调试合格后方能交付使用。

（4）本厂所有的机具设备、工具、仪器、仪表要确定使用年限，根据价值大小列入固定资产或低值易耗品。在使用年限内，如有丢失、损坏，应予以赔偿，经管理员检验，确属质量问题的，需由设备管理员和主管鉴定后方可减免赔偿。

（5）精密机具应指定专人保管使用，其他人不得随便使用。测量仪器设备要定期校准和检查。

（6）固定且不能移动的专用工具设备，如车床、磨床、油泵试验台等，由专门的操作员保管、维修、保养，其他人一律不得上台操作。

（7）要提高设备的利用率，对长期闲置不用的设备，要妥善保管。

（8）所有的机具设备、工具、仪器、仪表要做定期检查。平时要进行抽查，发现问题要及时处理。

任务2 设备的选择与评价

一、设备的选择

设备的选择又叫设备选型。如何正确地选择机器设备,是现代设备管理首先需要解决的问题。

(一)设备购置的类型

企业在选择设备时,应根据不同的目的,确定设备的类型。

(1)业务项目开发型,即为开发新的服务项目而选择设备。进行此类设备选型时,企业现有的参考资料往往较少,设备选型决策风险较大。但是这类设备选型与购置,能在开发企业新业务、带动企业发展的过程中,实现企业的技术进步。

(2)生产能力扩张型,即为扩大现有生产能力而选购设备。目的是使同样的服务以扩大生产规模的方式进行,增加企业利润。这类设备购置并不能给企业带来技术进步,创造市场竞争中的技术优势,因此,必须认真考虑市场需求和整个市场的变化趋势。

(3)设备更新型,即替换同类设备,实现企业设备性能、效率、效益的改变。这类设备选型与购置的目的,是通过提高生产效率、服务质量,降低消耗,最终实现企业成本的降低和利润的增加。它是汽车服务企业实现技术进步的主要途径。这类设备选型与购置必须有计划、分步骤、有重点地进行。

(4)经营发展综合型。这类设备选型与购置的收益不局限于某一方面,例如,科研、管理设备,防止公害、有利于环境保护的设备等。这类设备的选型与购置应当有充分的依据。

(二)设备选型的要求

汽车服务企业设备选型应当遵循的基本原则是:符合有关法规,生产上领先,技术上先进,经济上合理。一般情况下,这四个原则基本能达到统一,但由于企业的规模、使用条件、主修车型、工艺布局等因素的影响,也会出现一些矛盾。例如,有的设备,技术上虽然先进,但不太适应企业的主修车型,不能发挥其效能,采用时经济上不合理。再如,某汽车维修企业品牌维修站,专修某些特定的车型,需要大量专用设备、工具和检测仪器,技术上很先进,但比较昂贵,需要投入较多资金。具体来说,选择设备时应综合考虑以下几方面因素:

(1)应符合国家标准《汽车维修业开业条件》中规定的有关设备、工具、仪器的配置要求。在设备条件中明确规定:企业配备的设备型号、规格和数量应与其生产纲领、生产工艺相适应。

(2)根据主要维修车型的技术特点和技术发展趋势,合理选配维修设备、工具和检测仪器,以保证在技术上、质量上满足维修要求,并具备一定的超前性。对于品牌汽车维修企业,还应遵守品牌厂家的有关要求或技术规定。

(3)设备的生产效率。设备的生产效率是指单位时间内完成的维修汽车作业量或与工作有关的技术参数。选购设备时,根据生产流程和作业量,尽量选购工艺流程自动化程度高,工作速度快、效率高的维修设备。应结合维修车间的维修能力和规划布局,做好购置计划。

(4)设备的可靠性与耐用性。设备的可靠性是指设备在规定的时间内,在正常使用条件下,无故障地发挥其效能;设备的耐用性是指设备的使用寿命,这是选购设备的一个重要因素。

(5) 设备的安全性。汽车维修设备的安全性是指在使用过程中对操作人员、维修车辆以及设备本身的安全保证程度。汽车维修设备在生产使用过程中由于技术、经济、质量、环境等原因,有可能存在一些不安全因素,因此选购设备时应考虑是否配置自动控制的安全保护装置,如自动断电、自动停车、自动锁止机构、自动报警等,以提高设备预防事故的能力。

(6) 设备的配套性。汽车维修设备的配套性是指设备之间的配套水平或相互联系的密切程度。在选购汽车维修设备时,应根据车型特点、维修工艺要求,使有关设备在技术性能、维修能力方面相互协调,以达到每台维修设备的能力都能充分发挥的目的。

(7) 设备的维修性。汽车维修设备的维修性主要应考虑汽车维修设备的结构先进简单,装配合理,能迅速拆卸,易于检查。设备供应方能持续提供有关资料、技术支持和维修备件,有较强的服务能力等。

(8) 设备的经济性。汽车维修设备的经济性是指在选购维修设备时,不仅要考虑设备初期投资费用,而且要考虑设备投资回报期限和投入后的维修费用。设备购置计划应与投资能力相适应,具有可操作性,在制订计划时,应量力而行。选购设备之前,要进行经济评价,即从经济角度出发,比较几种设备的优劣。在进行设备购置时,选择的供应商不应过多,否则将来售后服务不方便,应选择那些实力强、信誉好、售后服务好的供应商。

二、设备选择的经济评价

对汽车服务企业来说,设备、工具、仪器的选择,不但是企业建立时的一项重要工作,而且对将来的设备管理工作起决定性作用。特别在购置重点设备、主要设备时,必须经过技术、经济可行性分析论证,建立和实行严格的项目责任制,严把设备选型和购买关,为日后的设备管理打好基础。

(一) 经济评价的主要内容

企业在选购设备的过程中,还应对设备进行经济评价。经济评价的目的,是要对几种设备选择方案中的投资费用、使用费用、预期收益等进行对比、分析,从中选择技术性最好、经济性最佳的方案。

(1) 投资费用(又称原始费、购置费)是指一次性支出或在短时间内集中支出的费用。企业自制设备的投资费用包括研究、设计、制造等费用;外购设备的投资费用则包括设备的购置费、运输费、安装调试费等费用。

(2) 使用费(又称维持费)是指在整个设备寿命周期内,为了保证设备正常运行而定期支付的费用,主要包括维修费、能源消耗费、保险费、直接作业人员的工资等。

(二) 经济评价的方法

常用的经济评价方法有投资回收期法、年费用比较法、现值比较法。

1. 投资回收期法

采用投资回收期法,首先应分别计算各备选方案的投资总额,同时要考虑该方案分别在提高劳动生产率、节约能源消耗、提高服务质量、增加资源回收和利用率、节省劳动力等方面所能带来的费用节约额,并依据投资费用与节约额分别计算各备选方案的投资回收期,然后进行方案比较。一般在其他条件相同的情况下,投资回收期最短的方案,被认为是经济上最优的方

案。其计算公式为

$$投资回收期(年) = \frac{设备投资费用总额(元)}{设备使用后的年净收益(元/年)}$$

其中,设备投资费用总额由设备原始费用和使用费用组成。外购设备的原始费用包括外购设备原价、设备及材料的运杂费、成套设备业务费、备品备件购置费、安装调试费等;自制设备的原始费用包括研究、设计、制造、安装调试费等。使用费用是指设备在整个寿命周期内所支付的能源消耗费、维修费、操作工人工资及固定资产占用费、保险费等。

计算出来的设备投资回收期越短,说明设备投资效果越好。在相同的条件下,选择投资回收期最短的设备为最佳设备。在某些情况下,可以考虑资金的时间价值,采用动态投资回收期法进行分析、权衡。

2. 年费用比较法

年费用比较法是从设备寿命周期的角度来评价和选择设备。采用年费用比较法是在设备寿命周期不同的条件下,把不同方案的设备购置费用,根据设备的寿命周期,按一定的利率换算成每年的平均费用支出,然后加上每年的维持费用,得出不同设备在寿命周期内平均每年支出的总费用。其计算公式为

$$设备的年度总费用 = 设备购置费 \times 资金回收系数 + 年维持费$$

计算出不同设备的年度总费用,从中选择年度总费用最低的设备为最优设备。

例 4-1 某汽车维修企业购置设备一台,现有 A、B 两种同类设备可供选择,其设备效率和使用年限相同。设备 A 购置价格为 9 000 元,投产后平均每年的维持费用为 3 000 元;设备 B 购置价格为 15 000 元,投产后平均每年的维持费用为 2 000 元。两种设备的使用寿命预计均为 10 年,残值都为零。设基准收益率为 4%,试根据以上资料,用年费用比较法对两种型号的设备进行经济评价。

解 根据资金时间价值的系数表可查出:资金回收系数为 0.123 29,即

A 设备的平均年度总费用 = 9 000 元 × 0.123 29 + 3000 元 = 4110 元

B 设备的平均年度总费用 = 15 000 元 × 0.123 29 + 2000 元 = 3849 元

根据以上计算结果可以得出结论:应选择 B 设备。

3. 现值比较法

现值比较法是把设备寿命周期内每年支付的维持费,按现值系数换算成设备的初期费用,然后和设备的原始购置费用相加,进行总费用现值的比较,从中选择寿命周期总费用最低的设备为最优设备。其计算公式为

$$设备寿命周期的费用现值 = 设备购置费 + 年维持费 \times 年金现值系数$$

例 4-2 根据例 4-1 的资料,试用现值比较法对两种型号的设备进行经济评价。

解 根据资金现值系数表可以查出:等额年金现值系数为 8.11 090,即

A 设备寿命周期的费用现值 = 9 000 元 + 3 000 元 × 8.110 90 = 33 333 元

B 设备寿命周期的费用现值 = 15 000 元 + 2 000 元 × 8.110 90 = 31 222 元

根据以上计算结果可以得出结论:应选择 B 设备。

现值比较法与年费用比较法相反,后者是把投资成本化为年值后与每年维持费用相加组成设备的年度总费用,再进行比较;而前者是将每年的维持费用转化为现值后,与最初的投资费用相加,组成总现值,再进行比较。现值比较法与年费用比较法可以互相验证,虽然过程不

同,但计算后得出的结论是一致的。

> 知识拓展
>
> 设备安装验收
>
> 1. 设备入库验收
>
> 设备验收是按照一定的程序和手续,对设备数量和质量进行检查,以验证它是否符合订货合同的一项工作。验收除了为设备的保管和使用提供可靠依据外,也是对供货方提出退换或索赔的重要依据。因此,验收工作必须做到及时、准确,且在规定期限内完成。凡设备要入库存放,库管员在办理入库手续时,需认真核对实物,据实填写入库单。
>
> 2. 安装调试
>
> 新购设备到货、验收后,要认真做好安装、调试工作,以便及时将设备投入使用。对于新设备使用初期在质量、效率、操作等方面存在的问题和故障,设备管理部门应及时与有关方面交涉。自制设备须按规定鉴定验收后方可投产使用,并转入固定资产。设备制成后,须经过3~5个月的生产试用期,并按有关规定组织技术鉴定和验收工作,确保有完整的技术资料。
>
> 设备技术档案
>
> 1. 设备卡片
>
> 设备卡片又称固定资产卡片,它是登记设备资产的形式之一。凡设备在30台以上的车间,应建立一本设备分类登记账册和一套设备卡片,由车间设备管理员掌握。
>
> 2. 设备台账
>
> 设备台账是企业用来登记设备资产的又一种形式。记录形式有两种:一是按设备的工艺性质逐一登记,如车床、钻床、铣床等,便于掌握企业各种设备的生产能力状况;另一种是按车间、班组逐台登记,以便了解企业各种设备的分布利用情况。两者相结合,能比较全面地反映企业设备的类型、数量和分布情况。

任务3　设备的使用、维护与修理

一、设备的合理使用和维护保养

(一) 设备的合理使用

设备使用寿命的长短、生产效率的高低,固然取决于设备本身的设计结构、制造水平和各种参数,但在很大程度上也受制于设备的使用是否合理、正确。合理使用设备,可以在节省费用的条件下,减少设备磨损,保持其良好的性能和精度,延长设备的使用寿命,充分发挥设备的效率和效益。

设备的合理使用是设备管理中的一个重要环节,具体应抓好以下几项工作。

1. 设备安装

做好设备的安装、调试工作。设备在正式投入使用前,应严格按质量标准和技术说明安装、调试设备,并经试运转验收合格后,才能投入使用。这是合理使用设备的前提和基础。

2. 生产任务

使用设备时,必须根据工作对象的特点和设备的结构、性能特点来合理安排生产任务,防止和消除设备无效运转。使用时,既严禁设备超负荷工作,也要避免"大马拉小车"现象,造成设备和能源的浪费。

3. 岗前培训

切实做好设备操作人员的技术培训工作。操作人员在上机操作之前,须做好岗前培训,认真学习有关设备的性能、结构和维护保养知识,掌握操作技能和安全技术规程,经过考核合格后,方可上岗。必须杜绝无证操作现象的发生。

4. 安全管理

建立健全一套科学的管理制度。企业要针对设备的不同特点和要求,建立各项管理制度、规章制度和责任制度等,如持证上岗制度、安全操作规程、操作人员岗位责任制、定人定机制度、定期检查维护制度、交接班制度及设备档案制度等。

5. 工作环境

创造使用设备的良好工作条件和环境。保持设备作业条件和环境的整齐、清洁,并根据设备本身的结构、性能等特点,安装必要的防护、防潮、防尘、防腐、防冻、防锈等装置。有条件的企业,还应该配备必要的测量、检验、控制、分析以及保险用的仪器、仪表、安全保护装置。这对精密、复杂、贵重的设备尤为重要。

(二) 设备的维护保养

设备在使用过程中,其技术状态在不断变化,不可避免地会出现干摩擦、零件松动、声响异常等不正常现象。这些都是设备的故障和隐患,如果不及时处理和解决,就会造成设备过早磨损,甚至酿成严重事故。因此,只有做好设备的保养与维护工作,及时处理设备技术状态变化引起的事故隐患,随时改善设备的使用情况,才能保证设备正常运转,延长其使用寿命。

设备的维护保养应遵循设备自身运动的客观要求,其主要内容包括清洁、润滑、紧固、调整、防腐等。目前,设备的维护保养普遍实行"三级保养制",即日常保养(简称"日保")、一级保养(简称"一保")和二级保养(简称"二保")。

1. 日常保养

日常保养重点对易松动的部位进行清洗、润滑、紧固,检查零件的状况,大部分工作在设备的表面进行。这是一种由操作人员负责执行的经常性工作。

2. 一级保养

一级保养除普遍地对设备进行紧固、清洗、润滑和检查外,还要部分地进行调整。它是在专职维修工人的指导下,由操作工人承担定期保养的工作。

3. 二级保养

二级保养主要是对设备内部进行清洁、润滑、局部解体检查和调整,以及修复和更换易损零件。这项工作应由专职检修人员承担,操作人员协作配合。二级保养也是定期进行的。

此外,企业在实施设备保养制度的过程中,对于那些已运行到规定期限的重点和关键设备,不管其技术状态是否良好,生产任务是缓是急,都必须按保养作业规范和要求进行检查和保养,以确保这类设备的正常运转和具有足够的精确度、稳定性。

二、设备的检查与修理

设备在使用过程中会产生磨损,使得设备的精度、性能和生产效率下降,因此需要及时对设备进行检查和修理。设备的修理工作是减少和补偿设备磨损,使设备处于完好状态,保证生产正常进行的一项重要工作。

(一)设备磨损及其规律

设备在使用或闲置过程中,会发生两种形式的磨损:一种是有形磨损,亦称物质磨损或物质损耗;一种是无形磨损,亦称精神磨损或经济磨损。这两种磨损都会造成经济损失。为了减少设备磨损和在设备磨损后及时进行补偿,首先必须弄清产生磨损的原因和磨损规律,以便采取相应的技术、组织与经济措施。

1. 设备有形磨损产生的原因及其规律

设备有形磨损是设备在使用(或闲置)过程中发生的实体磨损。有形磨损又分为机械磨损(也称第一种有形磨损)和自然磨损(也称第二种有形磨损)。机械磨损是指设备在使用过程中,由于设备零部件的摩擦、振动、疲劳和腐蚀,致使设备发生磨损或损坏。通常表现为零部件原始尺寸和形状的改变,公差配合性质的改变,效率下降,障碍增多等,它主要与设备的使用时间和强度有关系。自然磨损是设备在闲置过程中,由于自然环境的作用及管理维护不善而造成的。通常表现为设备锈蚀、材料老化、功能下降等,它在一定程度上与设备闲置时间长短和设备维护的好坏有关。设备的有形磨损会降低其使用价值。

机器设备的有形磨损规律大致可以分为三个阶段,其磨损曲线如图 4-1 所示。

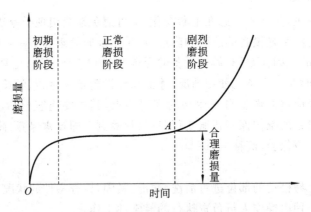

图 4-1 设备有形磨损曲线

(1)初期磨损阶段,又称磨合磨损阶段或走合期。在这个阶段中,设备各零部件表面的宏观几何形状和微观几何形状(粗糙度)都要发生明显的变化。这种现象的产生,是因为零件在加工、制造过程中,其表面总有一定的粗糙度,当相互配合的两个零件做相对运动时,其粗糙表面由于摩擦而磨损。这个阶段的主要特点是设备磨损快、时间短。

(2)正常磨损阶段。此阶段设备磨损的速度比较平稳、磨损增值缓慢。这时设备处于最佳的技术状态,设备的生产率,设备运转的稳定性、精确性最有保证。

(3) 急剧磨损阶段。当零部件磨损量超过一定限度后(图 4-1 中 A 点为正常磨损阶段的终点),正常磨损关系被破坏。磨损率急剧上升,以致设备的工作性能明显下降。这就要求停止使用设备,及时进行修理。

设备的磨损有一定的规律,不同设备各个磨损阶段的时间不同,即使是同一型号、同一规格的设备,由于使用和维修情况不同,其磨损的时间也不尽相同。了解设备磨损规律,就可以研究如何使初期磨损阶段变短,正常磨损阶段变长,避免出现剧烈磨损阶段。初期磨损阶段短,说明设备零部件的加工、制造质量好。正常磨损阶段长,说明零部件的磨损速率低且稳定,故使用寿命长,可以减少更换或修复的次数和停机时间,提高了设备的可利用率。如果在未进入剧烈磨损阶段时,就采取了控制零部件磨损的相应措施,说明设备技术状况的管理已具有一定水平,基本掌握了设备的磨损规律及零部件的使用寿命。

设备在闲置过程中,由于自然力的作用而锈蚀,或由于保管不善,缺乏必要的维护保养措施而遭受磨损,随着时间的延长,腐蚀面不断扩大,腐蚀程度不断加深,造成精度和工作能力自然丧失,甚至因锈蚀严重而报废。这种有形磨损被称为自然磨损。

在实际生产中,以上两种磨损形式往往不是以单一形式表现出来,而是共同作用于机器设备上。设备有形磨损带来的技术后果是设备性能、精度下降,到一定程度会使设备丧失使用价值。设备有形磨损带来的经济后果是生产效率逐步下降,消耗不断增加,废品率上升,与设备有关的费用逐步提高,从而使单位产品成本上升。当有形磨损比较严重或达到一定程度仍未采取措施时,设备就不能继续正常工作,并发生故障,使设备提前失去工作能力。这样,不仅要支付较高的修理费用以恢复其性能、精度,造成经济上的严重损失,还可能直接危及人身安全,影响工人的劳动情绪,由此所造成的损失难以估量。

2. 设备无形磨损产生的原因及其规律

设备投入生产以后,在产生有形磨损的同时,还存在无形磨损。所谓无形磨损,是指设备在有效使用期(即自然寿命)内,生产同样结构的设备,由于劳动生产率提高,其重置价值不断降低,而引起原有设备的贬值;或者由于科学技术进步而出现性能更完善、生产效率更高的设备,以致原有设备价值降低。无形磨损由两种原因引起,因而有两种不同的形式,前者为第一种无形磨损,后者为第二种无形磨损。

在第一种无形磨损情况下,设备技术结构和经济性能并未改变,但由于技术进步的影响,生产工艺不断改进,成本不断降低,劳动生产率不断提高,使生产这种设备的社会必要劳动耗费相应降低,从而使原有设备发生贬值。这种无形磨损虽然使生产领域中的现有设备部分贬值,但是设备本身的技术性能和功能不受影响,设备尚可继续使用,因此一般不用更新,但如果设备贬值速度比修理费用降低的速度快,修理费用高于设备贬值后的价格,就要重新考虑。

在第二种无形磨损情况下,由于出现了具有更高生产率和经济性的设备,不仅原设备的价值会相应降低,而且,如果继续使用旧设备还会相对降低生产经济效益(即原设备所生产产品的品种、质量不及新设备,以及生产中耗用的原材料、燃料、动力、工资等比新设备多)。这种经济效益的降低,实际上反映了原设备使用价值的局部或全部丧失,这就产生了用新设备代替现有旧设备的必要性。设备更换的经济合理性取决于现有设备的贬值程度,以及在生产中继续使用旧设备的经济效益下降幅度。

3. 设备磨损的补偿

从以上分析可知,两种磨损的相同点是都会引起原始价值的降低,不同之处是有形磨损的设备,特别是有形磨损严重的设备,在进行修理之前,常常不能正常运转。而任何无形磨损都不影响设备的继续使用,因为它本身的技术性能和功能并不因无形磨损而受到影响,设备的使用价值没有降低多少。

设备磨损(包括有形磨损和无形磨损)的补偿方式有:

首先,对运行和闲置中的设备,应加强维护保养及管理,做到正确使用、精心维护、合理润滑,以减缓有形磨损的发生速度。

其次,根据设备不同的磨损形式,采取不同的磨损补偿方式。设备产生有形磨损后,有一部分可以通过维修来消除,这类磨损属可消除性有形磨损,其补偿方式一般称为磨损的局部补偿;另一部分是不能通过维修消除的,这类磨损属不可消除性有形磨损。不可消除性有形磨损又可分为两种:一种是因为可消除性有形磨损不及时或没有进行局部补偿,形成磨损的积累,导致提前丧失工作能力,修理代价大而不经济,需购置新的设备来替代;另一种是设备已达到其自然寿命,不能继续使用且修理又不经济时,需要用同样用途的新设备来替换。用设备更新的技术措施进行有形磨损补偿,称为有形磨损的完全补偿或整体补偿。

有形磨损的补偿,是为了恢复设备在使用过程中应有的技术性能和生产效率,延长设备使用寿命,保证生产正常进行的一项基础技术管理工作。但是,由于设备在使用过程中始终面临新技术的挑战,要使设备技术性能适应科学技术的发展,就要在补偿有形磨损的同时,进行无形磨损的补偿,即结合设备修理,对原设备进行局部改进或改装,提高原有设备的生产效率和经济效益。

设备的各种磨损形式及其补偿方式之间的关系如图 4-2 所示。

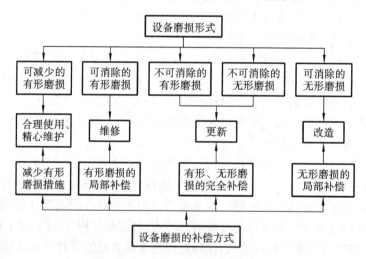

图 4-2　设备磨损形式及其补偿方式

(二) 设备的检查

设备的检查是指在掌握设备磨损规律的条件下,对设备的运行情况、技术状态和工作稳定性等进行检查和校验。进行设备检查,就是对设备的精度、性能及磨损情况等进行检查,了解设备运行的技术状态,及时发现和消除设备隐患,防止突发故障和事故。设备检查的方法很多,具体有以下几种。

1. 日常检查

日常检查是由操作工人利用感官、简单的工具或安装在设备上的仪表或信号标志,每天对设备进行的全面检查。日常检查的作用在于及时发现设备运行的不正常情况并予以排除。日常检查是预防维修的基础工作之一,贵在坚持。

2. 定期检查

定期检查是以专业维修人员为主,由操作人员配合,定期对设备进行的全面检查。定期检查的目的在于发现和记录设备异常、损坏及磨损情况,以便确定修理的部位、更换的零件、修理的种类和时间,并据此制订维修计划。

3. 精度检查

精度检查是对设备有计划地进行定期检查和测定,以便确定设备的实际精度。精度检查的目的在于为设备的调整、修理、验收和更新提供依据。

(三) 设备的修理

设备的检查是"防"的问题,设备的修理是"治"的问题。设备的修理指修复由于正常或不正常原因而引起的设备损坏,通过修理或更换已磨损、腐蚀、损坏的零部件,使设备性能得到恢复。

1. 设备修理的种类

按照设备修理对设备性能恢复的程度、修理范围的大小、修理间隔期的长短以及修理费用的多少等,可以分为大修、中修、小修三类。

(1) 小修。小修是指工作量最小的局部修理。它通常只需在设备所在地点更换和修复少量的磨损零件或调整设备、排除障碍,以保证设备能够正常运转。小修费用直接计入企业当期生产费用内。

(2) 中修。中修是指更换与修理设备的主要零件和较多数量的各种磨损零件,并校正设备的基准,以保证设备恢复和达到规定的精度、功率和其他技术要求。中修需对设备进行部分解体,通常由专职维修人员在设备作业现场或机修车间内完成。中修费用也直接计入企业的生产费用。

(3) 大修。大修是指通过更换、修复重要部件,为消除有形磨损,恢复设备原有精度、性能和生产效率而进行的设备全面解体修复。设备大修后,质检部门和设备管理部门应组织有关单位和人员共同检查验收,合格后办理交接手续。大修一般由专职维修人员进行。因为大修的工作量大、修理时间长、修理费用较高,所以进行大修之前要精心计划。大修发生的费用,在企业大修理基金中列支。

2. 设备维修制度

设备维修制度是指在设备的维护、检查、修理中,为保持、恢复设备良好的性能而采取的一系列技术组织措施的总称。目前,我国实行的设备维修制度主要是计划预防维修(预修)制度和计划保养维修(保修)制度。

1) 计划预防维修制度

计划预防维修制度是根据设备的一般磨损规律和技术状态,按预定修理周期及其结构,对设备进行维护、检查和修理,以保证设备经常处于良好的技术状态的设备维修制度。计划预防维修的方法有检查后修理法、定期修理法和强制修理法 3 种。

(1) 检查后修理法是事先只制定设备的检查计划,根据检查的结果和以前的修理资料,确定修理日期、类别和内容的方法。这种方法的关键是必须建立严格的检查制度,包括日常检查和定期检查。这种方法最大的优点是可根据设备的实际情况来确定是否进行修理,针对性强,可避免过度修理,降低修理费用。但如果检查制度不严格,会导致设备零件过度磨损或突然损坏,影响正常生产秩序。

(2) 定期修理法是指根据设备的实际使用情况,参考有关机件磨损程度资料,确定设备修理工作的计划日期和大致修理工作量的方法。这种方法的优点是对修理日期、类别和内容的规定既有科学依据,又允许根据设备实际磨损情况进行适当调整。

(3) 强制修理法是指一种强制性的计划预修方法,主要根据设备零件的使用寿命,预先编制具体修理计划,明确规定修理日期、类别和内容,不管设备的实际技术状态及零部件的磨损情况如何,都应严格按计划规定进行强制修理。这种方法的最大优点是计划性强,能严格保证设备的安全运行和正常运转,但容易产生过度修理,造成不必要的浪费。一般来说,对于安全性要求很高的设备,可采用此法。

汽车服务企业应针对不同的设备,根据不同的要求,正确选择不同的修理方法,提高设备修理的管理水平和经济效益。

2) 计划保养维修制度

计划保修制度是在总结计划预修制度的经验和教训的基础上建立起来的一种以预防为主、防修结合的设备维修制度。所谓计划保修制度,就是一种有计划地进行设备三级保养和大修理的体制和方法,即在搞好三级保养的同时,有计划地进行大修。计划保修制度的实行,对计划预修制度中的修理周期结构,包括大修、中修、小修的界限与规定,进行了重大改革,使小修的全部内容和中修的部分内容在三级保养中得到解决,一部分中修并入大修。同时,突破了大修与革新改造的界限,强调"修中有改""修中有创"。特别是对老设备,应把大修的重点转移到改造上,这是符合我国汽车服务企业具体情况的重要经验。

要真正发挥计划保修制度的作用,必须做好以下几项工作:

第一,根据各类设备的磨损规律、工作条件和技术状态,分别制定不同的保养间隔期,严格按规定的保养间隔进行计划保养。

第二,根据设备特点、操作人员的技术水平及生产情况,明确划分操作人员和维修人员应负责的保养内容。

第三,积极组织和开展群众性设备维修活动。

第四,建立设备保养记录和故障分析报告制度。

3. 设备大修理经济界限的确定

设备修理是为了保持设备在寿命周期内的完好使用状态而进行的局部更换或修复工作,其中,大修理是维修工作中规模最大、费用最高的一种设备维修方式。它通过对设备全部解体,修理耐久的部分,更换全部损坏的零件,修复所有不符合要求的零部件,全面消除缺陷,使设备在大修理之后,在生产效率、精确度、运转速度等方面达到或基本达到原设备的出厂标准。设备大修理是在原有实物形态上的一种局部更新。

在设备寿命周期内,对设备进行适度的大修理,在经济上一般是合理的。尽管经过大修理的设备,不论在生产效率、精确度、运转速度等方面,还是在使用中的技术故障频率、有效运行时间等方面,都比同类型的新设备逊色。但是,大修理能够利用原有设备中保留下来的零部件,而且这部分比例越大,大修理就越合理。这一点同购置新设备相比,具有很大的优越性。

但是，长期无休止的大修理，是不经济的。一方面，大修间隔期会随着修理次数的增加而缩小；另一方面，大修理的费用会变得越来越高，从而使大修理的经济性逐渐降低，优越性不复存在。这时，设备的整体更新将取而代之。

设备寿命周期期满前，所必需的维修费用总额可能是个相当惊人的数字，有时可能超过设备原值的几倍。其中，设备大修理所花费的费用，又占了很大一部分，而且随着设备使用时间的延长，大修理费用越来越高。那么，在什么条件下，进行大修理在经济上才是合理的呢？

（1）某次大修费用不能超过同种设备的重置价值，这样的大修理在经济上才是合理的。通常把这一标准称为设备大修理的最低经济界限。

（2）设备大修理后，使用设备完成单位工作量的成本，在任何情况下，都不能超过使用新设备完成单位工作量的成本。

只有同时满足上述两个条件的大修理，在经济上才是合理的。对技术进步较快、无形磨损期较短的设备来说，用新设备完成单位工作任务的费用通常较低，这时，第二个条件作为经济界限，则更为重要。

（四）设备维修与管理的评价指标

企业为评价和促进设备的经济效益和综合管理水平，必须建立健全设备维修和管理的评价指标体系。

1. 反映设备技术状态的指标

该指标主要包括设备完好率、设备故障率、设备待修率等。计算公式分别为

$$设备完好率 = \frac{完好设备总台数}{设备总台数}$$

$$设备故障率 = \frac{故障停机时间}{生产运转时间}$$

$$设备待修率 = \frac{平均待修设备台数}{平均实有设备台数}$$

2. 反映设备维修与管理经济性的指标

该指标主要包括维修费用效率、单位工作量（或产值）维修费用及维修人数等。计算公式分别为

$$维修费用效率 = \frac{作业工作量}{维修费用总额}$$

$$单位工作量（或产值）维修费用 = \frac{维修总费用额}{总工作量（产值）}$$

3. 反映设备利用情况的指标

该指标主要包括设备台数利用率、设备时间利用率和设备能力利用率等。计算公式分别为

$$设备台数利用率 = \frac{使用设备总台数}{在册设备总台数}$$

$$设备时间利用率 = \frac{设备实际工作台时数}{设备日历总台时数}$$

$$设备能力利用率 = \frac{单位台时的实际工作量}{单位台时额定工作量}$$

> **知识拓展**

设备管理考核

1. 设备新度

设备新度＝账面值/设备原值。设备新度指设备的新旧程度，从一定意义上说，反映了企业装备的技术水平状况。随着企业经济体制改革的不断深入，设备新度已成为评价企业装备的改造与更新的一个主要指标。

2. 设备完好率

设备完好率＝完好设备数/设备总数×100％。

"设备总数"指的是全部生产设备(包括备用的、封存的和检修的设备)的数量。"完好设备数"应包括优级完好设备的数量和一般完好设备的数量。

按设备完好标准，设备分为优级完好设备、一般完好设备、带病运转设备和停机修检设备四种。

(1) 优级完好设备。

①设备性能良好，如动力设备的技术性能达到原设计标准，机械设备精度达到原出厂检验标准，设备运转无超温、超压现象。

②设备运转正常，零部件齐全，没有较大缺陷，无不正常磨损及腐蚀现象，计量仪器、仪表和润滑系统正常，安全防护装置齐全。

③原料、燃料消耗正常，没有漏油、漏气、漏水和漏电现象。

(2) 一般完好设备。

①设备性能基本良好，如动力设备的技术性能基本达到原设计标准，机械设备精度能满足生产工艺要求，设备运转无超温、超压现象。

②设备运转正常，零部件齐全，没有较大缺陷，无严重磨损及腐蚀现象，计量仪器、仪表和润滑系统正常，安全防护装置齐全。

③原料、燃料消耗在允许的范围内，基本没有漏油、漏气、漏水和漏电现象。

(3) 带病运转设备。

①设备运转不正常，经常出故障。

②设备精度达不到工艺要求。

③设备磨损、腐蚀严重，原料、燃料消耗不正常，有漏油、漏气、漏水和漏电等现象。

(4) 停机修检设备。

正在检修的设备，应按检修前的实际状况计算；检修竣工的设备，按检修后的状况计算。

设备完好率的考核要每年进行，通过检查确定设备等级，并为企业编制设备维修和备件申请计划打下基础。考核结果要汇总成报表，上报企业技术管理部门。

任务4　汽车服务企业的设备更新与改造

本节主要介绍设备的物质寿命、技术寿命、经济寿命的基本概念,设备原型更新的经济分析方法与设备新型更新的最佳时机选择,设备改造的含义与原则。

一、设备的寿命

设备是汽车服务企业开展生产经营活动的重要物质基础和技术基础,企业设备从购置后投入使用一直到最后报废,通常要经历一段较长的时间,在这段时间内,设备会逐渐磨损,当设备因损坏或落后等原因不能或不宜继续使用时,就需要进行设备改造或更新。

在设备更新与改造的分析过程中,存在着如何确定合理的设备寿命的问题。设备的寿命包括物质寿命、技术寿命和经济寿命。

(一) 设备的物质寿命

当有形磨损达到一定程度时,会使设备丧失技术性能和使用性能,且无修复价值。我们把这种从设备投入使用开始,到报废退出生产领域为止所经历的时间,称为设备的物质寿命,又称自然寿命。它是由有形磨损决定的,与维修的好坏有关。可通过恢复性的修理来延长设备的物质寿命,但不能从根本上避免设备的磨损。

(二) 设备的技术寿命

技术寿命是指从技术角度确定设备最合理的使用年限。由于科学技术的迅速发展,在设备使用过程中出现了技术上更先进、经济上更合理的新型设备,使原有设备发生无形磨损而产生效能和效率的低劣化,继续使用该设备在经济上不合算,而且没有改造价值。把这种从设备投入使用开始,直至因技术落后而淘汰为止所经历的时间,称为设备的技术寿命。设备的技术寿命是由无形磨损决定的,其长短与科学技术进步的速度有关,技术进步越快,设备技术寿命越短。通过现代化改装,可延长设备的技术寿命。技术寿命一般短于物质寿命,当更先进的设备出现或生产过程对原有设备的技术性能提出更高的要求时,原有设备在其物质寿命尚未结束前就被淘汰。

(三) 设备的经济寿命

设备的经济寿命是指从设备的经济效益角度来确定设备最合理的使用年限。设备使用一定时间后,有形磨损和无形磨损造成其经济效益的低劣化,继续使用在经济上不合理,又无大修和改造的价值。我们把这种从设备开始使用到在经济上不合理而被更新所经历的时间,称为设备的经济寿命。设备的经济寿命是从经济的角度确定设备最合理的使用年限。一个设备可供使用的年限越长,则分摊到每年的设备购置费用(包括购买价款、运输费和安装调试费等)就越少,设备的运行费用(操作费、维修费、材料费及能源耗费等)越多。设备经济寿命是设备最佳更新时机的具体表现。研究设备的经济寿命可以为确定设备的更新时间及改造与更新决策提供科学依据。

上述设备寿命都考虑了经济效益因素。追求技术进步和提高经济效益是研究设备更新与改造问题的根本出发点,而追求技术进步,最终还是为了提高经济效益。因此,确定设备更新最佳周期的总原则是：使设备一次性投资和各年费用的总和达到最小。

二、设备更新

设备更新主要是指用更加先进和更加经济的设备，来取代物质上、技术上和经济上不宜继续使用的设备。设备更新是消除设备有形磨损和无形磨损的有效方法。由于技术进步的速度日益加快，设备更新的速度也相应加快。为了促进技术进步和提高企业经济效益，需要对设备整个运行期间的技术经济状况进行分析和研究，以做出正确的更新决策。

（一）设备更新的概念

设备更新就是用新设备代替原有旧设备完成相同工作（或服务）。一台设备随着使用时间不断增加，其效率逐渐降低，运营和维修费用不断增加，服务质量不断下降，越来越不能满足生产的要求，这时原有设备就需要更新。另外，随着科学技术的迅速发展，多功能、高效率的设备不断出现，使得继续使用原有设备不够经济，这时也需要进行设备更新。设备更新有两种类型：一种是原型更新，这种更新只考虑有形磨损而不考虑无形磨损，在设备的整个使用期内没有更先进的设备出现，仍以原型设备替代原有设备；另一种是新型设备更新，在科学技术进步的条件下，由于无形磨损的作用，设备运行成本尚未升高到应该用原型设备代替现有设备之前，就出现了工作效率更高和经济效果更好的设备，这时就要对继续使用旧设备和购买新型设备这两种方案进行比较。

（二）设备更新分析的原则

在对设备更新进行分析时，应遵循以下几个原则。

1. 只分析费用

不管是购置新设备，还是改造旧设备，在设备经济分析中一律只分析其费用。通常设备更新或改造，其生产能力不变，所产生的收益相同（若生产能力变化了，可经过等同化处理，将生产能力的不同转化为费用的不同）。这样，设备更新的评价，就是在相同收益情况下对费用进行评价，属于费用型方案的分析。可以使用的经济评价方法有年成本法、现值费用法及追加投资经济效果评价法。

2. 不同的设备，其服务寿命不同

在对设备进行更新分析时，分析期必须一致，在实际工作中，通常采用年费用法来进行方案比较。

3. 不考虑沉没成本

通常旧设备更新时，往往未到其折旧最后年限，账面价值和转售价值之间存在差额，故存在沉没成本，即未收回的设备价值。在购置新设备时，沉没成本是一种投资损失，但这一损失是过去的决策造成的，不应计入新设备的费用中，可以在企业盈利中予以扣除，但在设备购置决策中不予考虑。

4. 旧设备应以目前可实现的价格与新设备的购置价格相比

在进行设备更新分析时，应将新旧设备放在同一位置上进行考虑。对于旧设备，应采用最新资料，即将其看作一个以目前可实现的价格购买，以剩余使用寿命为计算期的设备，以便与新设备进行比较，这样，在设备更新分析中，才不至于发生决策失误。

(三) 设备更新决策

适时更新设备,既能促进企业技术进步、加速经济增长,又能节约资源、提高经济效益。下面分别介绍两种不同设备更新类型的决策方法。

1. 设备原型更新的经济分析

有些设备,在整个服务期间没有更先进的同类设备出现,即不存在无形磨损的影响,只有有形磨损带来的设备维修费用,特别是大修理费用以及运行费用,随着使用时间的增加而不断增加。当继续使用旧设备还不如再购置一台原型设备合算时,就应该及时更新,这就是设备原型更新。设备原型更新的经济分析原则是:使平均分摊到各个使用年限中的设备购置费用和年经营费用(设备的日常使用和维修费用)总和最小。其分析方法主要有低劣化数值法、最小年费用法。

1) 低劣化数值法

随着设备使用时间的增加,有形磨损会不断加剧,导致维护与修理费用越来越高,并且无形磨损的影响也越来越明显,这就是设备的低劣化。用低劣化的数值来表示设备损耗的方法,称为低劣化数值法。采用这种方法时,按照是否对资金的时间价值予以考虑,可分为静态分析法与动态分析法。

(1) 低劣化数值法的静态分析法(即不考虑资金的时间价值)。

设 K_0 代表设备原始价值,S 代表设备残值,n 代表设备使用年限,则设备每年平均分摊的费用为 $\frac{K_0-S}{n}$。随着设备使用年限 n 的增加,按年平均的设备费用不断减少,但设备的维护费用及燃料、动力消耗增加,即设备性能出现了低劣化。假设设备第一年的经营费用为 Q,以后逐年增加一个低劣化值为 λ,第 n 年增加 $(n-1)\lambda$,则设备年经营费用的平均值为 $Q+\frac{n-1}{2}\lambda$,所以设备的年平均总费用 C 为

$$C = \frac{K_0-S}{n} + Q + \frac{n-1}{2}\lambda$$

若不计残值,则

$$C = \frac{K_0}{n} + Q + \frac{n-1}{2}\lambda$$

设备的经济寿命是指设备使用费用最低的使用期限,只要对上式进行微分或求导,当其微分方程为 0 时,n 值即为最终寿命周期。将上式求导:

$$\frac{dC}{dn} = -\frac{K_0}{n^2} + \frac{\lambda}{2}$$

$$-\frac{K_0}{n^2} + \frac{\lambda}{2} = 0$$

则

$$n_0 = \sqrt{\frac{2K_0}{\lambda}}$$

设设备残值为 S,则

$$n_0 = \sqrt{\frac{2(K_0-S)}{\lambda}}$$

代入上式,可求得经济寿命期的年平均总费用为

$$C(n_0) = Q + \sqrt{2K_0\lambda} - \frac{\lambda}{2}$$

例 4-3 某企业购入一台新设备,原始价值为 40 000 元,假设不论何时,其残值均为零。设备经营费用第一年为 3 000 元,以后每年低劣化增加值为 2 000 元。试计算该设备的经济寿命及最小平均总费用。

解 根据公式求经济寿命为

$$n_0 = \sqrt{\frac{2K_0}{\lambda}} = \sqrt{\frac{2 \times 40\ 000}{2\ 000}} \text{年} = 6.3 \text{年}$$

设备最小年平均总费用为

$$C(n_0) = Q + \sqrt{2K_0\lambda} - \frac{\lambda}{2}$$

$$= \left(3\ 000 + \sqrt{2 \times 40\ 000 \times 2\ 000} - \frac{2\ 000}{2}\right) \text{元}$$

$$= 14\ 649 \text{元}$$

(2) 低劣化数值法的动态分析法。

这一方法在分析时要考虑资金的时间价值。由于设备的原值通过折旧逐年获得补偿,并且设备的残值以及每年的经营费用都在变化,就像把一笔资金投入生产或存入银行,它们因占用时间的不同会产生不同的效益,因此必须考虑资金的时间价值。其计算公式为

$$C = \frac{i(1+i)^n}{(1+i)^n - 1}\left[K_0 + \lambda n \frac{1}{(1+i)^n}\right]$$

$$= (A/P, i, n) \cdot [K_0 + \lambda n(P/F, i, n)]$$

式中: C——年平均总费用;

K_0——设备原值;

λ——低劣化值;

n——使用年限;

P——现值;

F——未来值(即终值);

i——年利率;

A——等年值(即每年的支出或收入为等值);

$\frac{i(1+i)^n}{(1+i)^n - 1}$ 或 $(A/P, i, n)$——投资回收系数(或偿还资金系数);

$\frac{1}{(1+i)^n}$ 或 $(P/F, i, n)$——复利现值系数。

根据例 4-3 进行动态分析,计算出不同使用年限的年平均总费用并列表对比,可找出总费用最小的使用年限,即最佳更新期。设年利率 $i = 0.15$,计算结果如表 4-2 所示。

表 4-2 ××设备年经营费用(动态表)

使用年限/年 ①	当年低劣化值 ②	复利现值系数 ③	低劣化现值 ④=②×③	低劣化值累计 ⑤	设备原值/元 ⑥	投资回收系数 ⑦	年平均总费用/元 ⑧=(⑤+⑥)×⑦
1	2 000	0.869 6	1 739.2	1 739.2	40 000	1.150 0	47 999.85
2	4 000	0.756 1	3 024.4	4 763.6	40 000	0.615 1	27 534

续表

使用年限/年 ①	当年低劣化值 ②	复利现值系数 ③	低劣化现值 ④=②×③	低劣化值累计 ⑤	设备原值/元 ⑥	投资回收系数 ⑦	年平均总费用/元 ⑧=(⑤+⑥)×⑦
3	6 000	0.657 5	3 945	8 703.6	40 000	0.438 0	21 334
4	8 000	0.571 8	4 574.4	13 283	40 000	0.350 3	18 665
5	10 000	0.497 2	4 972	18 255	40 000	0.298 3	17 378
6	12 000	0.432 3	5 187.6	23 442.6	40 000	0.264 2	16 762
7	14 000	0.375 9	5 262.6	28 705.2	40 000	0.240 4	16 517
8	16 000	0.326 9	5 230.4	33 935.6	40 000	0.222 9	16 480
9	18 000	0.284 3	5 117.4	39 053	40 000	0.209 6	16 570
10	20 000	0.247 2	4 944	43 997	40 000	0.119 3	16 741

用动态分析法计算出的最佳更新期为 8 年,较静态分析法计算出的最佳更新期 6.3 年要长。

2) 最小年费用法

当设备的低劣化值每年不是以等值增加,而是以变化的数值增加时,应采用最小年费用法计算设备的最佳更新期。其计算公式为

$$\overline{C}_t = \frac{\sum_{t=1}^{n} C_{Pt} + (K_0 - S)}{t}$$

式中: $\overline{C}_t$ ——年平均费用;

C_{Pt} ——年维护费用;

K_0 ——设备原值;

S ——设备残值;

t ——使用年限。

决策原则:年平均费用最低的使用年限即为最佳更新期。

例 4-4 某企业购入一台设备,原值为 45 000 元,设备年平均费用及年末残值如表 4-3 所示,试计算最佳更新期。

表 4-3 某设备经营费用及残值

费用类型	使用年限/年						
	1	2	3	4	5	6	7
年维护费	5 300	6 600	9 300	12 000	14 500	18 500	23 900
年末残值	27 000	16 000	12 000	9 500	6 800	4 050	2 700

解 用静态与动态两种分析法进行计算。

①用静态分析法求最佳更新期。用静态分析法求最佳更新期,就是不考虑资金的时间价值,只按每年的维护费用及设备费用计算出年平均费用,然后进行比较,取年平均费用最低的

使用年限(即最小费用年限)为最佳更新期。计算结果如表 4-4 所示。

表 4-4 最小费用法(静态分析)求最佳更新期

使用年限/年 ①	累计维护费用/元 ②	设备费用/元 ③	总成本/元 ④=②+③	年平均费用/元 ⑤=④/①
1	5 300	15 000	20 300	20 300
2	11 900	26 000	37 900	18 950
3	21 200	30 000	51 200	17 067
4	33 200	32 500	65 700	16 425
5	47 700	35 200	82 900	16 580
6	66 200	37 950	104 150	17 358
7	90 100	39 300	129 400	18 486

从计算结果来看,使用 4 年的平均费用最低,所以最佳更新期为 4 年。

②用动态分析法求最佳更新期。动态分析最小年费用法,就是在考虑资金时间价值的情况下,计算出每年的维护费用现值并累计后,加上设备费用,再减去残值的现值,计算出总成本,最后用偿还资金系数换算为年均等支出额后,求出年平均费用。年平均费用最低的使用年限为最佳更新期。其计算公式为

$$\overline{C}_t = \left[K_0 + \sum_{t=1}^{n} C_{Pt}(P/F, i, n) - S(P/F, i, n) \right](A/P, i, n)$$

根据例 4-4 的资料,计算结果如表 4-5 所示(设年利率 $i=0.12$)。

表 4-5 最小费用法(动态分析)求最佳更新期

使用年限/年 ①	设备原值/元 ②	设备残值/元 ③	贴现系数 ④	残值现值/元 ⑤=④×③	年维护费/元 ⑥	维护费现值/元 ⑦=⑥×④	维护费现值累计/元 ⑧=∑⑦	总成本/元 ⑨=⑧+②-⑤	偿还资金系数 ⑩	年平均费用/元 ⑪=⑨×⑩
1	42 000	27 000	0.893	24 111	5 300	4 733	4 733	22 622	1.12	25 337
2	42 000	16 000	0.797	12 752	6 600	5 260	9 993	39 241	0.592	23 231
3	42 000	12 000	0.712	8 544	9 300	6 622	16 615	50 071	0.416	20 830
4	42 000	9 500	0.636	6 042	12 000	7 632	24 247	60 205	0.329	19 807
5	42 000	6 800	0.567	3 856	14 500	8 222	32 469	70 613	0.277	19 560
6	42 000	4 050	0.507	2 053	18 500	9 380	41 849	81 800	0.243	19 877
7	42 000	2 700	0.452	1 220	23 900	10 803	52 652	93 432	0.219	20 462

从计算结果看出,年平均费用最低的使用年限为 5 年,所以最佳更新期为 5 年,比静态分析法的最佳更新期多 1 年。

2. 设备新型更新的最佳时机选择

用经济寿命来决定设备的最佳更新时机,只考虑了设备的有形磨损,而未考虑设备的无形磨损。这种情况多用于设备在使用期内不发生技术上的过时和陈旧,没有更好的新型设备出现,只是由于有形磨损的影响,造成运行成本的不断提高,这时使用原型设备替换往往比继续

使用旧设备更为经济。但在技术不断进步的条件下,多数设备不仅受第一种无形磨损的影响,而且受到新型设备的挑战。由于第二种无形磨损的作用,很可能在设备运行成本尚未升高到用原型设备替代之前,即还未到经济寿命年限,市场上就出现了性能更好、效率更高、消耗费用更低、经济效果更佳的新设备,这时就需要在继续使用旧设备和购置新设备二者之间进行决策。若选择购置新设备,又有在什么时候更新最经济的问题,这也是一个最佳更新时机的选择问题。

当市场上出现同类功能的新型设备时,确定旧设备合理使用年限的原则是:当旧设备再继续使用一年的年费用(即旧设备的年边际成本)超过新型设备的最小年费用时,就应该立即更新。

例 4-5 某企业有一台旧设备,若现在出售,预计市场价格为 4 万元,并且估计可以继续使用 4 年。目前市场上出现的新型设备的价格为 10 万元,两种设备的年经营费用及残值如表 4-6 所示,当 $i=0.1$ 时,试计算旧设备的合理使用年限。

解 旧设备与新型设备年费用的计算如表 4-6 所示,从表中可以看出,旧设备使用 3 年时,年费用超过了新型设备的最小年费用,即 47 744 元>46 159 元,因此,旧设备的合理使用年限为两年。说明旧设备只能再使用两年就应该更换为新型设备。

表 4-6 旧设备与新设备的年经营费用与残值

使用年限/年	旧 设 备			新 设 备		
	年经营费用/元	残值/元	年费用/元	年经营费用/元	残值/元	年费用/元
1	30 000	30 000	44 000	20 000	75 000	55 000
2	35 000	20 000	45 905	22 500	56 200	52 050
3	40 000	10 000	47 744	26 000	43 000	49 862
4	45 000	0	49 528	29 600	33 000	48 583
5	—	—	—	34 000	21 000	48 697
6	—	—	—	38 500	10 000	46 159
7	—	—	—	50 000	1 000	46 458

三、设备的改造

设备改造工作既有深厚的技术内涵,又是一项重要的投资活动。在物质、技术条件允许的条件下,在确定实行设备改造时,更要注意其经济界限。

(一)设备改造的含义

所谓设备改造,就是指应用现有的技术成果和先进经验,为适应生产的需要,改变现有设备的结构,给旧设备装上新部件、新装置、新附件,以改善现有设备的技术性能,使之达到或局部达到新设备的水平。设备技术改造是克服现有设备的技术陈旧状况、消除第二种无形磨损、更新设备的方法之一。

在多数情况下,通过技术改造可使陈旧设备达到新的技术水平,而所需的投资往往比用新设备替换要少。设备技术改造主要有如下优点:

(1)具有很大的针对性和适应性。经过技术改造,设备更能满足具体要求,在某些情况下甚至超过新设备。有时经过技术改造的设备，技术性能比新设备还高，所以在个别情况下，对新设备也可以进行改造。尤其在我国产品更新换代缓慢的情况下，设备改造具有较大的意义。

（2）通过现代化改装，可将陈旧的万能机床改造成专用机床、自动机床，从而改善了设备拥有量的构成。

（3）对设备进行技术改造，可以达到时间短、投资少、见效快的效果。技术改造的投资一般仅占同类新设备购置费用的40%～60%。因此，必须坚持不懈地加以开发、创新和推广。凡通过技术改造能达到生产要求的，都应利用这个途径来解决。因此，不能将技术改造看成一项被迫的、临时的措施，而应该将其看成提高现有设备技术水平的重要的、经常性的手段。

（二）设备改造的原则

1. 针对性原则

从实际出发，按照生产工艺要求，针对生产中的薄弱环节，采取有效的新技术，结合设备在生产过程中所处地位及其技术状态，确定设备的技术改造方案。

2. 技术先进适用性原则

由于生产工艺和生产批量不同，设备的技术状态也不一样，采用的技术标准应有区别。要重视先进适用性原则，不要盲目追求高指标，防止功能过剩。

3. 经济性原则

在制定技改方案时，要仔细进行技术经济分析，力求以较少的投入获得较大的产出，且回收期要适宜。

4. 可能性原则

在实施技术改造时，应尽量由本单位技术人员和技术工人完成。若技术难度较大，本单位不能单独实施时，也可请有关生产厂家、科研院所协助完成，但本单位技术人员应掌握该项技术，以便以后的管理与检修。

四、设备改造的目标

企业进行设备改造主要是为了提高设备的技术水平，以满足生产要求，在注意经济效益的同时，还必须注意社会效益。为此，企业应注重以下四个目标：

（一）提高加工效率和产品质量

设备经过改造后，要使原设备的技术性能得到改善，提高精度和增加功能，使之达到或局部达到新设备的水平，满足产品生产的要求。

（二）提高设备运行安全性

对影响人身安全的设备，应进行针对性改造，防止人身伤亡事故的发生，确保安全生产。

（三）节约能源

通过设备的技术改造，提高能源的利用率，大幅度地节电、节煤、节水，在短期内收回设备改造投入的资金。

（四）保护环境

有些设备对生产环境乃至社会环境造成较大污染，要积极进行设备改造，消除或减少污染，改善人类生存环境。

此外,对进口设备的国产化改造和对闲置设备的技术改造,也有利于降低修理费用和提高资产利用率。

> **知识拓展**
>
> ### 上海汇众汽车 EAM(企业资产管理)系统
>
> 上海汇众汽车制造有限公司是由上海汽车集团股份有限公司投资组建的现代化的大型制造企业,目前已经成为全国最大的轿车零部件生产基地,公司下属 5 个生产企业:上海轿车车桥厂、上海汽车底盘厂、上海重型汽车厂、上海内燃机配件厂和上海汽车拖拉机底盘厂。在上海工业企业 500 强排名中,上海汇众汽车制造有限公司连续多年排名在前 15 位。
>
> 上海汇众汽车制造有限公司面向整车厂进行配套生产,产品品种和产量的变化大,导致生产调度频繁,因此设备的维护计划受生产计划的制约也相当大。又由于公司由众多生产企业组成,设备和备件的存放地点分散,因此备品备件的库存管理压力也很大。此外,公司对维护工作效率的要求很高,因此对设备、备件数据的完整性和准确性要求也很高。
>
> 由于企业的业务和规模在不断发展,于是开始考虑引进设备维护管理系统来帮助实现对这方面业务的管理。经过对多个系统的比较和分析,公司最终选择了 MRO 公司的 Maximo 系统。运用 Maximo 系统,能够建立所有设备的数据信息库。该系统不仅定义了设备和子设备的层次关系,还定义了设备和备件的关联关系,把主要设备的技术规范(包含图形等)整理清晰,并在一个集成和统一的信息系统中达到共享。对所有的仓库和备件进行全面的跟踪控制,把总公司的备件仓库、各个工厂的备件仓库、车间现场的备件仓库等全部用系统来定义和跟踪。对于设备的故障报告、设备维护和维修的工作任务安排等,除了明确指定采用哪个设备之外,还明确指定在哪个位置,以方便对维护和维修工作的跟踪反馈。通过一段时间的应用以后,逐步建立起故障和维修策略的知识库,以方便维修方式的确定和最佳维修策略的研究。

项目考核

某汽车运输企业购买了一批车辆,单价为 80 000 元,同类车型各年经营费用(又称年维护费用)和年末估计残值如表 4-7 所示。

表 4-7 同类车型各年经营费用(又称年维护费用)和年末估计残值

费用类型	使用年限/年						
	1	2	3	4	5	6	7
年维护费	10 000	12 000	14 000	18 000	23 000	28 000	34 000
年末残值	30 000	15 000	7 500	3 750	2 000	2000	2 000

试用最小年费用法的静态与动态两种分析法进行计算,以求得这批车辆的最佳更新期。

项目 5
汽车服务企业的财务管理

◀ **学习目标**

(1) 了解汽车服务企业财务管理的相关知识。
(2) 知道汽车服务企业成本费用管理的方法。

【项目引入】

通用的破产保护

拥有百年历史的通用汽车公司成立于1908年9月,曾是世界上最大的汽车制造企业。在2008年以前,通用连续77年蝉联全球汽车销量冠军。2009年6月1日,由于经营管理失误及债务等问题,美国通用汽车公司正式递交破产保护申请。这是美国历史上第四大破产案,也是美国制造业最大的破产案。

2005年第四季度,通用汽车公司亏损48亿美元,2005年全年的亏损则高达86亿美元。而且,到2005年底,通用汽车已经连续第五个季度亏损,其在美国市场的销量同比下跌22.7%。

2006年,通用汽车公司继续亏损,但情况比2005年有所好转,亏损19.7亿美元。

2007年,通用汽车作为全球汽车销量的第一名,一年共售出超过936万辆汽车,创下了通用100年历史中的第二个最佳纪录——仅次于历史最高的1978年。可是与此同时,也创下了历史亏损纪录——在全球范围内的净亏损额高达387亿美元。

2008年,通用汽车二季度亏损高达155亿美金,在美国本土市场表现持续低迷,而以前曾有出色表现的通用欧洲市场也面临困境,通用汽车股价下跌了311.1%,每股跌至4.76美元,这是该股自1951年以来首次跌破6美元。而通用汽车的市值也达到了1929年以来的最低水平。

2008年11月7日第三季度财务报告显示,通用汽车亏损额达到25亿美元,目前持有的现金、有价证券和可利用资产共计162亿美元。11月10日,通用汽车的股票跌落24个百分点,每股价格仅为1.06美元,德意志银行将通用汽车的股票从"持有"转为"出售"。

2008年12月2日,通用汽车集团向美国国会提交了新的应对危机的计划,就申请250亿政府紧急救助贷款的使用做出了详细的说明,同时描述了旨在维持公司长期发展的可行性方案。通用声称,到本月底将至少需要40亿美元来帮助其维持日常生产,最迟到2009年3月,通用将需要120亿美元贷款来帮其度过2009年。2008年12月19日,美国政府称,于2008年12月份和2009年1月份分批向通用汽车和克莱斯勒提供134亿美元的短期贷款,两家公司则需按照总统布什宣布的拯救计划进行重组。

2008年,丰田公司以60万多辆的领先优势终结了通用长达77年的"老大"地位,表5-1所示为最近3年的通用汽车销售额及市场份额,由于经营不善,其市场份额逐年减少。

表5-1 通用汽车市场份额变动表

年 份	2006年	2007年	2008年
全球汽车行业销售额/百万美元	67 401	70 649	67 120
通用汽车销售额/百万美元	9 093	9 370	8 356
通用汽车市场份额	13.5%	13.3%	12.4%

2009年2月17日,通用汽车向美国国家财政部提交了重组计划详细方案,阐述了在全球经济严重下滑的背景下,通用汽车如何实现可持续的、长期发展的生存能力,并针对此前向美国国会提交的长期发展方案的细节予以阐述。

2009年2月20日,通用汽车收盘市值约10亿美元,而当天中国东风汽车的收盘价为4.2

元,按总股本20亿股来算,其市值就超过了通用汽车。

2009年4月27日,通用汽车宣布新的重组计划,表示还需要高达116亿美元的政府贷款,且一旦与债权人的债转股谈判不成功,通用计划申请破产保护。同时,宣称将在2010年之前削减4成以上经销商,关闭13个全球工厂,减少21 000小时工作时间。

2009年5月11日,通用汽车CEO韩德胜称,在距离美国政府规定的完成重组计划最后期限仅有两个多星期的形势下,这家美国最大汽车公司申请破产保护的可能性进一步加大。

2009年5月29日,通用汽车股价下跌至1美元以下,低于正常情况下纽约证券交易所规定的最低价格。当天,美国汽车工人联合会召开发布会表示,"忍痛"向通用做出让步,同意通用提出的削减劳动力成本协议。这令通用花在劳动力成本上的费用大大降低,每年约可减少12亿美元的开销。

截至2009年6月,公司负债达到1 728.1亿美元,这远远超过了其所拥有的822.9亿美元资产。由于陷入了严重资不抵债的困境,当地时间2009年6月1日,通用汽车公司向纽约破产法庭递交破产保护申请,正式进入破产保护程序。

通用汽车因为自身经营的原因,生产成本过高、盈利偏低,而过高的成本和盈利能力的不足使其长期面临资不抵债的压力,承受着过高的财务风险,最终在美国金融危机的导火索下走向了破产保护。

【相关知识】

任务1　财务管理概述

一、概述

财务管理是企业管理的重要组成部分,它以企业资金运作为重点,对企业资金的取得和有效使用进行管理。财务管理的核心是企业的资金,汽车服务企业财务管理具体表现为对企业资金供需的预测、组织、协调、分析、控制等方面。通过有效的财务管理,可以理顺企业资金流转程序和各项分配关系,以确保服务工作的顺利进行。

(一)财务管理的基本理念

汽车服务企业在进行财务管理的过程中,最基本、最重要的理念包括4个方面:风险报酬、资金的时间价值、利率与通货膨胀、现金流量。

1. 风险报酬

企业的财务活动和经营管理活动总是在有风险的状态下进行的,只不过风险有大有小。投资者冒着风险投资,是为了获得更多的报酬,冒的风险越大,要求的报酬就越高。风险和报酬之间存在紧密的对应关系,风险报酬是投资报酬的组成部分,因此风险报酬是指投资者冒着风险进行投资而获得的超过货币时间价值的那部分额外收益,是对人们所遇到的风险的一种价值补偿,也称风险价值。它的表现形式可以是风险报酬额或风险报酬率,在实务中一般以风险报酬率来表示。

2. 资金的时间价值

资金的时间价值是指一定量的资金在不同时点上的价值量差额,也称为货币的时间价值。资金在周转过程中会随着时间的推移而发生增值,使资金在投入、收回的不同时点上价值不同,形成价值差额。例如,我们现在有1 000元,存入银行,银行的年利率为5%,1年后可得到1 050元,于是现在的1 000元与1年后的1 050元相等。因为这1 000元经过1年的时间增值了50元,这增值的50元就是资金经过1年时间产生的价值。同样,企业的资金投到生产经营中,经过生产的不断运行,资金的不断运动,随着时间的推移,会创造新的价值,使资金得以增值。因此,一定量的资金投入生产经营或存入银行,会取得一定利润和利息,从而产生资金的时间价值。

3. 利率与通货膨胀

利率的波动会影响财务管理活动,对企业的融资成本、投资期望等产生作用。随着我国利率市场化进程的加快,利率的波动将会更加频繁,这将对企业财务管理带来巨大影响。而通货膨胀是指在纸币流通条件下,因货币供给大于货币实际需求,即现实购买力大于产出供给,导致货币贬值,而引起的一段时间内物价持续而普遍的上涨现象。其实质是社会总需求大于社会总供给(供远小于求)。无论是纸币,还是含金量低的铸币和信用货币,过度发行都会导致通货通胀。它是经济发展不可避免的后果,对企业财务工作也会产生巨大影响,会给企业采购成本、人工成本带来巨大压力。

4. 现金流量

现金流量是现代理财学中的一个重要概念,是指企业在一定会计期间按照现金收付实现制,通过一定经济活动(包括经营活动、投资活动、筹资活动和非经常性项目)而产生的现金流入、现金流出及其总量情况的总称。即企业一定时期的现金和现金等价物的流入和流出的数量。

企业资产的流动性越来越受到重视,其中,现金流量及其流转是重要的一环。财务管理重视的是现金流量而不是会计学上的收入与成本。企业的现金流量必须足以偿还债务和购置为达到其经营目标所需要的资产。现金流量的充足与否将影响到公司的偿债能力。

(二)财务管理的目标

任何管理都是有目的的行为,财务管理也不例外。财务管理目标是企业财务管理工作尤其是财务决策所依据的最高准则,是企业财务活动所要达到的最终目标。但是目前人们对财务管理目标的认识尚未统一,随着市场经济体制的建立,人们对财务管理的目标有了新的认识,并日渐重视。根据现代财务管理理论和实践,财务管理目标主要有三种观点:利润最大化、资本利润率最大化(或每股利润最大化)和企业价值最大化。

1. 利润最大化

这种观点认为,利润代表了企业新创造的财富,利润越多,则企业的财富增加得越多,越接近企业的目标。利润最大化在西方经济理论中是根深蒂固的,是西方微观经济学的理论基础,西方经济学家一般都是以利润最大化为标准来分析和评价企业行为和业绩的。但是这种观点也存在一定的缺陷。首先,利润最大化是一个绝对指标,没有考虑企业的投入与产出之间的关系,难以在不同资本规模的企业间或同一企业的不同期间进行比较。其次,没有区分不同时期的收益,没有考虑资金的时间价值。投资项目收益现值的大小,不仅取决于其收益将来值总额的大小,还要受取得收益时间的制约。因为早取得收益,就能早进行再投资,进而早获得新的收益,利润最大化目标则忽视了这一点。再次,利润最大化没有考虑风险问题。一般而言,收益越高,风险越大。追求最大利润,有时会增加企业风险。

2. 资本利润率(每股利润)最大化

这种观点认为,应该把企业利润与投入的资本相联系,用资本利润率(每股利润)概括企业财务管理目标。其观点本身概念明确,将企业实现的利润与投入的资本或股本进行对比,可以在不同资本规模的企业间或同一企业的不同期间进行对比,揭示其盈利水平的差异。但是这种观点仍然存在两个问题:一是没有考虑资金的时间价值;二是没有考虑风险问题。

3. 企业价值最大化

投资者建立企业的重要目的在于创造尽可能多的财富,这种财富首先表现为企业的价值。企业价值的大小取决于企业全部财产的市场价值和企业潜在或预期获利能力。这种观点认为,企业价值最大化可以通过企业的合理经营,采用最优的财务决策,充分考虑资金的时间价值和风险与报酬的关系,在保证企业长期稳定发展的基础上,使企业总价值达到最大。这是现代西方财务管理理论普遍公认的财务目标,他们认为这是衡量企业财务行为和财务决策的合理标准。

企业是一个通过一系列合同或契约关系将各种利益主体联系在一起的组织形式。企业应将长期稳定发展摆在首位,强调在企业价值增长中满足与企业相关的利益主体的利益,企业只有通过维护与企业相关者的利益,承担起应有的社会责任(如保护消费者利益、保护环境、支持社会公众活动等),才能更好地实现企业价值最大化这一财务管理目标。

(三)财务管理的内容

财务管理是对企业财务活动及其所涉及的资产、负债、所有者权益、收入、费用、利润等进行的管理。它包括从企业开办到企业终止与清算的全部财务活动。

1. 筹资和投资管理

筹资也称融资,筹资管理要解决的是如何取得企业所需资金,它主要解决筹集资金的数量、时间、途径和获取资金的成本等多方面的问题。投资是指以收回现金并取得收益为目的而发生的现金流出。企业投资主要有两方面:一方面是进行长期投资,即对固定资产和长期有价证券的投资,也称资本性投资;另一方面是进行短期投资,即对短期有价证券、存货、应收账款等流动资产进行的投资。企业应该按照社会主义市场经济的要求,建立企业资本金制度,确保资本金的安全和完整。要采用科学的方法进行筹资和投资决策,选择有利的筹资渠道和投资方向,以取得良好的筹资效果和投资收益。

2. 资产管理

资产管理包括流动资产管理、固定资产管理、无形资产管理、递延资产管理和其他资产的管理。资产管理的目标是合理配置各类资产,充分发挥资产的效能,最大限度地加速资产的周转。

3. 成本费用管理

成本费用管理是指对企业生产经营过程中生产经营费用的发生和产品成本的形成所进行的预测、计划、控制、分析和考核等一系列管理工作。加强成本费用管理是扩大生产、增加利润和提高企业竞争能力的重要手段。

4. 综合管理

综合管理包括财务指标管理体系、销售收入和盈利管理、企业终止与清算的管理、企业内部经济核算的管理和企业资产评估。

(四)汽车服务企业的财务管理基础工作

汽车服务企业财务状况与企业财务管理工作有着直接联系,而搞好财务管理工作的一个重要前提,就是做好以下几方面的财务管理基础工作。

1. 建立、健全财务管理规章制度

企业财务管理的规章制度,既包括由国家和主管部门统一制定的规章制度,也包括企业为加强财务管理而结合自身具体情况而制定的规章制度。它们都是财务管理的实践总结,同时为实际的管理工作服务。汽车服务企业的制度主要包括:企业的设备、工具管理制度,企业的现金管理制度,费用开支标准及审批制度,材料成本管理制度,配件采购、仓储、领发制度,工资利润的分配制度及往来关系的管理制度等。

2. 建立、健全完整统一的原始记录

汽车服务企业的原始记录是记载企业服务活动开展情况的原始资料,它是企业各项管理的第一手资料,是组织服务活动进行会计、统计和业务核算以及进行企业决策所不可缺少的条件和依据,也是加强企业财务管理和进行科学管理的保证。

汽车服务企业的各个职能部门与环节,应从其经济活动的特点和实际需要出发,根据加强经济核算、改善服务管理、建立正常汽车服务秩序及简单易行的原则,建立、健全能够正确反映服务活动中的各方面原始数据资料的原始记录。

3. 建立、健全相应的定额体系

汽车服务企业的定额是指汽车服务活动过程中,对人力、物力、财力的配备、利用和消耗,以及获得利润应遵守的标准和应达到的水平。它的合理性反映了企业的技术进步以及服务管理水平的高低。

4. 做好各环节的计量工作和信息工作

汽车服务企业计量工作的优劣直接影响各方面数据资料的准确性,而加强汽车服务企业的计量及统计工作,对改善企业的经济效益和准确核算生产经营成果具有重要意义。

当前,汽车服务企业面临激烈的市场竞争,努力做好信息工作,加强对潜在市场的分析和对配件市场、销售量等的研究,对企业的经营工作具有十分重要的意义。

二、资金筹集与筹资风险分析

(一)资金筹集的意义和原则

资金是汽车服务企业进行生产经营活动的必要条件。企业筹集资金是指企业根据生产经营、对外投资和调整资金结构的需要,通过筹资渠道和资金市场,运用各种筹资方式,经济有效地筹措资金的过程。

企业进行资金筹措是为了自身的生存和发展,通常受一定动机的驱使,主要有业务扩展性动机、偿债动机和混合性动机。企业筹集资金总的要求是要分析评价影响筹资的各种因素,讲究筹资的综合效果。主要包括确定资金需要量、控制资金投放时间、选择资金来源渠道、确定合理的资金结构等。资金筹集是企业资金运动的起点,如果没有筹集到资金,那么企业的服务活动难以展开。因此,资金的筹集对企业有着重大的意义。

(1)企业通过多渠道和合理的方式进行筹资,可以弥补自身资金的不足。

(2) 有利于保证企业技术进步和扩大服务范围以及企业的设备更新和工人的技术培训等对资金的需要。

(3) 有利于保证汽车服务需求波动性较大的情况下对资金的需要,如汽车服务需求临时增加等。

(4) 可以促进企业以最低的筹资成本保证企业的资金需要。汽车服务企业的筹资渠道和方式是多样化的,哪种渠道和方式风险最小、成本最低,应是企业多加研究的课题。

另外,企业筹资是一项重要而复杂的工作,为了有效地筹集企业所需资金,必须遵循以下基本原则。

(1) 规模适当原则。企业的资金需求量往往是不断变动的,企业财务人员要认真分析企业的科研、生产、经营状况,采用一定的方法,预测资金的需求数量,确定合理的筹资规模,既要避免因筹资不足而影响生产经营的正常进行,又要防止资金筹集过多而造成资金浪费。

(2) 筹措及时原则。企业财务人员在筹集资金时必须考虑资金的时间价值。根据资金需求的具体情况,合理安排资金的筹集时间,适时获取所需资金,既要避免过早筹集资金造成资金投放前的闲置,又要防止取得资金的时间滞后,错过资金投放的最佳时间。

(3) 来源合理原则。资金的来源渠道和资金市场为企业提供了资金源泉和筹资场所,它反映了资金的分布状况和供求关系,决定着筹资的难易程度。不同来源的资金,对企业的收益和成本有不同的影响,企业应认真研究资金来源渠道和资金市场,合理选择资金来源。

(4) 方式经济原则。企业筹集资金必然要付出一定的代价,不同的渠道、不同的方式下筹集到的资金,其筹集成本不同。因此,企业在筹资时应对各种筹资方式进行分析、对比,选择经济、可行的筹资方式,确定合理的资金结构,以便降低成本、减少风险。

(5) 风险原则。采取任何方式筹资都会有一定的风险,企业要筹资,就要冒风险,但这种冒险不是盲目的,必须建立在科学分析、严密论证的基础上,根据具体情况做具体分析。在实际工作中,并不一定风险越小越好,但风险太大也不好。

(6) 信用原则。企业在筹集资金时,不论选择何种渠道、何种方式,都必须恪守信用,这也是财务管理原则在筹资工作中的具体化。

(二) 筹资的渠道与方式

1. 筹资的渠道

(1) 国家财政资金。国家财政资金进入企业有两种方式:一是国家以所有者的身份直接向企业投入资金,这部分资金在企业中形成国家的所有者权益;二是通过银行以贷款方式向企业投资,形成企业的负债。国家财政资金虽然有利率优惠、期限较长等优点,但国家贷款的申请程序复杂,并且规定了用途。

(2) 银行信贷资金。银行信贷资金是指银行以贷款的形式向企业投入资金,形成企业的负债(在特定情况下,银行也可以直接持有企业的股份)。银行贷款是我国目前各类企业最主要的资金来源渠道。

(3) 非银行金融机构资金。非银行金融机构资金主要是指信托投资公司、保险公司、证券公司、租赁公司、企业集团、财务公司提供的信贷资金及物资融通等。

(4) 其他企业资金。其他企业资金主要是指企业间的相互投资以及在企业间的购销业务中通过商业信用方式取得的短期信用资金。

(5) 企业内部形成资金。企业内部形成资金是指所有者通过资本公积、盈余公积和未分配利润等形式留在企业内部的资金,是所有者对企业追加投资的一种形式,并成为所有者权益的组成部分。

(6) 外商资金。外商资金是指外国投资者以及我国香港、澳门和台湾地区的投资者投入的资金。

2. 筹资的方式

目前,企业在国内的筹资方式主要有吸收直接投资、发行股票、长期借款、发行债券、租赁筹资、商业信用、短期借款等。

1) 吸收直接投资

吸收直接投资是指企业在生产经营过程中,投资者或发起人直接投入企业的资金。包括固定资产、流动资产和无形资产。这部分资金一经投入,便构成企业的权益资本。这种筹资方式是非股份制企业筹集权益资本的最重要的方式。

2) 发行股票筹资

发行股票是股份制企业筹集权益资本的最重要的方式。股票是股份制企业为筹集自有资本而发行的有价证券,是股东按其所持股份享有权利和承担义务的书面凭证,它代表持股人对股份公司的所有权。根据股东承担风险和享有权利的不同,股票可分为优先股和普通股两大类。

(1) 优先股是企业为筹集资金而发行的一种混合性证券,兼有股票和债券的双重属性,在企业盈利和剩余财产分配上享有优先权。

(2) 普通股是对公司的经营成果和剩余财产享有权利的一种所有权凭证,代表满足所有债权偿付要求及优先股股东的收益权与求偿权要求后对企业盈利和剩余财产的索取权。普通股股东拥有并控制企业,具有选举董事会、获取股息和红利收入、出售和转让股份等权利。

3) 发行债券筹资

企业债券是指企业按照法定程序发行,约定在一定期限内还本付息的凭证,代表持有人与企业的一种债务关系。企业发行债券一般不涉及企业资产所有权、经营权,企业债权人对企业没有控制权。

4) 银行贷款筹资

银行贷款筹资是指企业通过向银行借款以筹集所需资金。贷款利率的大小随贷款对象、用途、期限的不同而不同,并且随着金融市场借贷资本供求关系的变动而变动。流动资金的贷款期限可按流动资金周转期限、物资耗用计划或销售收入来确定,固定资产的贷款期限一般按投资回收期来确定。企业向银行贷款,必须提出申请并提供详尽的可行性研究报告及财务报表,获准后在银行设立账户,用于贷款的取得、归还和结存核算。

5) 租赁筹资

租赁是一种以一定费用借贷实物的经济行为,即企业依照契约规定向资产所有者定期支付一定的费用,从而获得某项资产使用权的行为。现代租赁按其形态主要分为两大类:融资性租赁和经营性租赁。融资性租赁是指承租方通过签订租赁合同获得资产的使用权,然后在资产的经济寿命期内按期支付租金。融资性租赁是一个典型的企业资金来源,属于完全转让租赁。经营性租赁是不完全转让租赁,它的租赁期较短,出租方负责资产的保养与维修,费用按合同规定的支付方式由承租方负担。由于出租资产本身的经济寿命大于租赁合同的持续时间,因此,出租方在一次租赁期内获得的租金收入不能完全补偿购买该资产的投资。

6）商业信用

商业信用是指企业之间的赊销、赊购行为。它是企业在资金紧张的情况下，为保证生产经营活动的连续进行，采取延期支付购货款和预收销货款而获得短期资金的一种筹资方式。采用这种方式，企业必须具有较好的商业信誉。同时，国家应该加强引导和管理，避免引发企业间的三角债务。

（三）筹资决策

由于存在众多的筹资渠道和方式，那么，就不可避免地产生众多的矛盾，如筹资成本的高低、风险的大小等，必须面对这些问题，权衡利弊，选择筹资方式，做出决策。因此，筹资管理的关键在于决策。

筹资方式的决策，也就是对筹资方式做出选择，首先要了解各种筹资方式的优缺点，并对它们加以比较。评价不同方式的优劣，主要从以下几方面入手。

（1）资金成本的高低。资金成本是指汽车服务企业取得资金和使用资金所应负担的成本，用百分率表示。不同的筹资方式，其资金成本是不一致的，具体情况具体分析。

（2）还本付息风险大小。筹资方式还本付息风险的大小可以从企业违约是否会导致投资者采取法律行为，是否可能导致企业破产这两点表现出来。另外，还与筹资期的长短有关，在相同条件下，企业偿还债务的时间越短，风险越大。

（3）机动性大小。它是指企业在需要资金时能否及时筹集到，在不需要时能否及时还款，提前还款是否会受到惩罚等。

（4）筹资的方便程度。这可以从企业和企业的投资者两方面加以分析。从企业方面分析，方便程度表现在企业有无通过各种筹资方式取得资金的自主权以及自主权的大小；从投资者方面分析，方便程度表现在投资者是否愿意提供资金，以及提供资金的条件是否苛刻，手续是否复杂。

（5）投资者是否对资金的使用方向加以限制。一般来说，投资者对资金的使用方向限制越少，对企业越有利；相反，投资者对资金的使用方向限制越多，对企业越不利。

> **知识链接**
>
> 汽车4S店是一个高投入低回报的行业，并且资金需求量较大，一间4S店运营所需要的资金不可能全部由投资者投入，所以融资能力的强弱与否决定了4S店是否能够正常发展。厂家在选拔代理商时，其自有资金和融资能力也是考察的重要目标。例如，正常经营一间中级品牌的4S店需要两部分的投入，一是建店的固定投入，大约在800万元，另一个就是日常经营流动资金，以年销售量1 200台、单车价值15万元、库存周转流动率（产品销售成本与库存平均余额的比率）为1.5来计算，那么，平均每月资金需求量最少约为2 250万元。如果自有流动资金200万元，那么靠融资解决的资金应在2 000万元左右。也就是说，一个中级品牌的4S店经营者，自有资金1 000万，金融融资2 000万，那么4S店经营者自有资金仅占经营所需资金的30%左右，而且这一估算还是保守估算，还有很多经营者的真正投入远远低于这一数字。

(6)所筹资金使用期限的长短。投资者提供的资金的使用期限越长,企业还款压力越小;如果短期内就要求还款,则会给企业带来一定的资金压力。

(四)筹资风险分析

风险能给投资者带来超出预期的收益,但也可能给投资者带来超出预期的损失。由于人们对意外损失的关注往往要大于意外收益,因此,风险主要是从损失角度来考虑的。企业的风险主要来自两个方面:经营风险和财务风险(筹资风险)。所谓经营风险是指企业在不承担债务或不考虑投资来源中是否有负债的前提下,企业因经营上的原因导致收益的不确定性以及由此而形成的净资产收益率的波动。它与企业资产的经营效率直接相关,一般主要反映企业生产领域或市场领域的风险。由于在企业的生产领域中存在生产成本的不确定性,在市场领域中存在市场需求的不确定性,这些因素使得任何企业无一例外地都存在着经营风险。而所谓财务风险是指由于负债筹资而引起的不能按时偿还本息的不确定性。财务风险只是对负债企业而言的,没有负债的企业不存在财务风险,但都存在经营风险。我们一般结合杠杆原理来分析风险,财务管理中的杠杆有经营杠杆、财务杠杆、综合杠杆。

1. 经营杠杆

1)经营杠杆效应

企业在生产经营中会有这样一种现象:在单价和成本水平不变的条件下,销售量的增长会引起息税前利润以更大的幅度增长,这就是经营杠杆效应。经营杠杆效应产生的原因是不变的固定成本,当销售量增加时,变动成本将同比增加,销售收入也同比增加,但固定成本总额不变,单位固定成本以反比例降低,这就导致单位产品成本降低,每单位产品利润增加,于是利润比销量增加得更快。某4S企业某配件连续3年的销量、利润资料如表5-2所示。

表5-2 某4S企业某配件盈利情况资料   单位:元

项目	第一年	第二年	第三年
单价	150	150	150
单位变动成本	100	100	100
单位边际贡献	50	50	50
销售量	10 000	20 000	30 000
边际贡献(Tcm)	500 000	1 000 000	1 500 000
固定成本	200 000	200 000	200 000
息税前利润(EBIT)	300 000	800 000	1 300 000

由表5-1可知,从第一年到第二年,销售量增加了100%,息税前利润增加了166.67%;从第二年到第三年,销售量增加了50%,息税前利润增加了62.5%。利用经营杠杆效应,企业在可能的情况下适当增加产销量会取得更多的盈利,这就是经营杠杆利益。但我们也必须认识到,当企业遇上不利情况而销售量下降时,息税前利润会以更大的幅度下降,即经营杠杆效应也会带来经营风险。

2)经营杠杆系数的计算与分析

经营杠杆系数也称经营杠杆率(DOL),是指息税前利润的变动率相对于销售量变动率的倍数。其定义公式为

$$\mathrm{DOL} = \frac{\Delta \mathrm{EBIT}/\mathrm{EBIT}}{\Delta S/S}$$

式中：EBIT——变动前息税前利润；

ΔEBIT——息税前利润变动额；

S——变动前产销量；

ΔS——产销量变动额。

按表5-2的资料，可以算得第二年经营杠杆系数为1.6667，第三年经营杠杆系数为1.25。利用上述DOL的定义公式计算经营杠杆系数必须掌握利润变动率与销售量变动率，这是事后反映，不便于利用DOL进行预测。为此，我们设法推导出一个只需用基期数据即可计算经营杠杆系数的公式。

以下标"0"表示基期数据，下标"1"表示预测数据，推导如下：

$$\mathrm{DOL} = \frac{\Delta \mathrm{EBIT}/\mathrm{EBIT}_0}{\Delta S/S_0} = \frac{\mathrm{EBIT}_1 - \mathrm{EBIT}_0}{\mathrm{EBIT}_0} \times \frac{S_0}{S_1 - S_0}$$

$$= \frac{\mathrm{cm} \times (S_1 - S_0)}{\mathrm{EBIT}_0} \times \frac{S_0}{S_1 - S_0} = \frac{\mathrm{Tcm}_0}{\mathrm{EBIT}_0} = \frac{\text{基期边际贡献}}{\text{基期息税前利润}}$$

式中：cm——单位边际贡献。

边际贡献是管理会计中一个经常使用的十分重要的概念，它是指销售收入减去变动成本后的余额。边际贡献是运用盈亏分析原理，进行产品生产决策的一个十分重要的指标。通常，边际贡献又称为"边际利润"或"贡献毛益"等。用DOL计算公式不仅可以算出第二、第三年的经营杠杆系数，而且可以算出第四年的经营杠杆系数。根据表5-1的资料，第四年的经营杠杆系数 $\mathrm{DOL} = \frac{1\,500\,000}{1\,300\,000} = 1.153\,85$。

通过上述计算分析，我们可以得出如下结论。

(1) 经营杠杆系数的经济意义：企业税息前利润的增长率是企业产销量增长率的倍数。经营杠杆系数的值一般是大于1的。

(2) 在固定成本不变的情况下，经营杠杆系数表明了企业产销量增长（或减少）所引起息税前利润增长（或减少）的幅度；经营杠杆系数越大，对经营杠杆利益的影响就越强，产销量变动引起息税前利润变动的幅度也越大，营业风险也就越高。

(3) 在固定成本不变的情况下，企业的营业额越小，经营杠杆系数越大，企业的经营风险也就越大。当企业的业务量越接近盈亏平衡点的业务量时，经营杠杆系数越接近无穷大，营业风险也就越高；当业务量越远离盈亏平衡点的业务量时，经营杠杆系数越接近1，营业风险也就越低。

(4) 经营杠杆本身并不是经营风险的根源，它只是计量经营风险大小的指标，两者的关系是：经营杠杆系数大，说明企业经营风险大；反之亦然。要降低企业经营风险，一是可以适当减少固定成本总额，二是要大幅度地增加产销量。

(5) 经营杠杆只对税息前利润产生影响，它并不对税后利润产生影响。

2. 财务杠杆

1) 财务杠杆效应

企业在核算普通股每股利润时会有这样一种现象：在资金构成不变的情况下，息税前利润的增长会引起普通股每股利润以更大的幅度增长。这就是财务杠杆效应。财务杠杆效应产生的原因是当息税前利润增长时,债务利息不变,优先股股利不变,这就导致普通股每股利润比息税前利润增加得更快。假设某汽车企业年债务利息 100 000 元,所得税率 30%,有普通股 100 000 股,连续 3 年普通股每股利润资料如表 5-3 所示。

表 5-3　某汽车企业普通股每股利润资料　　　　　　　　　　　单位:元

项　　目	第　一　年	第　二　年	第　三　年
息税前利率(EBIT)	300 000	800 000	1 300 000
债务利息	100 000	100 000	100 000
税前利润	200 000	700 000	120 000
所得税	60 000	210 000	360 000
税后利润	140 000	490 000	840 000
普通股每股利润(EPS)	1.4	4.9	8.4

由表 5-3 可知,从第一年到第二年,EBIT 增加了 166.67%,普通股每股利润(EPS)增加了 250%;从第二年到第三年,EBIT 增加了 62.5%,EPS 增加了 71.43%。企业适度负债经营,在盈利条件下可能给普通股股东带来更多的收益,这就是财务杠杆利益。但我们也必须认识到,当企业遇到不利情况而盈利下降时,普通股股东的收益会以更大的幅度减少,即财务杠杆效应也会带来财务风险。

2) 财务杠杆系数的计算与分析

财务杠杆系数也称财务杠杆率(DFL),是指普通股每股利润的变动率相对于息税前利润变动率的倍数。其定义公式为

$$\text{财务杠杆系数(DFL)} = \frac{\text{普通股每股利润变动率}}{\text{息税前利润变动率}} = \frac{\Delta EPS/EPS}{\Delta EBIT/EBIT}$$

按表 5-3 的资料,可以算得第二年财务杠杆系数为 1.5,第三年财务杠杆系数为 1.1429。利用上述 DFL 的定义公式计算财务杠杆系数必须掌握普通股每股利润变动率与息税前利润变动率,这是事后反映,不便于利用 DFL 进行预测。为此,我们设法推导出一个只需用基期数据计算财务杠杆系数的公式。推导如下:

$$\begin{aligned} DFL &= \frac{\Delta EPS/EPS}{\Delta EBIT/EBIT} \\ &= \frac{\dfrac{(EBIT_1 - I) \times (1-t) - E}{n} - \dfrac{(EBIT_0 - I) \times (1-t) - E}{n}}{\dfrac{(EBIT_0 - I) \times (1-t) - E}{n}} \div \frac{EBIT_1 - EBIT_0}{EBIT_0} \\ &= \frac{(EBIT_1 - EBIT_0) \times (1-t)}{(EBIT_0 - I) \times (1-t) - E} \times \frac{EBIT_0}{EBIT_1 - EBIT_0} \\ &= \frac{EBIT_0}{EBIT_0 - I - \dfrac{E}{1-t}} \end{aligned}$$

式中:I——债务利息;

t——所得税税率;

E——优先股股利;

n——普通股股数。

对于无优先股的股份制企业或非股份制企业,上述财务杠杆系数的计算公式可简化为

$$DFL = \frac{EBIT_0}{EBIT_0 - I} = \frac{基期息税前利润}{基期息税前利润 - 债务利息}$$

用 DFL 计算公式不仅可以算出上述汽车企业第二、第三年的财务杠杆系数,而且可以算出第四年的财务杠杆系数。根据表 5-3 的资料,第四年的财务杠杆系数为

$$DFL = \frac{1\ 300\ 000}{1\ 300\ 000 - 100\ 000} = 1.0833$$

根据上述计算分析,可以得出如下结论:

(1)财务杠杆系数的经济意义:财务杠杆系数反映了每股收益的变动率相当于息税前利润变动率的倍数。不同息税前利润水平下的财务杠杆系数是不同的,财务杠杆对每股收益或资本利润率的作用是固定性利息作用的结果。财务杠杆系数越大,对财务杠杆利益的影响也越强,财务风险也就越高。

(2)当企业的资本结构、利息率、息税前利润等因素发生变化时,企业的财务杠杆系数也会发生变动,从而表示不同程度的财务杠杆利益和财务风险程度。一般来说,当企业的息税前利润一定时,债务利息越大,财务杠杆系数越大,反映了企业负债经营的力度也越大,筹资的财务风险程度也就越大。当企业没有负债筹资时,财务杠杆系数等于 1,这时企业不存在财务风险。

(3)从企业经营的角度来说,当企业息税前利润增加时,由于财务杠杆的作用,每股盈余的增加速度会更快。所以,适当利用负债性资金,发挥财务杠杆的作用,可增加每股收益,使股票价格上涨,增加企业价值,现代企业推崇的负债经营战略的意义就在于此。

(4)在资产总额和负债筹资总额保持不变的情况下,由于财务杠杆的作用,资本利润率(或每股收益额)会以息税前利润的倍数增长,其表达式为

$$资本利润增长率 = DFL \times 税息前利润增长率$$

财务风险是指企业为了取得财务杠杆收益而采用负债资金时,增加了企业破产的机会或普通股每股盈余大幅度变动带来的风险。要降低财务风险,一方面要减少负债,另一方面要大幅度地提高息税前利润。如果企业没有负债,就只有经营风险,没有财务风险。也就是说,当企业的财务风险适当,且借入资金利息率小于全部资金利润率时,企业的自有资金利润率就会上升。当企业财务风险过大,且借入资金利息率大于全部资金利润率时,企业的自有资金利润率就会下降,即只有在企业经营效益良好时,负债经营才是有利的。在确定企业资本结构和进行筹资决策时,不仅要考虑资金成本的大小,还需要考虑财务风险的大小,这是企业筹资决策时的基本原则和出发点。

3. 综合杠杆

1)综合杠杆效应

由于存在固定的生产经营成本,因此会产生经营杠杆效应,即销售量的增长会引起息税前利润以更大的幅度增长。由于存在固定的财务成本(债务利息和优先股股利),因此会产生财务杠杆效应,即息税前利润的增长会引起普通股每股利润以更大的幅度增长。若一个企业同时存在固定的生产经营成本和固定的财务成本,那么两种杠杆效应会共同发生,产生连锁作用,形成销售量的变动使普通股每股利润以更大的幅度变动。综合杠杆效应就是经营杠杆和财务杠杆共同作用的结果。

2）综合杠杆系数的计算与分析

综合杠杆系数也称复合杠杆系数，又称总杠杆系数（DTL），是指普通股每股利润的变动率相对于销售量变动率的倍数。其定义公式为

$$DTL = DOL \times DFL = \frac{\Delta EPS/EPS}{\Delta S/S}$$

对于综合杠杆系数，可以推导出它的计算公式为

$$DTL = DOL \times DFL = \frac{Tcm_0}{EBIT_0} \times \frac{EBIT_0}{EBIT_0 - I - \frac{E}{1-t}}$$

$$= \frac{Tcm_0}{EBIT_0 - I - \frac{E}{1-t}}$$

可见，综合杠杆系数可以由经营杠杆系数与财务杠杆系数相乘得到，也可以由基期数据直接计算得到。根据表13-1、表13-2的资料，计算某汽车企业各年DTL如下：

第二年： $$DTL = 1.6667 \times 1.5 = 2.5$$

或 $$DTL = \frac{500\ 000}{300\ 000 - 100\ 000} = 2.5$$

第三年： $$DTL = 1.25 \times 1.1429 = 1.4286$$

或 $$DTL = \frac{1\ 000\ 000}{800\ 000 - 100\ 000} = 1.4286$$

第四年： $$DTL = 1.1538 \times 1.0833 = 1.25$$

或 $$DTL = \frac{1\ 500\ 000}{1\ 300\ 000 - 100\ 000} = 1.25$$

分析和计算综合杠杆系数的意义在于：通过计算和分析综合杠杆系数来估计业务量的变动对每股收益的影响，同时可以体现经营杠杆与财务杠杆的内在统一关系。

三、汽车服务企业资产管理

资产是企业所拥有或控制，能用货币计量，并能为企业提供经济效益的经济资源，包括各种财产、债权和其他权利。货币作为计量单位，主要反映企业在生产经营的某一个时点上所控制资产存量的真实状况，以及在生产经营的某一个期间，企业资产流量的真实状况。控制是指企业对某项资产具有实际经营管理权，能够自主地运用该资产从事生产经营活动，同时享有并承担与资产所有权相关的经济利益和相应的风险。因此，对于企业来说，管好、用好资产是关系到企业兴衰的大事，必须予以高度的重视。汽车服务企业资产按其流动性通常可以分为流动资产、固定资产、无形资产、递延资产和其他资产。这里仅介绍流动资产和固定资产。

（一）流动资产管理

流动资产是指可以在一年内或者超过一年的一个营业周期内变现或者运用的资产。按资产的占用形态，流动资产可分为现金、短期投资、应收及预付款和存货。这里仅介绍现金、应收及预付款及存货的管理。

1. 现金管理

现金是指可以立即用来购买物品、支付各项费用或用来偿还债务的交换媒介或支付手段，

主要包括库存现金和银行活期存款,有时也将即期或到期的票据看作现金。现金是流动性最强的资产,拥有足够的现金对降低企业财务风险、增强企业资金的流动性具有十分重要的意义。

现金管理的目的是在保证企业生产经营所需现金的同时,节约使用资金,并从暂时闲置的现金中获得最多的利息收入。企业库存现金没有收益,银行存款的利息率也远远低于企业的资金利润率。现金结余过多,会降低企业的收益,但库存现金太少,又可能出现现金短缺,影响生产经营活动。现金管理应力求做到既保证企业日常经营所需资金,以降低经营风险,又避免企业有过多的闲置现金,以增加收益。

汽车服务企业现金管理的内容主要包括:编制现金收支计划,以便合理地估算未来的现金需求;对日常的现金收支进行控制,力求加速收款、延缓付款;用特定方法确定理想的现金余额,当企业的实际现金余额与最佳现金余额不一致时,采用短期融资或归还借款和投资有价证券等策略来达到比较理想的状况。

现金收支计划是预计未来一定时期企业现金的收支状况,并对现金进行平衡的一种计划,它是企业财务管理的一个重要内容。

企业可通过现金周转模式、存货模式及因素分析模式等方法确定最佳现金余额,作为企业实际应持有现金的标准,并进行现金的日常控制。其主要内容是:一要加速收款,尽可能加快现金的收回;二要控制支出,尽量延缓现金支出的时间;三要进行现金收支的综合控制。因此,要实施现金流入与流出同步管理;实行内部牵制制度,即在现金管理中,要实行管钱的不管账,管账的不管钱,使出纳人员和会计人员相互牵制、相互监督;及时进行现金的清理,库存现金的收支做到日清月结,确保现金日记账账面余额与现金实际库存额相符合,银行存款日记账账面余额与银行对账单的余额相符合;做好银行存款的管理,对超过库存限额的现金应存入银行统一管理,并按期进行清查,保证存款安全完整。当企业有较多闲置不用的现金时,可投资于国库券、企业股票等,以获得较多的利息收入;当企业出现现金短缺时,再出售各种有价证券获取现金。这样,既能保证企业有较多的利息收入,又能增强企业的变现能力。

2. 应收及预付款管理

应收及预付款是企业对其他单位或个人支付货币、销售产品或提供劳务而引起的索款权。它主要包括应收账款、应收票据、其他应收款、预付货款等。汽车服务企业涉及应收及预付款的业务主要有:企业提供汽车服务而发生的非商品交易的应收款项,企业购买设备或材料、配件等而发生的预付款项,其他业务往来及费用的发生涉及的其他应收款项。

应收账款是企业因销售产品、材料,提供劳务等,应向购货单位或接受劳务单位收取的款项。汽车服务企业因销售汽车配件及提供汽车服务等发生的收入,在款项尚未收到时属于应收账款。近年来,由于市场竞争日益激烈,汽车服务企业应收账款数额明显增多,已成为流动资产管理中的一个日益重要的问题。应收账款的功能在于增加销售、减少存货,但同时需要付出管理成本,甚至可能发生坏账。为此,要加强对应收账款的日常控制,做好企业的信用调查和信用评价,以确定是否同意顾客赊欠款。当顾客违反信用条件时,还要做好账款催收工作,确定合理的收账程序和讨债方法,使应收账款政策在企业经营中发挥积极作用。

3. 存货管理

存货是指企业在生产经营的过程中,为销售或耗用而储存的各种物资。对于汽车服务企业来说,存货主要是为耗用而储备的物资,一般指用于汽车维修的材料、配件等。由于存货经常处于不断耗用与不断补充之中,具有鲜明的流动性,因此通常是企业流动资产中占比最大的项目。存货管理的主要目的是控制库存水平,在充分发挥库存功能的基础上,尽可能减少存货,降低库存成本。为此,企业要首先制定库存规划,即在确定企业存货占用资金数额的基础上,编制存货资金计划,以便合理确定存货占用的资金数量,节约实用资金,并且要在存货的日常控制方面进行严格管理,在企业日常生产经营过程中,按照库存规划的要求,对存货的使用和周转情况进行组织、调节和监督。常用存货控制的方法是分级分口控制,主要包括3项内容:

(1) 在企业管理层的领导下,财务部门对存货资金实行统一管理,包括制定资金管理的各种制度,编制存货资金计划,并将计划指标分解落实到基层单位和个人,对各单位的资金运用情况进行检查和分析,统一考核资金的使用情况。

(2) 实行资金的归口管理,按照资金的使用与管理相结合、物资管理与资金管理相结合的原则,每项资金由哪个部门使用,就归哪个部门管理。

(3) 实行资金的分级管理,即企业内部各管理部门要根据具体情况将资金计划指标进行分解,分配给所属单位或个人,层层落实,实行分级管理。

(二) 固定资产管理

固定资产是使用年限在1年以上,单位价值在规定的标准以上,并且在使用过程中保持原来物质形态的资产。固定资产是汽车服务企业中的主要资产类型,是资产管理的重点。固定资产的投资一般具有回收时间较长、变现能力较差、资金占用数量相对稳定、实物形态和价值形态可以分离等特点。

1. 固定资产的分类

按经济用途不同,将固定资产分为生产用固定资产、销售用固定资产、科研开发用固定资产和生活福利用固定资产4种。

按使用情况不同,将固定资产分为使用中的固定资产、未使用的固定资产和不需用固定资产3种。

按所属关系不同,将固定资产分为自有固定资产和融资租入的固定资产。

2. 固定资产的日常管理

为了提高固定资产的使用效率,保护固定资产的安全完整,做好固定资产的日常管理工作至关重要。固定资产的日常管理主要包括以下几个方面。

(1) 实行固定资产的分级分口管理。企业固定资产种类和数量较多,其使用涉及企业内部各部门及各单位,为此,应实行固定资产的分级分口管理,即在企业财务部门的统一协调下,按固定资产的类别,由厂部各职能部门负责归口管理;按各类固定资产的使用地点,由各级使用单位负责具体管理,并进一步落实到班组和个人。这样,便可做到层层负责任,物物有人管,使固定资产的安全保管和有效利用得到可靠保证。

(2) 建立固定资产卡片和固定资产登记簿制度。为了详细反映和监督企业各项固定资产的使用与增减变动情况,管好、用好固定资产,需要设置固定资产卡片和固定资产登记簿,以进行固定资产的明细核算。

固定资产卡片由财务部门填制,一份留存,作为固定资产明细核算的基础,一份交管理部门保存,作为管理的依据。固定资产在使用过程中,由于改建、扩建或技术改良等原因引起原值(折旧额)的变动,应根据有关凭证及时登记入卡。固定资产在企业内部各使用部门之间转移时,应由固定资产管理部门填制必要的凭证,通知移交、接收的部门和财务部门,据此办理固定资产转移手续,并将固定资产卡片一并转移。

为了按使用部门分类反映固定资产的增减变动和存在情况,财务部门应设置固定资产登记簿,按每一类固定资产开设账页,并按使用、保管部门设置专栏,将固定资产的年初余额汇总记入登记簿内。固定资产发生增减变动时,应根据经过核签的增减凭证,逐笔或汇总记入登记簿内,并结出月末金额。

(3) 按财务规定计提固定资产折旧。固定资产折旧是指固定资产因磨损而转移到产品中去的那部分价值。认真做好固定资产折旧计提工作是固定资产日常管理的重要内容。

现行规定应计提折旧的固定资产有:房屋和建筑物,在用的机器设备、运输车辆、工具、器具,季节性停用和大修理停用的设备,以经营租赁方式租出的固定资产及以融资租赁方式租入的固定资产等。不计提折旧的固定资产有:房屋建筑物以外的未使用、不需用的固定资产,以经营租赁方式租入的固定资产及已提足折旧仍继续使用的固定资产等。

计提折旧的起止时间:固定资产从投入使用开始,即发生价值损耗,应开始计提折旧,分摊资产的成本;固定资产报废或停止使用,应停止计提折旧。按现行制度规定,折旧按足月原价计提,月份内开始使用的从下月起计提折旧,月份内减少或停止使用的从下月起停止计提折旧。

(4) 合理安排固定资产的修理。固定资产在使用过程中,由于受机械磨损、化学腐蚀等而发生损耗,但各个部件的损耗程度并不相同。为了保证其正常使用,并发挥应有的功能和维持良好的状态,必须经常对其进行维护和修理。在进行固定资产修理时所发生的支出可直接计入有关费用,但当企业的修理费用发生不均衡,且数额较大时,为了均衡企业的成本负担,可采用待摊或者预提的办法。采用预提办法的,实际发生的修理支出冲减预提费用,实际支出大于预提费用的差额,计入有关费用,小于预提费用的差额则冲减有关费用。

(5) 科学地进行固定资产的更新。固定资产的更新是指对固定资产的整体补偿,也就是以新的固定资产来更换需要报废的固定资产。固定资产更新有两种形式:一种是完全按原样进行更新,即按原来的技术基础、原来的规模、原来的结构和原来的用途进行更新,以实现固定资产的实物再生产;另一种是在先进技术基础上的更新,也就是以效率和性能更好的、能产生更大经济效益的先进设备更换陈旧落后的设备,不断提高企业的技术水平。近年来,随着汽车工业的迅速发展,对汽车服务业的技术要求越来越高,更需要企业以内涵式扩大再生产的更新途径,加速企业上规模、上水平,有重点、有步骤地进行固定资产更新。

3. 固定资产的折旧管理

1) 固定资产折旧与折旧费的概念

固定资产在使用过程中,由于机械磨损、自然腐蚀、技术进步和劳动生产率提高而引起的价值损耗,逐渐地、部分地转移到运营成本中。这种转移到运营成本中的固定资产价值损耗,称为固定资产折旧。

固定资产的损耗分为有形损耗和无形损耗两种。有形损耗是指由于机械磨损和自然力的影响而引起的固定资产使用价值和价值的绝对损失;无形损耗是指由于技术进步和生产率的提高而引起的固定资产价值的相对损失。固定资产由于损耗而转移到成本费用中的那部分价值,应以折旧费的形式按期计入成本费用,不得冲减资本金。固定资产转移到成本费用中的那部分价值称为折旧费。

2）固定资产折旧的计算方法

固定资产的价值是随着使用而逐渐减少的，以货币形式表示的固定资产因消耗而减少的价值，就称为固定资产的折旧。

汽车服务企业采用的计提折旧方法主要有以下几种：

(1) 平均年限法。

平均年限法是用固定资产的原值，减去预计残值和清理费用，按预计使用年限平均计算折旧的一种方法，又称为直线法。计算公式如下：

$$\text{固定资产年折旧额} = \frac{\text{原始价值} - (\text{预计残值} + \text{预计清理费用})}{\text{预计使用年限}}$$

$$= \frac{\text{原始价值} - \text{预计净残值}}{\text{预计使用年限}}$$

$$= \frac{\text{原始价值} \times (1 - \text{预计净残值率})}{\text{预计使用年限}}$$

预计净残值率是预计净残值与原值的比率，一般应按固定资产原值的 3%～5% 确定，低于 3% 或者高于 5% 的由企业自主确定，并由主管财政机关备案。

例 5-1 某汽车服务企业 2010 年年底购入设备一台，价值 40 万元，其净残值率为 2%，预计使用年限 10 年，求其年折旧额。

解 年折旧额 = 400 000 元 × (1 - 2%) ÷ 10 = 19 600 元

(2) 工作量法。

对某些较大的、不经常使用的设备，企业可以采用工作量法计算折旧。其计算公式为

$$\text{单位工作量折旧额} = \frac{\text{固定资产原值} \times (1 - \text{预计净残值率})}{\text{预计的总工作量}}$$

某项固定资产年（月）折旧额 = 该项固定资产当年（月）工作量 × 单位工作量折旧额

例 5-2 某大型汽车服务企业有一台经常不使用的机床，价值 10 万元，该机床总的工作时间为 8 000 小时，当年实际使用 100 小时，求当年的折旧额（残值忽略不计）。

解 年折旧额 = $\frac{100\ 000\ \text{元}}{8\ 000\ \text{小时}}$ × 100 小时 = 1 250 元

(3) 双倍余额递减法。

双倍余额递减法是以平均年限折旧率的双倍为固定折旧率，并以每期期初的固定资产账面价值为基数来计提固定资产折旧的一种方法。它是在不考虑固定资产净残值的情况下进行计算的。其计算公式为

$$\text{年折旧率} = \frac{2}{\text{折旧年限}} \times 100\%$$

年折旧额 = 年初固定资产账面净值 × 年折旧率

(4) 年数总和法。

年数总和法又称年数合计法或年数比例递减法。它同双倍余额递减法的计算方法相似，所不同的是，年数总和法计算折旧的基数不变，而年折旧率是随固定资产的使用而逐年变动的，所以又称为变率递减法。其计算公式为

$$\text{年折旧率} = \frac{\text{折旧年限} - \text{已使用年限}}{\text{年数总和}} \times 100\%$$

年折旧额 = (固定资产原值 - 预计净残值) × 年折旧率

年数总和＝折旧年限×(折旧年限＋1)÷2

四、投资管理

投资是企业开展正常生产经营活动并获取利润的前提,也是企业扩大经营规模、降低经营风险的重要手段。投资按其回收时间的长短可分为短期投资和长期投资。短期投资又可称为流动资产投资,它是指准备并且能够在一年内收回的投资,主要指对现金、应收账款、存货、短期有价证券等的投资。长期投资是指在一年以上才能收回的投资,主要指对厂房、机器设备等固定资产的投资,也包括对无形资产和长期有价证券的投资。

企业在进行投资分析与决策时,需要认真考虑与投资相关的影响因素。一般来说,企业投资应重点考虑的因素有:投资收益的大小、投资风险的高低、投资的约束条件和投资的弹性分析。

(一)现金流量的含义

现金流量是现代财务管理学中的一个重要概念,是指企业在一定会计期间按照现金收付实现制,通过一定经济活动(包括经营活动、投资活动、筹资活动和非经常性项目)而产生的现金流入、现金流出及其总量情况的总称,即企业一定时期的现金和现金等价物的流入和流出的数量。现金流入量与现金流出量之间的差额称为现金净流量,现金净流量也称净现金流量。

在一般情况下,投资决策中的现金流量通常指现金净流量。现金流量是计算项目投资决策评价指标的主要依据和重要信息之一。必须注意的是,本书阐述的现金流量与财务会计现金流量表中使用的现金流量,无论在具体构成内容还是在计算口径方面都存在较大的差异。这里的现金既指库存现金、银行存款等货币性资产,也可以指投资方案需要投入或收回的相关的非货币性资产(如原材料、设备等)的重置成本或变现价值。

(二)项目投资决策评价指标

项目投资决策评价指标可分为两大类:一是考虑资金的时间价值的贴现指标,又称动态指标,主要包括净现值、现值指数、内含报酬率等;二是不考虑资金的时间价值的非贴现指标,又称静态指标,主要包括投资回收期、平均报酬率等。贴现指标是现在投资决策评价分析应用的主要指标,非贴现指标则为辅助指标。

投资决策是对各个投资方案进行分析和评价,从中选择最优方案的过程。为了客观、科学地分析评价各种投资方案是否可行,应使用不同的决策指标,从不同的侧面或不同的角度反映投资方案的内涵。各项指标在大多数情况下对方案的取舍是一致的,但有时也会出现不一致的情况。所以仅按某一指标来确定对投资方案的取舍,有时会造成偏差。在投资决策的分析评价中,应根据具体情况,采用适当的方法来确定投资方案的各项评价指标,以供决策参考。

1. 贴现指标

1) 净现值

净现值(net present value,NPV)是指将投资项目投入使用后的净现金流量按资金成本率或企业要求达到的报酬率折合为现值,减去原始投资额现值以后的余额,即从投资开始至项目寿命终结时所有一切现金流量(包括现金流出量和现金流入量)的现值之和。其计算公式为

$$\text{NPV} = \sum_{t=0}^{n} \frac{I_t}{(1+i)^t} - \sum_{t=0}^{n} \frac{Q_t}{(1+i)^t}$$

式中：n——投资年限；

I_t——第 t 年的现金流入量；

Q_t——第 t 年的现金流出量；

i——贴现率。

计算净现值必须设定一个合适的贴现率，可以采用企业的资本成本率，也可以采用企业愿意接受的最低报酬率。如果计算结果为正数，即贴现后现金流入大于现金流出，说明该投资项目报酬率高于原先设定的贴现率。假定该投资项目所需资金都是以一定的资本成本率借入的，并以该资本成本率作为贴现率，如果净现值为正数，说明该投资项目在偿还本息后有剩余收益；如果净现值为零，说明该投资项目的报酬率等于原先设定的贴现率，该投资项目的现金流入只够偿还本息；如果净现值为负数，说明该投资项目的报酬率小于原先设定的贴现率，该投资项目的现金流入还不够偿还本息。

因此，如果孤立地分析一个投资项目，其净现值大于或等于零，说明该投资项目在经济上是可行的。如果同时对几个投资方案进行比较，则应该在所有净现值大于或等于零的方案中选择净现值最大的一个作为最优方案。

净现值指标的优点有两方面：一是考虑了货币的时间价值，能反映投资方案的净收益额；二是净现值考虑了投资的风险性，因为贴现率由公司根据一定风险确定的预期报酬率或资金成本率制定。

净现值指标的缺点有两方面：一是不能动态地反映投资项目的实际收益水平，且当各项目投资额不等时，仅用净现值无法确定投资方案的优劣，必须与其他动态评价指标结合使用，才能做出正确的评价；二是贴现率的确定比较困难，而贴现率的高低对净现值的计算结果有重要影响。

2）现值指数

现值指数（present value index，PVI）也称获利指数，是投资方案的未来现金流入现值与现金流出现值之比，其计算公式为

$$PVI = \sum_{t=0}^{n} \frac{I_t}{(1+i)^t} \bigg/ \sum_{t=0}^{n} \frac{Q_t}{(1+i)^t}$$

式中：n——投资年限；

I_t——第 t 年的现金流入量；

Q_t——第 t 年的现金流出量；

i——贴现率。

现值指数的计算也必须先预设一个贴现率。现值指数的分界点是大于1、等于1和小于1，它们与净现值的分界点正数、零和负数是相对应的，其基本意义也是一致的。现值指数大于1，说明方案实施后的投资报酬率高于预期的投资报酬率，投资方案可行。现值指数越大，方案越好。

现值指数指标的优点是考虑了货币的时间价值，能够真实地反映投资项目的盈亏程度。由于现值指数是未来现金净流量现值与原始投资现值之比，是一个相对数，所以现值指数克服了净现值指标在项目投资额不相等时，无法判断方案好坏的缺点。现值指数指标的缺点与净现值指标的缺点一样，都是不能动态地反映投资项目的实际收益水平。

3) 内部报酬率

内部报酬率(internal rate of return,IRR)也称内含报酬率,它是指能够使未来现金流入量的现值等于未来现金流出量现值的贴现率,或者说使投资方案净现值为零的贴现率。它是投资项目本身所具有的真实报酬率。与计算净现值和现值指数之前都需要设定一个贴现率不同,计算内部报酬率不需要做这样的设定,因为现在贴现率本身为求解的对象。内部报酬率的计算公式为

$$\mathrm{NPV} = \sum_{t=0}^{n} \frac{I_t}{(1+\mathrm{IRR})^t} - \sum_{t=0}^{n} \frac{Q_t}{(1+\mathrm{IRR})^t}$$

式中,IRR 为内部报酬率,内部报酬率的计算一般采用逐步测试的方法,即先估计一个贴现率,用它来计算方案的净现值。如果净现值为正数,说明方案本身的报酬率超过贴现率,应该提高贴现率进一步测试,如果净现值为负数,说明本身的报酬率低于贴现率,应该降低贴现率进一步测试,经过多次测试,寻找净现值接近于零的贴现率,这就是方案本身所具有的真实报酬率。如果对测试结果精度要求较高,可以找出净现值由正到负且比较接近于零的两个对应的贴现率,通过插值法计算出比较精确的内部报酬率。

2. 非贴现指标

1) 投资回收期

投资回收期(payback period,PP)是指投资项目收回初始投资所需要的时间,一般以年为单位。为了避免意外情况,投资者总是希望尽快收回投资,即投资回收期越短越好。投资回收期越短,说明该项投资所冒的风险越小,方案越佳。

投资回收期的计算,因每年营业现金净流量的不同而有所差异。当每年的营业现金净流量相等时,投资回收期可按下列公式计算:

投资回收期=原始投资额÷每年的现金净流量

将计算得到的投资回收期与期望投资回收期进行比较,若方案回收期短于期望回收期,则方案可行;否则,方案不可行,应该放弃投资。如果几个方案都达到既定的回收期,且只能选择一个方案时,则应选择回收期最短的方案。

投资回收期计算简单,易于理解,有利于促进企业加快投入资本的回收速度,尽早收回投资。但它存在两个缺点:一是忽视现金流量的发生时间,未考虑货币的时间价值;二是忽略了投资回收期后的现金流量,注重短期行为,忽视长期效益。因此,只能运用投资回收期对备选方案进行初步的评价,必须与其他决策指标结合使用,才能做出较正确的决策。

2) 平均报酬率

平均报酬率(average rate of return,ARR)是投资项目寿命周期内的平均年投资报酬率。平均报酬率也称平均投资报酬率,它有多种计算方法,最常用的计算公式为

平均报酬率=每年评价现金净流量÷原始投资额×100%

采用平均报酬率进行评价分析时,将投资项目的平均报酬率与决策人的期望平均报酬率进行比较,如果平均报酬率大于期望的平均报酬率,则可接受该项投资方案;否则,应拒绝该项投资方案。若有多个可接受的投资方案,则应选择平均报酬率最高的方案。

平均报酬率指标的优点是计算简单、明了,易于掌握,克服了投资回收期没有考虑回收期后现金流量的缺点,即考虑了整个方案在其寿命周期内的全部现金流量。平均报酬率指标的缺点是忽视现金流量的发生时间,未考虑货币的时间价值,所以不能较为客观、准确地对投资

方案的经济效益做出判断。

(三) 项目投资风险分析

以上对项目投资决策评价指标的分析中,都是假定各种项目的现金流量到期肯定能够实现。事实上,由于固定资产投资决策涉及的时间长,不确定因素多,项目的成本、收益很难做到准确预测,所以项目投资决策在不同程度上存在着风险。项目投资风险分析的方法较多,常用的方法是风险调整贴现率法和风险调整现金流量法。

1. 风险调整贴现率法

风险调整贴现率法是将与特定投资项目有关的风险报酬,加入到资金成本或企业要求达到的报酬率中,构成按风险调整的贴现率,并以此进行投资决策分析的方法。风险高的投资项目,采用较高的贴现率;风险较低的投资项目,采用较低的贴现率。风险调整贴现率的具体确定方法有以下几种。

1) 资本资产定价模型

我们知道,总资产风险分为可分散风险和不可分散风险。可分散风险可通过多元化投资消除。进行投资分析时,值得注意的是不可分散风险。不可分散风险可通过资本资产定价模型调整。此时,特定投资项目按风险调整的贴现率可按下式计算:

$$K_j = R_f + b_j(R_m - R_f)$$

式中:K_j——项目j按风险调整的贴现率或必要的投资报酬率;

　　R_f——无风险报酬率;

　　b_j——项目j不可分散的风险系数;

　　R_m——所有项目平均贴现率或必要的报酬率。

2) 风险报酬率模型

一项投资的总报酬率可分为无风险报酬率和风险报酬率,用公式表示为

$$K = R_f + bV$$

所以,特定项目按风险调整的贴现率可以按下式计算:

$$K_i = R_f + b_i V_i$$

式中:K_i——项目i按风险调整的贴现率;

　　R_f——无风险报酬率;

　　b_i——项目i的风险报酬系数;

　　V_i——项目i预期基准离差率。

3) 按投资项目风险等级调整贴现率

按投资项目风险等级调整贴现率是在分析影响投资项目风险的各种因素的基础上,根据评分来确定风险等级,并根据风险等级调整贴现率。按风险调整贴现率调整后的评价方法与无风险的评价方法基本相同。

2. 风险调整现金流量法

风险调整现金流量法是按风险情况对各年的现金流量进行调整,然后再进行长期投资决策的评价方法。具体调整方法很多,这里介绍肯定当量法。

所谓肯定当量法,就是把不确定的各年现金流量,按一定的系数(通常称为肯定当量系数)折算为大约相当于确定的现金流量的数量,然后再用无风险贴现率来评价投资项目决策的方法。肯定当量系数是肯定的现金流量与相应的不肯定的现金流量的比值,通常用d表示,一

般可根据各年现金流量风险的大小或标准离差率选取不同的肯定当量系数。当现金流量确定时,可取 $d=1$;当风险较小时,可取 $0.8<d<1$;当风险一般时,可取 $0.4<d<0.8$;当风险较大时,可取 $0<d<0.4$。肯定当量系数的设定受分析者风险偏好的影响,冒险型的分析者会选取较高的肯定当量系数,保守型的分析者可能会选取较低的肯定当量系数。

任务 2　汽车服务企业成本管理

一、汽车服务企业成本费用管理

汽车服务企业的成本费用是指汽车服务企业为了经营和维修服务活动的开展所发生的各项开支。它包括三个部分:物化劳动的转移价值、生产中所消耗的材料及辅料的转移价值与员工的劳动报酬,以及剩余劳动所创造的价值。实现利润最大化是企业生产经营的目标,在产品或劳务销售价格既定、产销基本平衡的情况下,成本的高低是实现利润大小的决定因素,因而企业想方设法降低成本。加强成本管理具有十分重要的意义。

(一) 成本费用的管理

成本费用管理就是对企业生产经营活动过程中发生的成本和费用,有组织、有计划和系统地进行预测、计划、控制、核算、考核和分析等一系列科学管理工作的总称。

1. 成本费用的概念

任何一个企业在生产经营过程中,都要耗费一定量的物质资料(包括货币资金)。企业在一定时期内,以货币额表现的生产耗费就是成本费用。成本费用有多种形式,例如,生产中消耗的劳动资料,表现为固定资产折旧费、修理费等费用;生产中消耗的劳动对象,表现为原材料、燃料、动力等费用;劳动报酬表现为工资、奖金等人工费。生产经营中的其他耗费,表现为制造费用、管理费用、财务费用等;企业为了销售产品或劳务,还要支付销售费用等。企业在生产经营中为制造产品或提供劳务所发生的直接材料、直接人工、制造费用等,构成了这些产品或劳务的生产成本;生产经营中所发生的管理费用、财务费用和销售费用等,构成了企业的期间费用,由于这些费用容易确定发生期,但难以确定归属的对象,因此应从当期损益中扣除。

2. 成本项目

按照成本费用的经济用途,可将成本分为直接材料、直接人工、制造费用和期间费用。

(1) 直接材料。企业在生产经营过程中实际消耗的各种材料、备品配件以及专用工器具、动力、燃料、低值易耗品等。

(2) 直接人工。直接从事生产经营活动的人员的工资、奖金、津贴和补贴等。

(3) 制造费用。在生产中发生的那些不能归入直接材料、直接人工的各种费用。

以上三类费用是计入企业产品成本的费用。

(4) 期间费用。期间费用是企业行政管理部门为组织和管理生产经营活动而发生的管理费用和财务费用,以及为销售和提供劳务而发生的销售费用。期间费用不计入产品成本,而是作为费用直接计入当期损益。

①销售费用是指企业在销售商品过程中发生的费用。它包括销售产品或者提供劳务过程

中发生的应由企业负担的运输费、装卸费、包装费、保险费、广告费以及专设的销售机构人员的工资和其他经费等。

②管理费用是指企业为组织和管理生产经营活动所发生的费用。它包括企业行政管理部门在企业经营中发生的,或应由企业统一负担的公司经费,如行政管理部门职工工资、折旧费、修理费、低值易耗品摊销、办公费和差旅费等,管理费用还包括无形资产摊销、咨询费、诉讼费、房产税、工会经费、技术转让费、职工教育经费、研究开发费、提取的职工福利基金和坏账准备金等。

③财务费用是企业在筹资等财务活动中发生的费用。它包括企业经营期间发生的利息净支出、汇兑净损失、金融机构手续费以及因筹集资金而发生的其他费用等。

(二) 成本费用的确认原则

在成本核算时,确认某项资产耗费是否属于成本费用,其基本原则是配比原则和权责发生制原则。《企业会计准则》明确指出:会计核算应当以权责发生制为基础。收入与其相关的成本、费用应当相互配比。由于企业购置资产完全是为了取得收入,只有资产不断转换为成本或费用,并从收入中得到抵补,企业的生产经营活动才能持续下去。具体来说,这种配比有以下3种方式。

(1) 直接配比。如果某项资产的耗费与取得的收入之间具有直接因果关系,就可直接将发生的资产耗费计入某一具体的成本计算对象之中,这种方式叫直接配比,如直接材料、直接人工等,构成生产成本。

(2) 间接配比。如果无法满足直接配比,就需要采用合理的方法,将多种收入共同耗用的费用按一定比例或标准再分配到各种劳动中去,这种配比叫间接配比,如制造费用等。

(3) 期间配比。费用与企业一定期间收入相联系,就叫期间配比。按权责发生制确认成本费用,就是对本期发生的成本费用按其是否应发生在本期为标准来确认的,凡是应在本期发生的成本费用,不论其是否在本期实际支付,均作为本期的成本费用;反之,凡是不应在本期发生的成本费用,即便在本期支付,也不作为本期的成本费用处理。

(三) 成本费用管理的任务和要求

1. 成本费用管理的任务

成本费用管理的基本任务,就是通过预测、计划、控制、核算、分析与考核来反映企业的生产经营成果,挖掘降低成本的潜力,努力减少费用支出。汽车服务企业的成本费用管理工作,要随着企业经营机制的转换,从思想观念到业务技术等方面实现彻底的转变,要由单纯执行性的成本费用管理转化为决策性与执行性并重的成本费用管理。这就要求企业的成本费用管理从传统的反映、监督扩展到成本费用预测、计划、控制、核算、分析与考核上来,实现全方位的成本费用管理;从单方面的生产过程成本管理扩展到企业资金筹集、项目可行性研究、服务方式、物资采购供应、生产与控制等全过程的成本费用管理;从单纯财务会计部门管理扩展到生产、技术、经营部门管理;从仅仅依靠财务会计人员扩展到上至企业领导下至每位职员的全员成本管理。

2. 企业成本费用管理的要求

(1) 努力降低生产消耗,提高经济效益。汽车服务企业的一切经营管理工作,都要围绕提高经济效益这一中心来开展。在市场经济条件下,对于多数企业来讲,微观经济运行的目标只能是利润最大化。这个目标的实现,固然首先取决于企业的生产经营规模,即经营业务量的大小,但是生产经营费用的高低,同样处于决定性的地位。降低成本与提高业务量都可增加企业利润,但降低成本要比提高业务量来得更快、更有效。因此,在成本费用管理中,必须努力降低生产消耗,下大力气降低成本,只有这样,才能显著提高企业的经济效益。

(2) 实行全员成本管理。汽车服务企业成本费用的形成,与企业的全体职员有关。因此要把成本降低任务的指标和要求落实到企业内部各职能部门,充分发挥它们在成本管理中的积极作用。要把成本费用计划,按照全员成本管理的要求,按部门分别落实责任指标,定期考核执行情况,分析成本费用升降的原因,做到分工明确、职责清楚、奖惩合理。

(3) 划清费用界限,正确计算成本。企业必须按照权责发生制原则计算成本。凡是应由本期产品负担的费用,不论其款项是否支付,均应计入本期的成本和费用;凡是不属于本期产品负担的费用,即使款项在本期支付,也不应计入本期的成本和费用。

企业的成本核算资料必须正确完整,如实反映生产经营过程中的各种消耗。对生产经营过程中所发生的各项费用,必须设置必要的生产费用账簿,以审核无误、手续齐备的原始凭证为依据,按照成本核算对象,把成本项目、费用项目按部门进行核算,做到真实准确、完整及时。

(4) 加强成本考核工作。成本考核是企业对内部各成本责任中心定期考查,审核其成本计划指标的完成情况,并评价其成本管理工作的成绩。通过成本考核,可以督促各成本责任中心按时完成成本计划,也能全面、正确地了解企业成本管理工作的质量和效果。成本考核以成本计划指标作为考核的标准,以成本核算资料作为考核的依据,以成本分析结果作为评价的基础。

二、汽车服务企业的目标成本管理

目标成本管理最早产生于美国,后来传入日本、西欧等地,并得到了广泛应用。日本将目标成本管理方法与本国独特的经营机制相结合,形成了以丰田生产方式为代表的成本企划。在20世纪80年代,目标成本管理传入我国,先是机械工业企业扩展了目标成本管理的内涵与外延,实行全过程的目标成本管理;到了90年代,形成了以邯钢经验为代表的具有中国特色的目标成本管理。

目标成本管理就是在企业预算的基础上,根据企业的经营目标,在成本预测、成本决策、测定目标成本的基础上,进行目标成本的分解、控制、分析、考核、评价的一系列成本管理工作。它以管理为核心,以核算为手段,以效益为目的,对成本进行事前测定、日常控制和事后考核,使成本由少数人核算到多数人管理,成本管理由核算型变为核算管理型;并将产品成本由传统的事后算账发展到事前控制,为各部门控制成本提出了明确的目标,从而形成一个全企业、全过程、全员的多层次、多方位的成本体系,以达到少投入多产出,获得最佳经济效益的目的。因此,它是企业降低成本、增加盈利和提高企业管理水平的有效方法。

(一) 目标成本的主要影响因素

目标成本控制应具有连续性,所以目标成本的确定、净成本劣势的计算和消除、成本管理的改进战略等,都与以下两个因素有关。

1. 产品的生命周期

产品生命周期一般分为4个阶段:进入期(又称导入期或引入期)、成长期、成熟期和衰退期,如图 5-1 和表 5-4 所示。

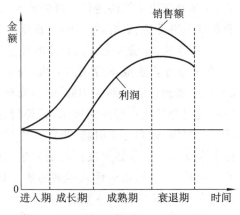

图 5-1 产品生命周期

表 5-4 产品生命周期不同阶段的特征

阶 段	进 入 期	成 长 期	成 熟 期	衰 退 期
销售额	低	快速增长	缓慢增长	衰退
利润	易变动	顶峰	下降	低或无
现金流量	负数	适度	高	低
顾客	创新使用者	大多数人	大多数人	落后者
竞争者	稀少	渐多	最多	渐少
管理重心	扩张市场	渗透市场	保持市场占有率	保持或收割

在进入期,产品是全新的;在成长期,产品逐渐被消费者接受,销售量快速上升;在成熟期,销售量保持稳定直到衰退期。产品生命周期每一阶段时间的长短是产品自身的特点和企业各职能部门的功能强弱决定的。再者,由于技术、市场的变化,许多产品在达到成熟期以前已经过时,如微型计算机产业。产品生命周期各阶段的特点决定了其成本控制也应有不同的侧重点。在进入期,企业不需要过多关注竞争对手来进行目标成本分析,因为在这个时期,企业在市场上处于领先地位,而且产品成本结构不稳定。在成长期,产品的成本结构显得比较稳定,所有劳动密集型作业和许多机器密集型作业,会在这个阶段经历学习曲线效应。最可靠的产品成本结构出现在生命周期的成熟期,在这个时期,产品成本最稳定。处于衰退期的产品成本是最不可靠的。因此,关注竞争对手并进行目标成本分析,主要是在产品生命周期的成熟期阶段,并结合其他因素做适当调整。

2. 反求工程

反求工程(逆向工程)是近年来发展起来的消化、吸收和提高先进技术的一系列分析方法和应用技术的组合,其主要目的是改善技术水平,提高生产率,增强经济竞争力。世界各国在经济技术发展中,应用反求工程消化吸收先进技术经验,带给人们有益的启示。反求工程作为掌握技术的一种手段,可使产品研制周期缩短百分之四十以上,极大地提高了生产率。因此,研究反求工程技术,对我国国民经济的发展和科学技术水平的提高,具有重大的意义。

反求工程技术是测量技术、数据处理技术、图形处理技术和加工技术相结合的一门结合性技术,随着计算机技术的飞速发展和上述单元技术的逐渐成熟,近年来在新产品设计开发中愈来愈多地得到应用。因为在产品开发过程中需要以实物(样件)作为设计依据、参考模型或作为最终验证依据时尤其需要应用该项技术,所以在汽车、摩托车的外形覆盖件和内装饰件的设计,家电产品外形设计及艺术品复制中对反求工程技术的应用需求尤为迫切。

(二)确定目标成本的基本程序

1. 确定竞争对手

为了保持竞争力,必须找到在成本管理方面做得非常好的竞争对手。

2. 搜集信息资料

根据确定的竞争对手,计算和详细列示每一竞争对手的目标成本。搜集信息资料,可以使用公开信息(如企业的年度财务报告),或参加相关的研讨会、年会,或查阅政府文件和商业数据库等。企业不仅要从各种可能的信息源中取得竞争对手的成本资料,还要估计和测算竞争对手所用的战略、政策、计划、规划等。

3. 处理信息

根据上一步搜集到的资料,测算竞争对手现在的成本和将来的成本发展趋势。

4. 计算净成本劣势

在充分占有资料,并经过检验、修正和更新之后,就可计算出竞争对手的成本,再依据竞争对手成本的改善值及企业拥有的价值优势(如名牌、地理优势等)进行调整,从而确定最终的目标成本。目标成本减去企业的实际成本即为企业相对于其竞争对手的净成本劣势(或优势)。

目标成本管理中用得较多的目标成本测算方法是"倒扣法",它是先确定目标利润,然后从产品的预期售价中减去税金和目标利润,余额就是企业要努力实现的目标成本。这种方法可用公式表述为

$$目标成本 = 产品预期售价 \times (1 - 税率) - 目标利润$$

需要注意的是,在竞争环境中,价格和利润并不是由企业的管理层决定的,而是由外部竞争条件决定的,企业只能是价格的接受者,而不是决定者。预期售价是顾客愿意支付的价格,其估计是建立在顾客认知价格和竞争者的反映基础之上的。目标利润是指最好的竞争者拥有或要求的利润。

目标成本是以市场和竞争者(同行业中成本管理的领先者)为参照系所确定的,用来与本企业成本进行对比的成本。目标成本的计算应以顾客为导向,它以顾客认可的价格、功能、需求量等因素为出发点,可以称为"价格驱动成本计算法"。为了确定具有市场竞争力的目标成本,企业必须在进行全面质量管理(TQM)和作业成本管理(ABM)的同时,分解和剖析竞争对手的成本结构和作业情况。

5. 编制目标成本报告

目标成本报告要强调成本劣势的具体原因,诸如原材料成本、劳动力成本等,以便管理者制定目标和战略,尽可能消除这种成本劣势,以增加产品的竞争力。

没有比较,就没有进步,在激烈的市场竞争条件下,在成本管理中引入竞争因素,将成本、客户和竞争者三者同时考虑,把 TQM 和 ABM 等结合起来,实施目标成本管理系统,是实现企业竞争优势的有力工具之一。

（三）目标成本管理的实施原则

1. 价格引导的成本管理

目标成本管理体系以具有竞争性的市场价格减去期望利润来确定成本目标，价格通常由市场上的竞争情况决定，目标利润则由公司及其所在行业的财务状况决定。

2. 关注顾客

目标成本管理体系由市场驱动。顾客对质量、价格、时间的要求在产品及流程设计决策中应同时考虑，并以此引导成本分析。

3. 关注产品与流程设计

在设计阶段投入更多的时间。消除那些昂贵而又费时的、暂时不必要的改动，以缩短产品投放市场的时间。

4. 跨职能合作

目标成本管理体系下，产品与流程团队由来自各个职能部门的成员组成，包括设计与制造部门、生产部门、销售部门、原材料采购部门、成本会计部门等。跨职能团队要对整个产品负责，而不是各职能部门各司其职。

5. 生命周期成本削减

目标成本管理关注产品整个生命周期的成本，包括购买价格、使用成本、维护与修理成本以及处置成本。它的目标是实现产品生命周期成本最小化。

6. 价值链参与

目标成本管理过程有赖于价值链上全部成员的参与，包括供应商、批发商、零售商以及服务提供商。

三、目标成本管理的基本内容

（一）目标成本的制定与核算

目标成本的制定与核算需要根据企业成本特性及有关数据资料，结合汽车服务企业发展的前景和趋势，采用科学的分析方法，对一定时期的业务成本水平、成本目标进行预计和测算。其主要内容是进行目标成本预测。

1. 目标成本预测的工作内容

目标成本是实现目标利润、提高企业经济效益的基础，是在预先确定目标利润的前提下提出的，从而使目标成本带有很大的强制性，成为不得超过的硬指标。目标成本是市场激烈竞争中的必然产物，必须具有市场竞争力，从而使得目标成本具有先进性和权威性。正常情况下，目标成本应比已经达到的实际成本要低，但应该是经过努力可以实现的。正确地预测和制定目标成本，对于挖掘企业降低成本的潜力、编制先进可行的成本计划和实现企业经营目标具有重要的作用。

目标成本预测需要做好大量工作，主要有：全面进行市场调查，掌握市场需求情况，预测市场的需求数量及其变化规律，掌握产品价格变动情况；进行企业内部调查，预测企业生产技术、生产能力和经营管理可能发生的变化，掌握企业生产费用的增减和成本升降的有关资料及其影响因素和影响程度；根据企业内外部的各种资料和市场发展趋势，预测目标收入，根据目标收入计算目标利润。

2. 目标成本预测的方法

(1) 目标利润法。目标利润法又称"倒扣计算法"或"余额计算法",其特点是"保利润、挤成本"。它是先制定目标利润,随后考虑税金、期间费用等项目,推算出目标成本的大小。可见,目标成本是以目标利润为前提的,带有一定的强制性。其测算公式为

$$目标成本 = 预测经营收入 - 应纳税金 - 目标利润 - 期间费用$$

(2) 选择某一先进成本作为目标成本。该成本既可以是企业历史上最好的成本水平,也可以是按先进定额制定的标准成本。这种方法较简单,但要注意可行性。如果条件发生变化,就不能生搬硬套,要及时修正或调整。

(3) 根据企业上年实际平均单位成本和计划年度成本降低任务来测算出目标成本。其测算公式为

$$单位目标成本 = 上年实际平均单位成本 \times (1 - 计划期成本降低率)$$

确定目标成本还必须掌握充分的调查资料,主要是市场需求情况,所需材料、燃料、零配件价格变动情况,本企业的生产技术、经营管理水平等对生产能力的影响,有关的统计资料,上期成本升降情况的分析等。在调查研究的基础上进行成本预测,使目标成本既先进又切实可行,这样的目标成本就可以作为计划成本,并据以编制成本计划。

(二)目标成本控制

广义的成本控制是指管理者对任何必要作业所采取的手段,目的是以最低的成本达到预先规定的质量和数量。它是成本管理的同义词,包括了一切降低成本的努力。狭义的成本控制是指运用以成本会计为主的各种方法,预定成本限额,按限额开支成本和费用,以实际成本与成本限额进行比较,衡量企业经营活动的成绩和效果,并以例外管理原则纠正不利差异,以提高工作效率。

目标成本是指根据预计可实现的销售收入扣除目标利润计算出来的成本。目标成本是20世纪50年代出现的,是成本管理和目标管理相结合的产物,强调对成本实行目标管理。目标成本的制定,从企业的总目标开始,逐级分解成基层的具体目标。制定时强调执行人自己参与,专业人员协助,以发挥各级管理人员和全体员工的积极性和创造性。

1. 目标成本控制的要点

(1) 初步在最高层设置目标,并以此作为一切工作的中心,起到指导资源分配、激励员工努力工作和评价经营成效的作用。总目标将来要转化为分公司或部门的目标,一直到最底层的目标,但它是试验性的,下级在拟订考核的子目标时,可对其进行修订。如果强制分派任务,则不可能唤起责任意识。

(2) 依组织结构关系将总目标分解,明确每个目标和子目标都应有一个责任中心和主要负责人,并明确其应完成的任务和应承担的责任。

(3) 拟定目标的过程在一定程度上是自上而下和自下而上的反复循环过程,在循环中发现问题,总结经验,及时解决。

2. 目标成本控制的方法

目标成本是根据预计销售收入和目标利润计算出来的,即目标成本等于预计销售收入减去目标利润。通过预计目标利润就可以初步确定目标成本,目标成本可采用目标利润率法和上年利润基数法确定。

(1) 目标利润率法。

$$目标利润＝预计销售收入×同类企业平均销售利润率$$

或

$$目标利润＝本企业净资产×同类企业平均净资产利润率$$

或

$$目标利润＝本企业总资产×同类企业平均资产利润率$$

例 5-3 某汽车维修企业某一型号轮胎的同业平均销售利润率为 3.671%，预计本年销售量为 26.5 万个，市场价格为 1 080 元/个，则：

$$目标利润＝预计销售收入×同类企业平均销售利润率$$
$$＝26.5 万个×1 080 元/个×3.671\%＝1 050 万元$$
$$目标总成本＝26.5 万个×1080 元/个－1050 万元＝27 570 万元$$
$$目标单位成本＝27 570 万元÷26.5 万个＝1 040 元/个$$

采用目标利润率法的理由：本企业必须达到同类企业的平均报酬水平，才能在竞争中生存。有的企业使用同行业先进水平的利润率进行目标成本预计，其理由是别人能办到的事情我们也应该能办到。

(2) 上年利润基数法。

$$目标利润＝上年利润×年利润增长率$$

采用上年利润基数法的理由：未来是历史的继续，应考虑现有基础（上年利润）；未来不会重复历史，要预计未来的变化（利润增长率），包括环境的改变和自身的进步。

按上述方法计算出的目标成本只是初步设想，提供了一个分析问题的合乎需要的起点，它不一定完全符合实际，还需要对其可行性进行分析。

企业按分解的责任指标，控制各责任单位的生产经营活动，而目标成本的日常控制由责任单位自理，上下级存在指导与督促关系。用会计核算方法进行目标成本核算，用电算化手段对目标成本的实施进行记录、计算、汇总，可系统地反映目标成本的执行情况，这对发现执行中的问题极为方便。

(三) 目标成本的考评与奖惩

对责任单位和个人所承担的技术经济责任指标进行层层考核与合理评价，是开展目标成本管理的关键。它关系到激励机制的建立和完善，并促使职工节约原材料和能源，以及减少废品损失和降低产品成本，使职工既注重产品的数量，又注重产品的质量。

四、应用目标管理应注意的问题

(一) 树立全新的成本管理观念，强化员工的成本意识

企业应该打破传统的成本管理理念的束缚，在加强对产品生产过程中耗费的控制的同时，将成本管理的视野向前延伸至产品的市场需求分析、产品的研发设计和相关技术的发展水平；向后延伸到消费者对产品的使用、修理及处置为企业所带来的成本，把生命周期成本作为产品成本大小的衡量标准。同样，成本管理的范围应该突破企业内部的界限，企业应与上游零部件供应商和下游产品分销商等共同努力，在整个价值链上共同进行成本控制。与此同时，还要强化全员的成本意识，强调以人为本、全员参与，把成本管理确定的奋斗目标变为员工的自觉行动，这对目标成本管理的有效实施具有重要意义。

（二）建立、健全与目标成本管理相适应的成本核算和控制制度

实行目标成本管理,需要建立一套与市场相适应的内部价格结算体系。企业内部各责任单元之间相互提供产品或劳务时,应该以产品或劳务的市场价格为依据进行统一结算,设定内部转移价格应以市场价格为依据,尽可能缩小与市场价格之间的差距。这样做有利于明确各责任单元的责任,为以后的目标成本考核奠定基础。

企业把根据产品战略和长期利润规划制定出的目标成本逐层分解后,要对实际成本的发生情况进行监控,克服和纠正所发生的偏差。目标成本的实现有赖于企业内部良好的成本控制制度,这就需要企业根据自身的组织结构,合理划分责任中心,对产品成本发生的全过程进行监控。各责任中心要定期编制成本控制报告,说明实际成本的发生情况,如果与目标成本有差异,找出实际成本与目标成本之间发生差异的原因,积极采取措施来纠正偏差,保证目标成本的实现。

（三）建立、健全信息管理系统,做好各种基础数据的搜集工作

企业实行目标成本管理需要来自多方面的大量信息,这些信息是实行目标成本管理的基础。主要包括产品定价和竞争者信息、各种成本数据、顾客需求信息以及供应商数据。这些数据有助于目标成本管理团队理解顾客需求,了解竞争产品及产品设计与产品成本之间的关系,是实行目标成本管理所必需的,关系到目标成本管理的成败。

（四）将目标成本与责任成本相结合,建立责任会计系统

在目标成本管理中,将目标成本的确定、分解、控制等与责任会计相结合,就可以将其转化为责任成本来控制和管理企业。可以将目标成本纳入责任会计系统,以目标成本为基础编制责任预算,核算目标成本的发生情况,明确各部门对成本管理的责任,对目标成本的完成情况进行考核,为奖惩制度提供客观依据。这体现了企业内部责、权、利的统一,使目标成本管理的推行与实施有了可靠的基础和切实的保证。

项目考核

汽车4S店出纳3年多截留200余万元挥霍一空

2008年10月,蔡某成功应聘为某汽车4S店出纳。由于该汽车4S店销售火爆,每天有大量的现金收入。看着大笔大笔的钱就这样通过自己的手存入银行,蔡某心动了。

2008年11月,在进入公司的第2个月,蔡某就壮着胆子偷偷地扣下了1 000元。"平安无事!"12月,蔡某又暗自截下了1 000元,结果发现公司财务部门对连续2个月都少了1 000元的事情一无所知。

这么容易就得手,还神不知鬼不觉的,于是蔡某的胆子开始大了起来。从2009年1月至2012年3月,蔡某以少存多报的方式,采取伪装银行存款凭证的方法,截留公司的销售款及汽车维修款200余万元。

"胆子太大了,每个月少则数万元,多的时候一个月甚至截留下20多万元。"鲤城公安分局经侦大队林警官说道,"购入金银首饰、黄金珠宝、汽车,装修自己的房子,购买高档家具,请客吃饭……"就这样,在3年多的时间内,蔡某将截留的200多万元挥霍一空。

2012年4月的一天,公司突然通知蔡某,要求对几年来的账目进行核对清查。一接到通

知,蔡某开始慌了,她自知一旦清查下去,自己只有进牢房一条道。于是,蔡某找到公司负责人,向其坦白了自己几年来的行为。公司老板闻讯后,要求其立即将贪污的款项归还。

在将自己的珠宝首饰、汽车等物品变卖后所得的24.8万元钱款归还后,面对尚欠的百万欠款及公司步步紧逼的还款要求,蔡某再也承受不了这巨大的压力。2012年5月25日,在家人的陪同下,蔡某向泉州鲤城警方投案自首。

分析思考:

1. 到任意一家4S店调研其资金管理制度,试总结其资金管理流程并分析其优缺点,探讨一下是否有更好的方案。

2. 在网上查找任意一家汽车服务企业的财务报告,试进行最基本的财务分析,并从财务管理角度为其经营管理提出意见。

项目 6
全面质量管理

◀ **学习目标**

(1) 了解质量管理的相关知识。

(2) 掌握汽车服务企业的全面质量管理方法。

(3) 掌握质量管理的分析方法。

【项目引入】

某航空公司成立于1986年,在实施整合管理体系时(2001—2002年),它是西班牙第二大航空公司,拥有52架飞机和2 800名员工。

该公司一直注重产品和服务质量。1995年,它在地勤作业方面通过了ISO 9002质量体系认证,随后又通过了ISO 14001和JAR145、JAROPS1标准认证。后者是由欧洲联合航空局(JAA)颁布的名为《联合航空要求》(JAR)的欧洲航空质量和安全要求,在西班牙属于强制执行的标准。这些标准需要各个相对独立和分散的管理体系经由不同的文件和组织结构分别执行。

该公司内有这样一种看法:这些独立的体系造成了重复消耗资源、效率低下、缺乏沟通以及公司战略得不到有效实施——简言之,缺乏效率和效能。

尽管从某种程度上看,这些现象在航空业这个特别的领域被认为是合情合理而又不可避免的,但该公司仍决定对体系和目标进行整合,以减少问题的发生。该公司致力于全面施行被称为公司质量体系(CQS)的整合管理体系。公司设定的质量和环境的指导方针加强了设计、执行项目的可行性。此外,该公司还于几年前展开了审计的整合工作,包括健康与安全、保障、运营与质量要求等,由此取得的良好成效增进了员工对执行一项新整合项目——"管理体系整合"的理解和投入。

体系整合的目标在于建立一个涵盖政策、指针和要求等的全局性整合管理体系,从而避免公司管理的片段式运营以及由此产生的成本。

通过对整合管理体系的探讨,该公司以PDCA循环(计划—执行—检查—处置)为基础,编写了公司质量手册(CQM),并通过了元胞式实施标准,产生了一系列有形和无形效益,具体如下:

(1) 战略规划的改善:整合管理体系成为每个部门唯一的体系要求,因此提高了整个战略规划进程。

(2) 全局观的养成和更好的决策能力:公司大多数人都能获得阐述了组织、政策、管理方针和公司主要流程的核心手册。因此,公司全貌得以呈现,员工有了开展工作以及进行决策的准则。

(3) 资源有效利用率的提高:减少流程和程序的叠加重复以及消耗在审计记录复核上的时间,因而节省了开支。

(4) 沟通的加强:员工越来越深刻地意识到存在于不同标准和流程之间的关系,因此,整合管理体系促进了不同流程单元间知识的产生和交流。

(5) 人员积极性的提高:质量手册的全局性视野和流程导向增强了员工的归属感和企业的凝聚力,甚至增强了一直处于重要独立层面的专家团队的向心力。人员积极性提高的另一个原因是管理和审计资源的最优化利用。

(6) 更强的客户导向:该成效源于一系列旨在加强客户导向性的沟通和培训,以及流程管理方法的运用。

(7) 文化变革的完成:增强了领导力、团队协作能力和持续发展能力。文化变革使得该公司后来迅速加入航空联盟并采用了欧洲质量管理基金会卓越模式。

(8) 促进企业良好形象的树立:更高效的运营流程和更优的资源利用对财务产生了积极

影响,为公司树立了更良好的形象。同时,作为第一家实际采用整合管理体系的航空公司,它也被视为业界革新者。

【相关知识】

任务1　质量管理概述

质量关系到企业的生存和发展,对于汽车服务企业而言更是如此。当今社会,服务经济在社会经济生活中所占的比例越来越大,而传统质量管理研究的内容侧重于制造业及产品,其理论已不完全适用于新的领域,所以有必要对提供服务的活动做专门的质量管理研究。从汽车的造型、设计、制造,到汽车的销售,客户对汽车的购置、使用、美容、维修、保养、零部件供给等,无不充满市场、社会对汽车服务企业高水平服务质量的要求。

服务质量水平将决定企业的未来。如果企业进入市场后不能在质量、品种、价格和售后服务方面取得优势,就难以在日益激烈的市场竞争中求得生存和发展。在市场经济条件下,强化以质量为核心的经营管理,走质量效益型的发展道路,已成为企业管理的共识。

一、质量的定义

质量是人们熟悉、广泛使用的生活用词。国际标准化组织(ISO)颁布的《质量管理和质量保证　术语》中把质量定义为"反映实体满足明确和隐含需要的能力的特性总和"。质量是指一组固有特性满足要求的程度,最初用于产品,以后逐步扩展至服务、过程、体系和组织,以及上述几项的组合。从这一概念可以理解:质量的内涵是由一组固有特性组成,并且这些固有特性是以满足顾客及其他相关方所需求的能力加以标记。质量具有如下特性。

1. 经济性

价廉物美反映了人们的价值取向,物有所值则是质量经济性的表现。顾客和组织关注质量的角度不同,但对经济性的考虑是一样的。经济性意味着以最少的投入,获得最大的效益。

2. 广义性

在质量管理体系所涉及的范围内,组织的相关方对产品、过程或体系都有可能提出要求,而产品、过程或体系又都具有固有特性,因此质量不仅指产品质量,也可以指过程和体系质量。

3. 时效性

顾客和其他相关方对组织和产品、过程和体系的需求和期望是不断变化的,组织应不断调整对质量的要求来满足顾客及其他相关方的需求和期望。

4. 相对性

顾客和其他相关方的多样性使得不同的需求对应的质量要求不同,只有满足需求的产品才被认为是好的产品。

随着经济的发展和社会的进步,人们对质量的要求不断提高,质量的概念也随之不断深化、发展,具有代表性的有"符合性质量""通用性质量""广义性质量"等。

(1) 符合性质量的概念。以"符合"现行标准程度作为衡量依据,符合标准就是合格的产品质量,符合标准的程度反映了产品质量的一致性。但随着科技的进步,过去认为先进的标准现在可能已经落后。长期以来,人们认为产品只要符合标准就满足了顾客的需求,这种观念已经不能适应新时代的要求,即百分之百符合落后标准的产品也不能认为是质量好的产品。同时,"规格""标准"不可能将顾客的各种需求和期望都体现出来,特别是隐含的需求和期望。

(2) 适用性质量的概念。从使用角度定义产品质量,以适合顾客需要的程度作为衡量依据,认为产品的质量就是产品的"适用性",即"产品在使用时能成功地满足顾客需要的程度"。质量从符合性发展到适用性,体现了人们对质量的认识逐步把顾客的需求放在首位。顾客对他们消费的产品和服务有不同的需求和期望,这意味着组织要从"使用要求"和"满意程度"两方面去理解质量的实质,去更好地满足顾客的需求和期望。

(3) 广义性质量的概念。ISO 总结不同的质量概念并加以归纳提高,逐步形成人们公认的名词术语,即"质量是一组固有特性满足要求的程度"。这一含义十分广泛,既反映了要符合标准的要求,也反映了要满足顾客的要求,综合了符合性和适用性的含义。

21 世纪的质量概念、质量意识、质量文化、质量战略以及质量在世界经济与社会发展中的地位和作用,都有深刻的变化。ISO 9000 标准给出的关于质量的概念是广义的,代表了当前的最新认识。

二、质量的构成

1. 汽车服务企业"产品"组成要素

为了统一对产品质量和服务质量的认识,人们赋予质量以新的内涵。从总体上说,质量的概念应包含两个方面,即技术质量和功能质量。前者指产品或服务的技术性能,后者指产品或服务的消费感受。对于产品来说,总体质量主要取决于技术质量;就服务而言,功能质量的重要性远远高过技术质量。所以,服务质量主要取决于顾客的感受和认识。当顾客觉得企业的服务满足了他的需求时,他会对服务质量评价较高,反之则较低。由于服务比有形产品有着更多难以把握、难以标准化的特征,因此服务质量比产品质量更难管理。

对汽车服务企业而言,其产品就是"服务",对产品质量的评估是在服务传递过程中进行的。顾客对服务质量的满意程度,可以通过其对服务的实际感知与对服务的期望值之间的比较来确定。当实际感知超出期望值时,服务被认为具有特别质量,顾客对质量评价较高;当没有达到期望值时,服务将不被接受;当感知与期望值一致时,质量是令顾客满意的。对汽车服务企业来说,服务质量可从可靠性、功能性、经济性、时间性、保证性、移情性、有形性等 7 个方面进行判断。

(1) 可靠性。可靠性是指可靠、准确地履行服务承诺的能力。可靠的服务是顾客所希望得到的,它意味着服务以相同的方式、无差错地准时完成。

(2) 功能性。功能性是指企业所提供的服务范畴、服务方式、服务性能等方面以人为本,最大限度地满足顾客的需求,方便顾客。

(3) 经济性。经济性是指企业所提供服务的价格及为完成服务所需相关费用的总和是合理的。

(4) 时间性。时间性是指为顾客准时、及时地提供服务的可能性。让顾客等待,特别是无原因的等待,会对质量感知造成不必要的消极影响。当出现服务失败时,迅速解决问题会给质量感知带来积极的影响。

(5) 保证性。保证性是指员工所具有的知识、礼节以及表现出自信与可信的能力。保证性包括如下特征：完成服务的能力，对顾客的尊重，与顾客的有效沟通，将顾客最关心的事放在心上的态度。

(6) 移情性。移情性是指设身处地地为顾客着想，并对顾客给予特别的关注。移情性有下列特点：接近顾客的能力强，能有效地理解顾客需求。例如，服务员为误车的顾客着想，努力找出问题所在并迅速解决问题。

(7) 有形性。有形性是指有形的设施、设备、人员和沟通渠道等，包括服务人员对顾客细致的照顾和关心的有形表现。对这方面的评价（如环境卫生）可延伸至其他正在接受服务的顾客的行动上。

顾客从这 7 个方面出发，将预期的服务和已接受的服务进行比较，最终形成自己对服务质量的判断。期望值与实际感知之间的差距是服务质量的量度。从满意度看，既可能是正面的，也可能是负面的。

2. 汽车服务企业"产品"质量的范围

对于汽车服务企业，可以从内容、过程、结构、结果及影响等 5 个方面考察其质量。

(1) 内容。它主要考察服务系统是否遵循标准化程序。对日常服务而言，标准作业流程已经制定，要求服务者遵守这些既定程序。

(2) 过程。它主要考察服务过程的时间顺序是否恰当。基本的原则是要保持活动的逻辑顺序和对服务资源的协调利用。应对顾客和服务人员之间的交流过程，以及服务人员之间的交互和沟通过程进行监控。

(3) 结构。它主要考察服务系统的有形设施是否充足，组织设计是否完善。有形设施和辅助设备只是结构的一部分，人员资格和组织设计也是重要的质量因素。

(4) 结果。它主要考察服务会导致哪些状况的改变。服务质量的最终测量要反映最终结果。顾客抱怨是反映质量结果的最有效的指标之一。对公共服务而言，通常的假设是，除非抱怨水平开始上升，否则现状就是可以接受的。通过跟踪一些指标（如抱怨数量），就可以得知服务结果质量的变化。

(5) 影响。它主要考察服务对顾客的长期影响。值得注意的是，这种影响必须包括对服务易获性的衡量，迫切需要那些能规划并出色地提供创新服务的管理者。

3. 汽车服务企业"产品"质量的形成

任何产品都是为了满足用户特定的需要而产生的，产品质量体现了产品的使用价值。工业企业最终以产品的适用性来满足用户的需求，而汽车服务企业最终以服务的可靠性、功能性、经济性、时间性、保证性、移情性、有形性等来满足用户的需求。

产品质量不是检验出来的，它有一个逐步实现的过程，这一过程可以用美国质量管理学家朱兰（J. M. Juran）提出的螺旋曲线来表示。朱兰质量螺旋曲线用一条螺旋式上升的曲线来表现产品质量形成的客观规律（见图 6-1）。从朱兰质量螺旋曲线可以看出：

(1) 产品质量形成的全过程包括 12 个环节。市场研究、开发（研制）、设计、制定产品规格、制定工艺、采购、仪器仪表及设备装置、生产制造、工序控制、检验、销售、售后服务，这 12 个环节构成了一个系统。

(2) 产品质量的形成和发展是一个循序渐进的过程。12 个环节构成一轮循环，每经过一轮循环，产品质量就有所提高。产品质量的提高在一轮又一轮的循环中，总是在原有基础上有

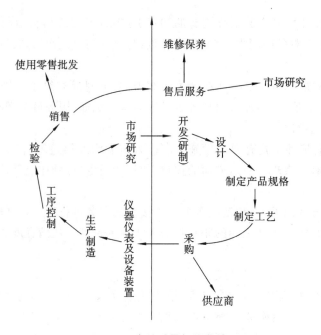

图 6-1 朱兰质量螺旋曲线

所改进、有所突破,且连绵不断、永无止境。

(3)作为一个质量系统,其目标的实现取决于每个环节质量职能的落实和各环节之间的协调配合。因此,必须对质量形成的全过程进行计划、组织和控制。

(4)质量系统是一个开放系统,与外部环境有密切的联系。这种联系既可以是直接的,也可以是间接的。如采购环节和物料供应商有联系,销售环节和用户有联系,市场研究环节和产品市场有联系等。

(5)产品质量形成过程的每一个环节都要依靠人去完成,人的质量及对人的管理是过程质量及工作质量的基本保证。所以,人是产品质量形成过程中最重要、最具能动性的因素。全面质量管理十分重视人的因素,其理论根源正在于此。朱兰质量螺旋曲线深刻而形象地揭示了产品质量形成的客观规律,与它有异曲同工之妙的常见表达还有质量循环图和质量环。

质量循环图是瑞典的质量管理专家桑德霍姆(L. Sandholm)提出的。质量环有较广的应用,所谓质量环是指"从识别需要到评定这些需要是否得到满足的各阶段中,影响质量的相互作用活动的概念模式"(ISO 8402:1994)。产品质量循环图如图 6-2 所示。

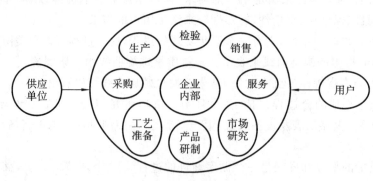

图 6-2 产品质量循环图

质量循环图和质量环的内涵与质量螺旋曲线相同,只是对产品质量形成过程中环节的划分(及环节的数目)略有差别。产品质量形成规律是现代质量管理的理论基础。

> **知识拓展**

企业质量管理的发展历程

自从有了手工业生产,就出现了质量管理的萌芽,但是作为科学管理方法,它只有几十年的历史。质量管理经历了一个由低级到高级、由片面到全面的发展过程,大体分为3个阶段。

1. 质量检验阶段

大约从20世纪初到20世纪40年代,美国一些企业将质量检验作为一种专门的工序,从直接生产工序里划分出来,企业出现了检验组织和专职检验人员,他们的职责是对产品进行筛选,不合格的产品不准出厂。这一阶段的质量管理的最大特点是事后把关,虽然产品质量有了保证,但检验出的废品造成的损失无可挽回,是一种消极的质量管理。此阶段存在的问题是设计人员、生产人员、检验人员之间缺乏协调配合。

2. 统计质量控制阶段

从20世纪40—50年代开始,质量管理除了严格把关以外,在产品的生产制造过程中还利用数理统计的原理,控制影响产品质量的各种因素,做到预防为主。统计质量控制是对生产过程随时进行观察,当生产出现不正常的情况,或有产生废品的趋势时,能发出警告,寻找生产不正常的原因,并及时采取措施,预防不合格品的出现。因此,这一阶段在质量管理的发展上是一个很大的转折,使质量管理从事后把关转入事前预防,从消极管理转向积极管理,既能提高质量,又能减少废品损失、降低成本,效果十分显著。但是由于片面强调数理统计方法,忽视了组织管理工作在质量管理中的作用,再加上这种方法仅对产品制造过程进行控制,对影响产品质量的其他因素却无能为力,因此还不够完善。

3. 全面质量管理阶段

20世纪50年代后期,随着科技的发展和高精尖产品的出现,对质量控制提出了更高的要求。许多企业认识到,光靠统计质量控制已不能满足要求,要对设计、制造、生产以及产品使用等所有环节都进行质量管理。20世纪60年代初,美国通用电气公司的菲根鲍姆博士首先提出了全面质量管理(TQM)的概念,把质量管理的范围扩展到了所有对产品有影响的因素,把预防不合格品的措施渗透到所有与质量有关的环节中,把经营管理、生产技术和统计方法三者有机地结合起来,形成了一套比较完整的管理体系,以确保产品的高质量。

所谓全面质量管理,就是依靠企业全体职工与有关部门同心协力,把专业技术、经营管理、数理统计和思想教育结合起来,建立产品的研究设计、生产制造、售后服务等活动全过程的质量保证体系,从而有效地研究和生产出在质量、价格、交货期和数量方面让客户满意的产品。其基本核心是强调提高人的工作质量,保证和提高产品质量,达到全面提高企业与社会经济效益的目的。

> 现代企业全面质量管理的特点概括起来可归纳为"四全三性"。所谓"四全",是指全企业的质量管理、全过程的质量管理、全员参加的质量管理和采用全面方法的质量管理。"三性"是指预防性、科学性与服务性。

任务 2　汽车服务企业的全面质量管理

一、全面质量管理的含义

全面质量管理(total quality management,TQM)是指一个组织以质量为中心,以全员参与为基础,目标在于通过让顾客满意和本组织所有成员和社会受益而达到长期成功的管理途径。全面质量管理适用于组织的所有管理活动和所有的相关方。全面质量管理思想被认为是质量管理的最高境界,它强调了组织应以质量为中心,所有部门和所有层次的人员都要参与,并接受教育培训,谋求长期的经济效益和社会效益。其特点有以下几种。

(一) 全过程和全员参与

产品质量的好坏不仅取决于最后的检验把关,更重要的是产品形成的全过程。只有对需求设计、开发、采购、生产运作、测量监控、销售、服务等环节实行严格的质量管理,才能保证和提高产品质量。全过程的管理充分体现了质量管理工作必须贯彻"预防第一"的要求,把管理重点从事后检验转到事前控制上来,消除各种隐患,形成能稳定生产合格品的生产经营系统。现代化大生产结构复杂,各部分之间联系密切,必须调动人的积极性,发挥人的主观能动性,使全体人员都参与到质量管理工作中来,促进组织内部各职能部门和业务部门之间的横向合作,并依靠有关质量的立法和必要的行政手段等激励和处罚措施,使所有部门和全体员工都能有效发挥其质量职能,从而提高产品质量和服务质量。

(二) 提高组织各方和全社会的效益

全面质量管理强调让顾客满意,为本单位成员和社会谋求长期的经济效益和社会效益,即以提高包括本组织效益在内的、以质量成效为核心的整个社会的综合效益为宗旨。全面质量管理中所说的用户和对象都是广义的。用户不仅指产品最终出厂后的直接用户,还包括组织内部产品各道工序的用户,即后一工序是前一工序的用户。应树立以用户为中心、服务用户的思想,使产品质量与服务质量尽可能地满足用户的要求。对象的意义同样广泛,用户评价产品质量通常以产品的适用程度、时间的持久性、使用的稳定性为依据。全面质量管理的对象是广义的质量。组织应以用户满意度为基准,不断对用户需要进行分析预测,注意掌握用户意见和需求,按用户要求规划质量目标、制定质量标准,不断提高产品的适用程度,同时不断开发、研制新产品,以满足用户需求的发展。

(三) 充分运用各种工具技术和方法

在现代化大生产和科学技术的实践中,质量管理形成了大批工具技术和方法,使得对质量管理工作进行定性和定量分析成为可能。全面质量管理广泛运用的各种方法中,统计方法是重要的组成部分,如回归分析、方差分析、多元分析、试验设计、时间序列分析等。另外还有很多非统计方法,常用的有所谓的老七种工具,即因果图、排列图、直方图、控制图、散布图、分层图、调查表;还有新七种工具,即关联图、KJ法、系统图、矩阵图、矩阵数据分析法、PDPC法、矢线图。除此之外,有一些新方法近年来得到了广泛的关注,如质量功能展开(QFD)、田口方法、故障模式和影响分析(FMEA)、头脑风暴法(brainstorming)、六西格玛法、水平对比法(benchmarking)、业务流程再造(BPR)等。

总之,影响质量的因素错综复杂,要把众多因素系统地控制起来。为了实现质量目标,必须综合应用各种先进的管理方法和技术手段,必须善于学习和引进国内外先进组织的经验,不断改进本组织的业务流程和工作方法,不断提高组织成员的质量意识和质量技能。

> **相关案例**
>
> 在中国古代,有一家三兄弟全是郎中。其中老三是名医,人们问他:"你们三兄弟谁的医术最高?"他回答说:"我常用猛药给病危者医治,偶尔有一些病危者被我救活,于是我的医术远近闻名,并成为名医。我二哥通常在人们刚刚生病的时候就治愈他们,临近村庄的人都说他是好郎中。我大哥不外出治病,他深知人们生病的原因,所以能够预防人们生病,他的医术只有我们家里人才知道。"

二、全面质量管理的基本任务

全面质量管理的任务是确定企业的质量目标、质量方针和质量策划,建立和健全质量保证体系,组织协调企业各个部门和全体职工运用先进技术和科学方法,贯彻执行产品(服务)质量标准,实施质量控制,根据顾客需求不断改善产品(服务)质量。

全面质量管理的基本任务可以概括为3个方面。

(一)确定企业的质量目标

在市场经济条件下,企业要在竞争中谋求生存和发展,不仅要有近期的质量目标,而且要确定长远的质量战略目标。在确定长远的质量战略目标时,要充分考虑企业内外条件,如国家建设规划和要求,国际、国内市场的需求及发展趋势,企业的经营方向、技术基础和生产条件等。通过明确的目标,引导组织活动,激发全体员工的积极性和创造性,进而衡量和监控各方面质量活动的绩效。只有明确质量目标,才能有针对性地、综合地、系统地推进全面质量管理工作。当质量目标确定以后,还要制定质量方针和实现质量目标的具体措施。

(二)制定企业质量规划

在规划中,要围绕所要达到的质量目标,落实可靠的技术、组织措施,包括资金来源、设备的改造和更新、人员的培训、研究开发计划,以及先进的质量管理方法的推广和应用等。同时,要把目标与任务通过指标分解的形式落实到各个部门、各个环节和各个工作岗位上,建立权、责、利统一的质量责任制度。

(三)建立和健全企业的质量保证体系

质量保证体系的根本任务就是通过对企业的质量控制,实现对用户的质量保证。全面质量管理要求由被动的"三包",即包修、包退、包换,发展为主动的"三保",即保证提供优质的产品、保证提供优质的配件、保证提供优质的服务。由此可见,一个企业建立一个有效的质量保证体系是实现质量目标和落实质量规划的关键。

三、建立和健全质量保证体系

(一)质量保证体系的概念

质量保证体系是指企业以提高产品质量为目标,用系统的观点和方法,把质量管理的各个过程、各个阶段、各个环节、各个岗位的质量管理活动合理地组织起来,形成一个有共同目标、权责利明确、互相协调、互相促进的有机整体。

(二)质量保证体系的类型

(1)按管理层次和工作范围建立质量保证体系,如全厂的质量保证体系、车间和科室的质量保证体系、工段或小组的质量保证体系等。

(2)按产品对象建立质量保证体系,如产品的质量保证体系、部件的质量保证体系、零件的质量保证体系等。

(3)按业务系统建立质量保证体系,如标准化工作质量保证体系、计量鉴定保证体系等。

(三)建立和健全质量保证体系工作

质量保证体系的主要工作有以下几项:

(1)制定质量计划体系。制定服务质量的综合计划,分项目、分时期、分部门设定具体计划,做到有进度、有检查、有分析,以保证实现质量改进措施,达到预期目标。

(2)建立质量信息反馈系统。信息反馈分为内部反馈和外部反馈,内部反馈来自企业和各相关单位的反应与合理化建议,外部反馈来自客户和国内、国际的同行等。

(3)建立质量检验工作体系。设置专门的质量仲裁机构,形成严密的质量检验工作体系。

(4)实行质量管理标准化、管理程序流程化。为企业各部门、各环节以及各工作岗位制定管理业务标准,明确其责任、权限和利益,并使管理程序流程化,通过绘制质量保证体系图,把各单位间的关系在全企业范围内联结起来。

(5)组织全面质量管理活动。组织全体职工参加质量管理活动,不断增强全体职工的质量意识,并使之掌握和运用质量管理的科学方法和专业技术。组织全面质量管理小组,把企业质量计划的实现建立在可靠的群众基础之上,这同时也是提高职工技术素质和管理素质的途径。

(6)建立综合质量管理机构。综合质量管理机构的职责在于统一组织、计划、协调、综合质量保证体系的活动,检查、督促各部门履行质量管理职责,开展质量管理教育和组织群众性质量管理活动。

四、全面质量管理实施的工作程序

(一)分析决策

实施全面质量管理常见的动因有:组织有成为世界级组织的远景构想;组织希望能够保持领导地位和满足顾客需求;顾客不满意、丧失了市场份额、竞争或成本的压力等。全面质量管理的实施能够帮助组织摆脱困境、解决问题。为了做出正确的决策,组织的高层领导者必须全面评估组织的质量状况,了解所有可能的解决问题的方案,在此基础上进行决策——是否实施全面质量管理。

(二) 先期准备

(1) 高层管理者学习和研究全面质量管理,对质量和质量管理形成正确的认识。
(2) 建立组织,包括成立质量委员会,任命质量主管和成员,组织培训等。
(3) 确立远景构想和质量目标,并制订为实现质量目标所必需的长期和短期计划。
(4) 选择合适的项目并成立团队,作为试点开始实施全面质量管理。

(三) 正式实施

这是质量管理的具体实施阶段,在选定的试点项目中逐渐总结经验教训。根据试点经验,从顾客忠诚度、不良质量成本、质量管理体系以及质量文化等方面评估试点项目的质量状况,在此基础上发现问题,然后进行有针对性的改进。组织需要明确主要的成功因素,并确定关键业务流程。通常每个组织都有4~5个关键业务流程且往往涉及多个部门,为了确保这些流程的顺畅运作和不断完善,应该建立团队,并且要指派负责人负责每个关键业务流程。除了要对团队和流程的运作情况进行评估外,组织还需要对整个组织的质量管理状况进行定期的审核,从而明确组织在市场竞争中的地位,及时发现问题,寻找改进机会。

(四) 扩展综合

在试点取得成功的情况下,组织就可以向所有部门和领域扩展。各部门和领域都应设立质量委员会,确定改进项目并建立相应的过程团队,对团队运作的情况进行评估。管理层还需要对各团队的工作情况进行全面的测评,从而确认所取得的效果。扩展的顺利进行要求高层管理者强有力的领导和全员的参与。这时,组织已基本具备了实施全面质量管理的能力,需要对整个质量管理体系进行综合,通常需要从目标、人员、关键业务流程、评价和审核4个方面进行整合和规划。

五、全面质量管理的实施原则

根据前述全面质量管理的定义,应视其为一种系统化、综合化的管理方法或思路。实施全面质量管理必须遵循下列原则。

(一) 管理者重视并参与

组织的管理者应对组织的产品或服务质量负完全责任,质量决策和质量管理应是组织管理者的重要职责。管理者首先必须在思想上重视,强化自身的质量意识,带头学习、理解,并亲自参与全面质量管理。这样,才能对组织开展全面质量管理形成强有力的支持,促进全面质量管理工作深入持久地开展下去。

(二) 把握思想、目标和体系等要点

在推行全面质量管理的过程中,必须树立以"质量第一、提高社会效益和经济效益"为中心的指导思想,树立起市场的观念、竞争的观念、以顾客为中心的观念以及不断改进质量等一系列适应市场经济和知识经济时代的新观念。在此基础上,不断强化质量管理意识,综合地、系统地、不断地改进产品和服务的质量,持续满足顾客的要求。

全面质量管理必须围绕一定的质量目标来进行。通过明确的目标，引导组织活动，激发全体员工的积极性和创造性，进而衡量和监控各方面质量活动的绩效。只有明确质量目标，才能有针对性地、综合地、系统地推进全面质量管理工作。

质量目标需通过一个健全而有效的体系实现。质量管理的核心是质量管理体系的建立和运行。首先，建立和运行质量管理体系可以使影响产品和服务质量的所有因素（包括人、财、物等）、所有环节，以及组织中的所有部门和人员都处于控制状态；其次，建立和运行质量管理体系，可以使组织所有部门围绕质量目标形成一个网络系统，相互协调，为实现质量目标而努力。

（三）打牢基础，搞好组织协调工作

全面质量管理是全过程的质量管理，是从市场调研一直到售后服务的系统的管理。要切实取得实效，首先必须做好先行性的工作，其次必须搞好组织协调工作，明确各部门的质量职能，并建立健全严格的质量责任制。全面质量管理是同产品质量有关的各个工作环节的质量管理的总和，是围绕共同目标协调作用的统一体。如果各部门应承担的质量责任没有得到明确的规定，全面质量管理的各项工作就不可能得到有效的执行。

此外，还必须建立一个综合性的质量管理机构，从总体上协调和控制上述各方面的职能。质量管理体系开始运行后，还要通过一系列的工作对其进行监控，确保其按照规定的目标持续、稳定地运行。宏观的质量认证制度、质量监督制度也是促进全面质量管理工作的有效手段。

（四）讲求综合效益，摆正质量和成本的关系

提高质量能带来组织和全社会的综合效益。微观上，推行全面质量管理，能够降低整个生产过程及各个工序的成本，生产出令顾客满意的产品，增强组织竞争能力，实现优质、高产、低耗、盈利；宏观上，可以节约资源，为全社会带来效益。但是无条件、不计成本地追求"高质量"是不可取的。质量水平越高，成本也越高。必须正确认识质量和成本之间的关系，通过系统地分析顾客的需求，采用科学的工作方法，在不断满足顾客要求和市场需要的情况下，获得组织的持续发展。

六、全面质量管理的基本方法——PDCA 循环

PDCA 循环是全面质量管理的基本方法，最早是由美国质量管理专家——戴明提出的，所以又称为"戴明环"。PDCA 四个字母在 PDCA 循环中所表示的含义如下：

（1）P(plan)——计划，包括确定质量目标和方针，制订质量活动计划和管理项目等。

（2）D(do)——实施，根据第一阶段的计划，通过培训和推广，组织大家付诸行动。

（3）C(check)——检查，即对实施的情况进行检查和总结，肯定成绩与经验，找出存在的问题和原因。

（4）A(action)——处理，即根据检查的结果，采取相应的措施来解决存在的问题。总结成功的经验，制定标准；对于存在的问题，寻找措施加以解决；对于不能解决的问题，找出原因，为下一期计划提供资料。

PDCA 循环的基本模型如图 6-3 所示。

PDCA 循环有如下特点：

（1）如果把整个组织的工作作为大的 PDCA 循环，那么各个部门、小组还有各自小的

PDCA 循环。上一级 PDCA 循环是下一级 PDCA 循环的根据,反过来,下一级 PDCA 循环是上一级 PDCA 循环的贯彻落实和具体表现。通过循环把组织的各项工作有机地联系起来,彼此协同、互相促进。

(2) 阶梯式上升。PDCA 循环不是在同一水平上循环,它每循环一次,就解决一部分问题,取得一部分成果,质量水平就提高一步。到了下一次循环,又有了新的目标和内容,从而不断阶梯式上升。

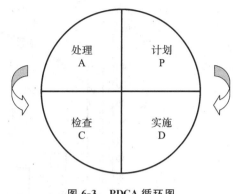

图 6-3　PDCA 循环图

(3) 科学管理方法的综合应用。PDCA 循环应用以 QC 七种工具为主的统计处理方法以及工业工程(IE)中工作研究的方法,作为进行工作和发现、解决问题的工具。

七、全面质量管理工作的基本步骤

全面质量管理按照计划、实施、检查、处理 4 个阶段开展工作,为保证每一阶段的工作方向和任务明确,应制定基本步骤。

(一) 计划阶段

(1) 找出质量问题。
(2) 找出存在问题的原因。
(3) 研究改进工作的措施。

(二) 实施阶段

实施改进措施。

(三) 检查阶段

检查实施的效果。

(四) 处理阶段

(1) 把有效措施纳入各种标准中加以巩固,无效的措施不再实施。
(2) 将遗留问题转入下一个循环去解决。

任务 3　质量管理的分析方法

一、排列图

(一) 排列图的概念

排列图(见图 6-4)又叫帕累托图,它是按质量改进项目从最重要到最次要进行排列的原则制作的。

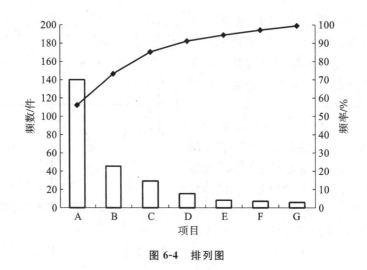

图 6-4 排列图

排列图建立在帕累托原理的基础上。什么是帕累托原理？这是意大利经济学家帕累托在分析意大利社会财富分布状况时得到的"关键的少数和次要的多数"的结论。在质量改进项目中应用这一原理,意味着少数的项目往往起着主要的、决定性的影响。通过区分最重要和其他次要的项目,就可以用最少的努力获得最大的改进效果。

(二) 排列图的含义

排列图由一个横坐标、两个纵坐标、几个按高低顺序排列的矩形和一条累计百分比折线组成。横坐标表示影响质量的各个因素,按影响程度的大小从左至右排列,左边的纵坐标表示频数,右边的纵坐标表示频率,直方图的高度表示某个因素的影响大小,图中折线表示各因素大小的累计百分数。

(三) 排列图的运用

排列图可用来分析主要缺陷形式、产生不合格品的关键工序、造成经济损失的主次因素,还可以按重要性顺序显示出每个质量改进项目对整个质量问题的作用,识别进行质量改进的机会。

通过排列图可以找出需重点改进的项目。如果员工按个人的技术和经验来决定如何对遇到的问题进行改进,即使改进后效果显著,也只能说明判断基本正确,但这种判断方法并不是建立在科学基础之上的。而出现效果一般、效果不佳等情况,就会造成很大的浪费,包括人力、物力及时间的浪费。要使效果显著,就要确定问题的主次,利用排列图这种建立在统计基础上的科学方法就能达到这个目的。首先,在排列图上,对结果有较大影响的只是"柱高"的前两三项,而后面的项目对改善效果影响不大。因此,可以根据重要程度大小把项目分为 A、B、C 三类,解决 A 类项目,即解决主要因素的影响,容易控制;B 类或 C 类项目繁多,一般很难控制。其次,排列图还可对项目改进效果做出鉴定,采取措施后,这些措施是否有效,仍可用排列图来进行检查,并且通过项目排列顺序的改变找出进一步解决问题的因素。

(四) 排列图的制作步骤

(1) 收集有关资料的质量问题数据。

(2) 将收集的资料分类,每一类为一个项目,统计出每一个项目的频数并列出表格,作为制图依据。

(3) 计算数据表格中的频数占总频数的百分比和累计百分数,记录于表中。

(4) 作两个纵坐标、一个横坐标,左边纵坐标标上频数值,右边纵坐标标上百分数,在横坐标上画出频数直方图,利用累计百分数描点连接,画出排列线。

(五) 排列图运用的注意事项

(1) 主要因素不能过多,就是说他们的频率必须高于50%,否则就失去了找主要因素的意义,使主次难分,互相干扰。

(2) 纵坐标频数的选择可以视具体情况而定,如金额、可能性等,原则上是以能找到主要因素为主。

(3) 可以将不重要的因素与类似相关的项目合并在一起,使横坐标不至于太长,但是合并项目的频数不应过大。

(4) 排列图的运用,可以逐次细分,直至找到具体原因为止。采取措施后,需重画排列图做效果比较。

二、鱼骨刺图

(一) 鱼骨刺图的概念

鱼骨刺图(见图6-5)又名石川图、特性要因图、树枝图、因果图等,是揭示质量特性波动与其潜在原因之间的关系,即表达和分析因果关系的一种图表。它将影响某一质量事项的各种原因,按类别、层次将主次因素形象地反映在图形上排列而成,由于使用起来简单有效,所以在质量管理活动中的应用较为广泛。

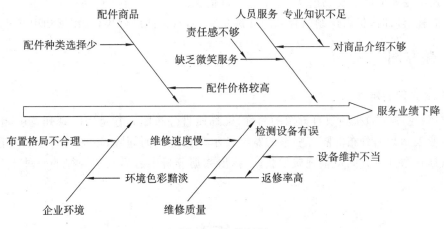

图6-5 鱼骨刺图

当有些质量问题的原因搞不清或比较复杂时,可借助鱼骨刺图来分析原因。鱼骨刺图主要可用于:①分析因果关系;②表达因果关系,以积累经验;③通过识别症状、分析原因、寻找措施,促进问题的解决。

(二) 鱼骨刺图的含义

鱼骨刺图可以分成以下几个部分:特性、原因和枝干。鱼骨刺图所提出的特性是指要通过管理工作或者技术手段来解决的问题;原因是对质量特性产生影响的主要因素,一般是导致质量特性发生分散的几个主要来源,可分为第一层原因、第二层原因和第三层原因等;枝干是表示特性和原因之间关系的各种箭头,把全部原因联系到质量特性上的是主干,把个别原因和主干联系的是大枝干,逐层往下还有中枝干和小枝干等。

(三)鱼骨刺图的作图步骤

(1)确定鱼骨刺图的特性,即要解决什么问题或排除什么质量故障。

(2)确定可能发生的原因的主要类别。图6-5中,需要考虑的因素主要有:配件商品、人员服务、企业环境、维修质量等。

(3)发动员工,集思广益,利用枚举法尽可能把所有影响质量特性的因素列举出来。

(4)整理原因,先找出影响质量特性的第一层原因,再进一步找出第二、三层原因,并一层层开展下去,然后添加各类枝干。分析原因,注意逻辑关系,直到分析的原因有解决措施为止,分析过程中需对主要原因进行特别标注,再进一步收集资料、论证。

(四)鱼骨刺图运用的注意事项

(1)在作鱼骨刺图时,应充分发扬民主,大家畅所欲言、各抒己见、集思广益,把每个人的意见都一一记录在图上,尤其是基层员工的直接意见。

(2)确定要分析的主要质量问题要具体,不宜在一张因果图上分析若干个主要质量问题。换句话说,鱼骨刺图只能用于单一目的的研究分析。

(3)因果关系的层次要分明。最高层次的原因要寻求到可以直接采取具体措施为止。

(4)"要因"一定要确定在末端因素(最深层次因素)上,不能在中间过程上。

(5)细小的因素未必不是构成质量问题的症结所在,细小因素也会导致大的质量问题,一定要正确对待每一个因素的分析。

(6)找出主要原因需现场落实,并制定改进措施。

(7)措施落后时,仍需绘制鱼骨刺图并逐步完善,对比前后效果,以积累知识和经验。

三、直方图

(一)直方图的概念

直方图(见图6-6)是频数直方图的简称,又称质量分布图。它是用一系列宽度相等、高度不等的矩形表示数据分布的图。矩形的宽度表示数据范围的间隔,矩形的高度表示在给定间隔内的数据频数。直方图是整理质量数据,找出数据分析中心后发现规律的一种十分有效的方法。

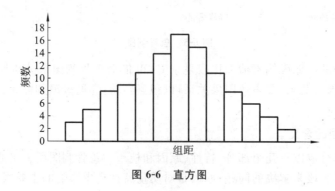

图6-6 直方图

（二）直方图的用途

（1）显示质量特性波动状态，便于掌握质量分布情况。

（2）较直观地传递有关过程质量状况的信息，考察过程能力，估计生产不合格率。

（3）分析质量数据波动状况之后，就能掌握过程的状况，从而确定在什么地方进行质量改进工作，且直方图可以较为直观地让人理解，便于提高员工的质量意识。

（三）直方图的制作步骤

（1）首先要随机抽取样本 N（通常大于 50），检测后将数据填入表格，并找出最大值 X_{max} 和最小值 X_{min}，计算极差 $R = X_{max} - X_{min}$，R 也称为尺寸分布范围。

（2）对样本进行分组，确定组数 K 和组距 h，组距可由极差和组数确定：$h = R/K$。

（3）确定各组组界，通常从最小值 X_{min} 开始，把 X_{min} 放在第一组的中间位置上，则第一组的组界为 $(X_{min} - h/2, X_{min} + h/2)$，第二组的下界为第一组的上界，依此类推，确定全部组界。

（4）将各数据分组，计算落入各组数据的频数。

（5）将频数作为纵坐标，组距作为横坐标，依各组频数画出直方图。

（四）直方图的观察分析

观察分析直方图时，应该着眼于整个图形的形态，对于局部的小变动不必太在意。直方图的观察分析主要是观察图形的形状和位置。

1. 直方图图形分析

直方图的分析类型如图 6-7 所示。

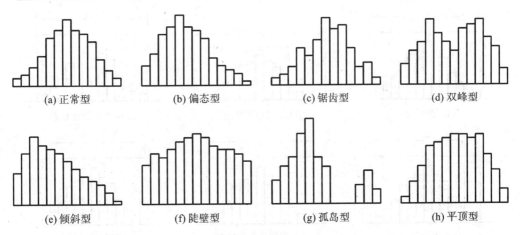

图 6-7　直方图的分析类型

（1）正常型。正常型直方图为理想图形，中间为顶峰，两边低，左右大体对称，表明工序正常。

（2）偏态型。图形偏向一边，说明存在部分技术问题。

（3）锯齿型。图形如同锯齿形状，大多是由于分组不当或测量出现误差。

（4）双峰型。图形出现双峰，通常是由于数据没有分层，从而使得均值相差较大的两种分布混合在一起。

（5）倾斜型。图形向一侧倾倒分布，这是单边剔除不合格品导致的。

（6）陡壁型。图形两边成陡壁，这是由于工序能力较差时进行了全数检查，用了剔除不合格品之后的数据作图。

(7) 孤岛型。这种图形往往是加工时出现异常变动引起的。

(8) 平顶型。图形中间成平顶状,可能由多种分布混合而成,或者由工序过程中出现的缓慢倾向性所致。

2. 直方图的质量标准比较(见图 6-8)

设 T 表示标准公差范围,B 表示直方图的实际质量分布范围,则有以下几种情况。

(1) 理想状态,如图 6-8(a)所示,$T>B$,且实际中心与公差中心比较接近,两边还有适当的余量,生产过程良好,通常不会产生不合格品。

(2) 余量过剩状态,如图 6-8(b)所示,$T>B$,且实际中心与公差中心比较接近,两边余量过大,生产过程能满足标准,可适当放宽设备、工艺等要求,降低成本。

(3) 单侧无余量状态,如图 6-8(c)所示,$T>B$,且实际中心与公差中心发生一定偏离,导致单边余量太小,说明实际分布满足标准要求的程度降低,生产状况稍有恶化,就会产生不合格品。

(4) 单侧超差状态,如图 6-8(d)所示,实际中心与公差中心发生较大偏离,一边已有品质较差的产品出现,说明生产状况已经恶化,应设法调整分布中心。

(5) 两侧无余量状态,如图 6-8(e)所示,$T=B$,且实际中心与公差中心比较接近,两边余量很小,说明实际分布满足标准要求的程度降低,生产状况若有恶化,就会产生不合格品。

(6) 两侧超差状态,如图 6-8(f)所示,$T<B$,且实际中心与公差中心比较接近,但两边都出现品质较差产品,生产状况已经恶化,产品质量难以保证,应采取措施减小实际分布范围。

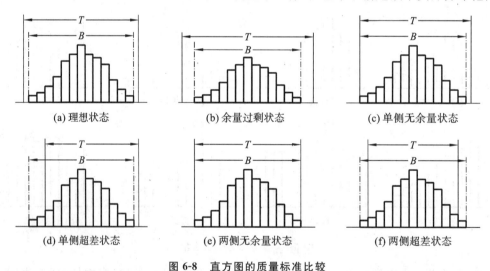

图 6-8 直方图的质量标准比较

四、控制图

(一) 控制图的概念

控制图又称管理图(见图 6-9),它是控制生产过程状态,保证工序加工产品质量的重要工具。应用控制图可以对工序过程状态进行分析、预测、判断和改进。

控制图的基本形式是:以按取样时间排列的抽样号为横坐标,以质量特性值为纵坐标,建

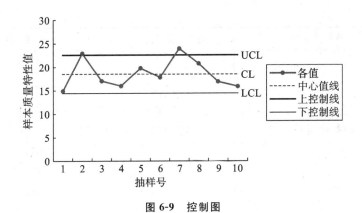

图 6-9 控制图

立坐标系;在纵坐标上确定质量特性值的中心值和上下控制界限点;根据中心值和控制界限点,分别做出中心值线 CL、上控制线 UCL 和下控制线 LCL,要求上控制线在公差上限以下,下控制线在公差下限以上。在生产过程中,将定期测得的每一个样品的质量特性值在坐标系上标出,并按时间序列将各点连成线,以此反映质量的波动状况。

(二) 控制图的类型

根据质量数据的性质,可以将控制图分为两大类,共 8 种(见表 6-1)。

表 6-1 控制图的类型

类 别	控制图名称	简记符号	控制界限
计量值控制图	均值-极差控制图	$\overline{X} - R$	$UCL_{\overline{x}} = \overline{\overline{x}} + A_2 \overline{R}$ $CL_{\overline{x}} = \overline{\overline{x}}$ $LCL_{\overline{x}} = \overline{\overline{x}} - A_2 \overline{R}$ $UCL_R = D_4 \overline{R}$ $CL_R = \overline{R}$ $LCL_R = D_3 \overline{R}$
	均值-标准差控制图	$\overline{x} - s$	$UCL_{\overline{x}} = \overline{\overline{x}} + A_3 \overline{s}$ $CL_{\overline{x}} = \overline{\overline{x}}$ $LCL_{\overline{x}} = \overline{\overline{x}} - A_3 \overline{s}$ $UCL_s = B_4 \overline{s}$ $CL_s = \overline{s}$ $LCL_s = B_3 \overline{s}$

续表

类　别	控制图名称	简记符号	控制界限
计量值控制图	中位数-极差控制图	$Me-R$	$UCL_{Me} = \overline{Me} + m_3 A_2 \overline{R}$ $CL_{Me} = \overline{Me}$ $LCL_{Me} = \overline{Me} - m_3 A_2 \overline{R}$ $UCL_R = D_4 \overline{R}$ $CL_R = \overline{R}$ $LCL_R = D_3 \overline{R}$
计量值控制图	单值-移动极差控制图	$x-Rs$	$UCL_x = \overline{x} + 2.66\overline{Rs}$ $CL_x = \overline{x}$ $LCL_x = \overline{x} - 2.66\overline{Rs}$ $UCL_{Rs} = 3.267\overline{Rs}$ $CL_{Rs} = \overline{Rs}$ $LCL_{Rs} = 0$
计数值控制图	不合格品率控制图	p	$UCL_P = \overline{p} + 3\sqrt{\overline{p}(1-\overline{p})/n}$ $CL_P = \overline{p}$ $LCL_P = \overline{p} + 3\sqrt{\overline{p}(1-\overline{p})/n}$
计数值控制图	不合格品数控制图	np	$UCL_{np} = n\overline{p} + 3\sqrt{n\overline{p}(1-n\overline{p})}$ $CL_{nP} = n\overline{p}$ $LCL_{np} = n\overline{p} + 3\sqrt{n\overline{p}(1-n\overline{p})}$
计数值控制图	单位不合格数控制图	u	$UCL_u = \overline{u} + 3\sqrt{\overline{u}/n}$ $CL_u = \overline{u}$ $LCL_u = \overline{u} + 3\sqrt{\overline{u}/n}$
计数值控制图	不合格数控制图	c	$UCL_c = \overline{c} + 3\sqrt{\overline{c}}$ $CL_c = \overline{c}$ $LCL_c = \overline{c} + 3\sqrt{\overline{c}}$

(1) $\overline{x}-R$ 控制图。该图是用于分析和控制具有计量特性的质量特性值的最典型的控制图。它是子控制图和 R 控制图的结合体。其中，$\overline{x}$ 控制图用于反映质量特性值的平均值的变化，R 控制图用于反映质量特性值的极差的变化。$\overline{x}-R$ 控制图常用于控制尺寸、重量、时间、阻值等计量值，是一种获得过程情报最多的控制图，是进行质量控制的重要方法。

(2) $\bar{x}-s$ 控制图。该图是均值控制图和标准差控制图的结合体。它通过直接判断质量特性的平均值和标准差是否处于或保持在所要求的水平,进而判断生产过程是否处于较稳定状态,其优点是较 $\bar{x}-R$ 准确率高,其不足是标准差的计算量较大。

(3) $Me-R$ 控制图。该图是中位数控制图和极差控制图的结合体。所谓中位数,是指在一组按大小顺序排列的数据中,居于中间位置的数。当这一组数是奇数时,中位数就是中间的那一个数;当这一组数是偶数时,中位数就是中间两个数的平均数。$Me-R$ 控制图是用中位值 Me 代替 $\bar{x}-R$ 控制图中的平均值而做成的。因此,不必分组计算平均值,在现场使用较为方便。由于只利用了一个中值,因而其精度不如 $\bar{x}-R$ 控制图。

(4) $x-Rs$ 控制图。该图是单值控制图和移动极差控制图的结合体。其中,单值 x 是指具体的质量特性值;移动极差值是指相连的两个数据之差,即第一个数据与第二个数据之差,第二个数据与第三个数据之差等。$x-Rs$ 一般用于一定时间内只适合采取一个数据控制过程或者是少抽样试验场合。

(5) p 控制图。p 控制图用于对产品不合格品率控制的场合,通过产品的不合格品率的变化来控制质量。p 控制图单独使用,不需组合,是计数值中的计件值控制图。该控制图常常用于检查零件外形尺寸或用目测法检查零件外观从而确定不合格品率的场合。除了不合格品率外,合格率、材料利用率、出勤率等也可应用 p 控制图进行控制。

(6) np 控制图。该图是不合格品数控制图,n 表示样本数,np 表示样本中的不合格品数,用于判断生产过程的不合格品数是否处于或保持在所要求的水平。

(7) u 控制图。该图是单位不合格数控制图,即在不同大小的样本上计点统计不合格数时,为了进行比较,将其换算成单位长度、面积或体积中的不合格数。u 控制图用于样本大小不固定时,判断生产过程的单位不合格数是否处于或保持在所要求的水平。

(8) c 控制图。该图是不合格数控制图,c 表示固定样本产品中计点统计的不合格数,指一台机器、一个部件中的不合格数,也可以将几个物件作为一个整体来看,如一个齿轮上的点蚀数、三辆车身外表面的擦痕数等。c 控制图用于判断生产过程的固定样本大小的产品不合格数是否处于或保持在所要求的水平。

(三) 控制图的原理

一般的产品品质特性都会发生变动,不可能做到完全一样。产品质量波动可分为两大类:一类是随机波动,也称偶然波动,另一类是过程发生了实际改变而导致的异常波动。这两种质量波动产生的原因不同。产品质量随机波动是由那些随机出现的、对质量影响比较小且影响各不相同的因素引起的,这些偶然因素对产品质量的影响在生产过程中始终存在,且不易识别,它们对质量波动的影响量很小,通过技术改进可以进一步减小波动影响,但不能完全避免。异常波动是过程发生了实际改变而导致的产品质量波动,其影响因素是系统因素,即不经常发生的、对产品质量影响比较大的、可以识别的、理论上可以消除的因素,如操作失误、环境变化、机器老化的影响等。

控制图要求首先正确分析造成质量波动的原因是偶然因素,还是系统因素。根据统计学原理,如果造成质量波动的原因是一些偶然因素,那么质量特性值的分布就会表现为典型分布,即计量值数据图以正态分布;如果质量特性值偏离典型分布很远,显然说明质量波动的主要原因是系统原因。

系统因素在生产过程中不是始终存在的,而是时有时无,一旦出现,就会对产品质量造成重大影响，往往导致大量不合格品出现。控制图的目的和作用就在于：通过分析偶然因素的影响，建立一个可接受的过程处于稳定状态的水平；通过对质量过程的计算分析，及时发现由系统因素造成的产品质量波动，发现一个消除一个，这样就可以一个个地消除各种系统因素，使生产过程达到一种稳定状态，使不良品率降到最低。只有这样，才能实现最佳的质量经济效益。

（四）控制图的制作步骤

（1）针对某类产品，随机抽取一定数量的样本进行检验，选择控制图类型，根据检验结果的所得数据，计算统计量，如平均值、极差等。

（2）以抽样号或时间顺序作为横坐标，对应的统计量作为纵坐标，分别在坐标系中做出统计的中心线、上控制线和下控制线。

（3）按抽样号或时间顺序，将经过检验所测得的数据在控制图上描点，将点依次连接形成控制图。

（五）控制图的分析

对控制图进行分析，观察控制图中样本点连接成的图形是处于受控状态还是失控状态，判断产品质量特性。

1. 受控状态

控制图上所有的点都在控制界限以内，而且排列正常，说明生产过程处于统计控制状态。这时生产过程只受到偶然性因素影响。控制图排列正常的表现为：

（1）所有样本点都在控制界限之内。

（2）样本点均匀分布，位于中心线两侧的样本点约各占1/2。

（3）靠近中心线的样本点约占2/3。

（4）靠近控制界限的样本点极少。

2. 失控状态

生产过程处于失控状态的明显特征是有一部分样本点超出控制界限。除此之外，如果没有样本点出界，但样本点排列和分布异常，也说明生产过程状态失控。

典型失控状态有以下几种情况：

（1）有若干个样本点落在控制线之外。

（2）有多个样本点连续出现在中心线一侧。

（3）连续多个样本点上升或下降，连续几个点中有多数为较靠近边界的边界点。

（4）样本点呈周期性分布状态。

（5）连续两个样本点水平分布突变，说明生产过程中有周期性变化因素影响。

（6）样本点分布的水平位置渐变。

（7）样本点呈现较大的离散性。

五、相关图

（一）相关图的概念

相关图（见图6-10）是研究成对出现的两组相关数据之间关系的简单示意图。相关图中，成对的数据形成点子云，研究点子云的分布状态，便可推断成对数据之间的相关程度。

(二)相关图的原理

制作相关图的最终目的是判断质量特性数据是否存在内部联系。客观事物是互相联系并具有一定内部规律的,一切矛盾事物不但在一定条件下处于一个统一体中,而且在特定情况下可以相互转换。质量特性数据亦是如此,它们之间的相互关系可以分为3类:

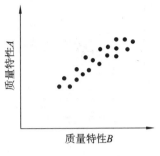

图6-10 相关图

(1) 互不相关。互不相关的质量特性是互相独立的变量,它们之间不能用数学表达式来表达。例如,零件的尺寸精度与材料往往是不相关的,因为一般来讲,尺寸精度往往取决于设计、装配精度,机床操作水平等。

(2) 确定性关系。确定性关系的质量特性是可以用明确的数学表达式来表达的。例如,在密度确定的情况下,物体的质量和物体的体积一定保持确定性关系。

(3) 相关关系。如果质量特性之间存在密切关系,但是又不能用一个或者几个变量的数值精确地求出另一个变量,则这类关系叫作相关关系。例如,钢铁的韧性和它的含碳量之间的关系,碳元素的多少直接影响着钢材的柔韧度,但同时加工工艺以及燃烧温度都对钢材的韧性产生影响。

(三)相关图的制作步骤

(1) 从将要进行相关分析的数据中,收集成对数据(x,y)(最好不少于30对)。

(2) 标明x轴和y轴。

(3) 找出x和y的最大值和最小值,并用这两个值定横轴(x)和纵轴(y),保证两轴等长,便于观察。

(4) 描点。在坐标轴上描出数据对应的点,当数据点重合时,可围绕数据点画同心圆表示。

(5) 判断。分析研究点子云的分布状况,确定相关关系的类型。

(四)相关图的分析

相关图的分析方法有多种,这里简单介绍两种,分别是对照典型图例法和简单象限法。

1. 对照典型图例法

这是最简单的方法,把所作的相关图与典型图(见图6-11)进行对照,即可得到两个变量属于哪一种相关的结论。

2. 简单象限法

(1) 在相关图上画一根平行于y轴的竖直线P,使得在P线左右的点数大致相等。

(2) 在相关图上再画一根平行于x轴的水平线Q,使得在Q线上下的点数大致相等。

(3) P、Q两线把图形分成4个象限区域,分别计算各象限区域内的点数,左上和右下象限点数和为M,左下和右上象限点数和为N。

(4) 当$M>N$时,为正相关;

当$M<N$时,为负相关;

当$M=N$时,为不相关。

应该说明的是,用描点作图的方法进行相关分析,是最简单的方法,但这种分析方法较为

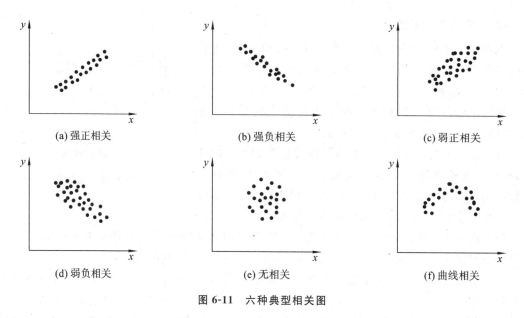

图 6-11　六种典型相关图

粗略。当需要进行更深入的研究时,必须采用计算的方法,比较精确地计算出相关系数。

(五)应用相关图的注意事项

(1)要有足够大的样本。在相关图作图步骤中已经说明应取不少于 30 对的数据。如取样太少,实际过程中即使相关,做出的相关图也可能分布零散,无法形成趋势。这样在图上看上去似乎没有相关关系,就不能根据相关图做出正确的判断。因此,应取足够大的样本来作相关图。

(2)明确在什么范围内相关。相关图相关性规律的运用范围一般局限在观测数据的范围内。有时在试验条件下 x、y 相关,而在实际生产条件下 x、y 不相关,这样就不能把不相关的结论扩大到更广泛的范围内,即超过观测值的数据一般不列入相关图;另一种情况,当在很小范围内提取 x 时,即使实际上 x 与 y 之间存在相关关系,有时也常常呈现不相关的状态。因此,需要在足够大的范围内提取观测数据。总之,必须注意相关性的范围问题。

(3)应将不同性质的数据分层作图,否则将会导致不真实的判断结论出现。当不同性质的数据一同列入时,虽然各种性质的数据的 x、y 相关,但从整体来看都呈现不相关的状态。这时,应将不同性质的数据进行分层并分别作相关图,这样相互关系就会变得很清楚。反之,也有分层后看不出相关性,但从整体来看却呈现相关状态的。当各种不同性质的数据列在一张张相关图上时,可以用不同颜色或符号区分不同性质的点,方便整体和局部的观察。

(4)曲线相关图可以分区处理。把这类相关图分为左右两个区间,则可分别作为正相关和负相关处理。如图 6-11 所示的曲线相关的相关图中,左方的点是正相关,而右方的点是负相关。

(5)相关图中出现的个别偏离分布趋势的异常点,应当辨别原因,采取措施加以剔除。

六、矩阵图

(一)矩阵图的概念

矩阵图(见表 6-2)是利用矩阵的形式分析因素之间相互关系的图形。它由 3 个部分组成:

对应事项、事项中的具体元素和对应元素交点处表示相关程度的符号。

矩阵图是从作为问题或原因的事项中找出对应的事项 A 与 B，分别将属于 A 的元素 A_1，A_2，$\cdots$，A_m 以及属于 B 的元素 B_1，B_2，$\cdots$，B_n 排成行与列，然后分别分析交点处因素之间的相互关系，并用不同符号表示它们的相关程度。常用的表示相关程度的符号有 3 种：◎表示强相关（或有密切关系）；○表示弱相关（或有关系）；△表示不相关（或可能有关系）。

表 6-2　矩阵图

A	B					
	B_1	B_2	B_3	B_4	$\cdots$	B_n
A_1	○					
A_2		◎			△	
A_3			◎			
A_4		△				
$\cdots$						
A_m						○

（二）矩阵图的分类与途径

矩阵图有 L 型、T 型、Y 型、X 型和 Z 型，其实质和原理基本相同，不同之处在于事项的个数和它们之间的相关程度。矩阵图的基本作用如下：

（1）确定系列产品的研制或改进的着眼点，即构思的要点。

（2）原材料的质量特性展开，分配落实质量职能。

（3）分析制造过程中产品质量问题产生的原因。

（4）分析市场和产品之间的联系，制定产品竞争的战略。

（5）加强质量评价体制和提高其效率。

（6）建立质量管理体系时，寻找解决问题的方法。

（三）矩阵图的应用程序

以最基本的 L 型矩阵图为例，其应用程序如下：

（1）制作图形。在图上画出纵横的栏，每栏设定一个事项。

（2）分别整理各具体元素的内容，并将其填入各栏，填写时可按重要程度或发生频率大小等顺序填写。

（3）分析各元素间的关联关系。分别确定两栏间对应两项内容的关联关系，并根据关联的强弱程度，用相应符号标记在交叉点上。

（4）确认关联关系。分别以每栏元素为基础，将其与其他项目的关联关系及符号加以确认。

（5）评价重要程度。分别对各交叉点标记关联符号所表示的强弱程度进行打分，例如◎为 3 分，○为 2 分，△为 1 分。按行和列统计总分，以各栏每项内容的得分多少作为其重要程度的定量评价，进而给予各个项目以总评价。这种方法适用于根据积分来评价重要程度和优先程度。

(四) 矩阵图的分析

如果矩阵图中各因素间的关系不用符号表示，而用数据表示，对这些数据进行解析运算，得出所需结果，则为矩阵数据分析法。这是对排列在矩阵图中的大量数据进行整理和分析的方法。这种方法主要有"主成分分析法"，主要用于市场调查、新产品规划、新产品研制、工序分析等方面，这种方法的应用过程比较烦琐，往往需借助电子计算机。

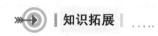

BSC 与 TQM 的对比分析

平衡计分卡（balance score card，BSC）是由哈佛商学院的罗伯特·卡普兰和戴维·诺顿于1992年发明的一种绩效管理和绩效考核的工具。20世纪90年代初，美国诺顿研究所主持并完成了"未来组织绩效衡量方法"研究计划。出台该计划的动机是认为现有的以财务会计计量为基础的绩效计量方法变得越来越模糊，目的在于找出超越传统以财务计量为主的绩效衡量模式，以使组织的"战略"能够转变为"行动"。该研究包括制造业、服务业、重工业和技术行业的公司。从研究到实践，平衡计分卡终于成为一个战略实施的工具，将公司的战略落实到可操作的目标、衡量指标和目标值上。

平衡计分卡被誉为"75年来最伟大的管理工具"，已广泛应用于世界各地。

从全面质量管理（TQM）的概念及其内容出发，可将全面质量管理模式总结为四个要素（顾客满意、事实管理、职员参与和持续改进）和一个目标（领导能力和战略绩效）。下面从这五个方面对全面质量管理（TQM）和平衡计分卡（BSC）进行对比分析。

1. 顾客满意

TQM 与 BSC 都关注"顾客层面"。"让顾客满意"是如今所有组织的共识，组织采用何种战略，以及采取什么手段来实施既定的战略方针，都是为了使顾客满意，从而使组织自身能够持续发展。在 TQM 中，"顾客"的内涵由单纯的销售、服务对象扩展到企业内部"所有工作成果的接受者"以及企业的社会相关方。事实上，令所有顾客都满意是不可能的。BSC 则可以确保有关客户的指标由战略出发，并选择那些明确的、容易沟通的指标来进行衡量。

2. 事实管理

TQM 没有明确强调组织业绩成果，虽然也发展了质量成本的概念，但将其应用到实践中时依然存在较多分歧。而 BSC 既沿用了传统的财务指标，又引入了非财务指标，具有较强的功能性。

3. 职员参与

要实现组织目标，全体职员的参与是不可或缺的。TQM 的职员参与这一概念包括衡量自己工作过程的质量，懂得变革过程和改进绩效，当过程偏离目标时能够采取措施进行调整。在 BSC 中，有诸如测量"员工表现""技术创新能力"等方面的指标，来对职员学习与成长的能力进行衡量,但忽视了职员参与和组织目标的密切联系。

4. 持续改进

持续改进是 TQM 的核心思想和驱动力。一方面,顾客满意、事实管理和职员参与推动了持续改进的发生;另一方面,持续改进又通过这 3 个方面表现出来。在 BSC 中,这一要素体现在学习与成长方面,通过对学习和成长能力的衡量来制订和实施对过程持续改进的计划。

5. 领导能力和战略绩效

在众多的文献中,越来越多的研究将 TQM 视为战略管理工具,因为领导能力和战略绩效是战略管理的直接表现。据国外的一项调查显示,TQM 在组织中之所以难以贯彻,主要原因是"管理要素与达到全面质量目标没有联系"。这其中有两个问题:一是怎样设定质量目标,二是怎样达成目标与管理要素之间的联系。采用 TQM 的目标是在组织中实现"质量"要求,而采用 BSC 可以很好地建立质量目标与管理要素之间的联系。因此,TQM 与 BSC 通过质量战略实施绩效这一切入点联系在了一起。

项目考核

1. 试述汽车维修企业质量管理的内容。
2. 试述全面质量管理的主要内容、基本工作及用于汽车维修企业的意义。
3. 试述 PDCA 循环的内容和特点,并画出循环步骤示意图。

项目 7
汽车售后服务管理

◀ **学习目标**

(1) 了解汽车售后服务相关知识。
(2) 知道汽车消费信贷及购买服务。
(3) 了解汽车保险、保修与理赔服务。
(4) 了解二手车交易服务。
(5) 掌握汽车检测与维修服务。
(6) 了解汽车美容与装饰服务。

【项目引入】

升级售后服务逐渐成为车企竞争"撒手锏"

随着中国汽车市场进入理性成长阶段,售后服务越来越多地影响到汽车品牌的信任度,对于经销商来说,靠卖车赚钱的盈利模式亟待改变。也许只有赢得客户对品牌及经销商服务的忠诚,才能在车市里寻求"可持续发展"。因此,在竞争日益激烈的今天,升级售后服务逐渐成为众多汽车品牌的"撒手锏"。

中顺津宝晋升"5S 经销商"

2012 年 5 月,位于天津市西青区津港公路与赛达世纪大道交口的天津市中顺津宝汽车服务有限公司成功升级为"5S 经销商"。这也是天津地区首家完成"5S"升级的 BMW 授权经销商,其在经济、环境、社会三大可持续发展水平上均已达到相应标准,成为行业内贯彻可持续发展理念的先行者。自 BMW 2011 年年初正式提出"5S 经销商"理念以来,申顺津宝即积极对比新标准,在运营管理中全面贯彻可持续发展策略,例如,通过使用包括 LED 节能灯、人员传感器、照度传感器在内的高效照明系统及循环洗车系统,以减少能源消耗。

一汽丰田服务节项目升级

2012 年 4 月 12 日,一汽丰田服务节项目启动仪式于北京举行,现场同步发布了项目名称及 LOGO。一汽丰田自 2003 年成立之始,就针对不同季节的特点开展了对车辆的免费检测等关爱活动。为了使消费者的实际利益及行车的安全性、舒适度得到更加切实的保障,一汽丰田把服务节项目再次升级。今后的服务节项目将是一项长期化的品牌服务,有着固定的开展时间、固定的服务对象、固定的项目形式和相对固定的内容推出。

"汽车安全大课堂"进津

2012 年 4 月 10 日,由中国汽车技术研究中心《世界汽车》杂志社主办、江淮汽车支持的"汽车安全大课堂"活动在天津举办。此次活动特别邀请了清华大学张金换教授,国家轿车质量监督监测中心副总工程师、C-NCAP 试验评价部部长刘玉光及江淮汽车技术中心 CAE 模块设计部技术总监陶其铭三位汽车安全专家作为主讲。专家们对汽车安全的历史及未来发展趋势、全球 NCAP 的发展情况进行了讲解,并对即将在 2012 年 7 月 1 日后开始实施的 C-NCAP 新规则进行了详细解读。

海马与客户"沟通面对面"

2012 年 4 月 21 日,海马汽车天津世宏远东 4S 店推出了"海马服务•精诚感心——沟通面对面"活动。该活动是海马汽车针对售后服务提升所展开的一次全国性终端车主调研活动,也是 2012 年海马售后服务提升计划的第一炮。海马汽车天津世宏远东销售服务店相关负责人介绍,"沟通面对面"活动主要通过问卷调查和座谈会的形式,深入了解海马车主最关心的问题与最深切的感受,旨在听取车主最直接的声音,为后续海马服务的改进和完善提供有力依据。

上海大众为生活"添色"

2012 年 4 月 29 日,上海大众举办了"色彩你的 POLO,多彩你的生活"NEW POLO、NEW CROSS POLO 车体彩绘及人体彩绘活动。NEW POLO 及 NEW CROSS POLO 车型的展示、彩绘师的车身彩绘和靓丽车模人体彩绘吸引了众多路人驻足观看,大家纷纷拿起画笔,也加入了 DIY 彩绘的队伍。随后,由彩绘 POLO 车带队的 NEW POLO 车队带领着各 4S 店邀请的客户游览美丽的津城,在路面上形成了一道亮丽的风景线。

华星捷拓新老客户踏青汇

2012年4月,一汽大众华星捷拓组织客户举行了大型踏青活动。在活动中,客户不仅参观了位于西青南八里台的新店,还进行了一系列如观看马术表演、品尝精品农家餐等丰富多彩的活动。除此之外,活动设置了汽车讲堂,跟大家分享爱车的相关养护知识,现场客户踊跃提问,经验丰富的技师为大家一一解答,让每一位客户得到满意的答复。

【相关知识】

◀ 任务1　汽车售后服务概述 ▶

一、汽车售后服务的概念

汽车售后服务泛指汽车销售部门为客户提供的所有技术性服务工作及销售部门自身的服务管理工作。就技术性服务工作而言,它可能在售前进行,如车辆整修与测试;也可能在售中进行,如车辆美容、按客户要求安装和检修配件、对客户进行培训、技术资料的发放等;还有在车辆售出后进行的质量保修、维护、技术咨询及配件供应等一系列技术性工作。因此,售后服务并不是字面意义上的"销售以后的服务",它不只局限于汽车销售以后的用户使用环节,也可能在售前环节或售中环节。换句话说,所有的技术性服务都属于售后服务的范畴,技术服务是售后服务的主要工作。

多项数据显示,2020年,我国汽车后市场消费持续复苏,合计实现交易额超1万亿元,二手车交易量有序回升,汽车改装、报废机动车回收稳定增长,共享出行、充电设施快速发展。国家信息中心经济预测部副研究员指出,我国居民汽车消费结构升级不仅体现在汽车一次销售市场的品质升级,也体现在汽车后市场的扩围提质上,将汽车消费这一大市场深耕细作,有利于新形势下居民消费的平稳增长。汽车后市场是指已售汽车使用过程中产生的交易或服务活动。汽车后市场是汽车一次销售市场的有益补充,汽车后市场的快速发展为汽车消费端的上下游链条打通奠定了坚实基础。因此,有必要对汽车售后服务内容进行深入研究。

二、汽车售后服务工作的内容

汽车售后服务的内容很多,既包括汽车生产商、汽车经销商和汽车维修企业所提供的质量保修、汽车维修维护等服务,也包括社会其他机构为满足汽车用户的各种需求而提供的汽车保险等服务。总的来说,汽车售后服务可以归纳为以下主要内容:

(1) 由汽车生产商提供的汽车服务网络或网点的建设与管理、产品的质量保修、技术培训、技术咨询、配件供应、产品选装、信息反馈与加工等。

(2) 为汽车整车及零部件生产商提供物流配送服务。

(3) 汽车的养护、检测、维修、美容、改装等服务,这也是汽车售后服务的主要服务项目。这类服务的经营者有汽车生产商授权的汽车经销商(4S店)和特约汽车维修服务站,也有社会连锁经营或独立经营的各类汽车维修企业。其中汽车的养护包括定期更换润滑油、轮胎定期换位、更换易损件、检查汽车紧固件等。汽车检测包括对发动机、变速器、减振器等部件的故障检测。汽车维修包括汽车生产商质量保修外的所有故障修理,维修服务在售后服务中的需求量相对较大,是售后服务中最主要的服务内容之一。

（4）汽车配件经营。除汽车生产商售后配件供应体系之外,还存在着相对独立的汽车配件经营体系,如各地的汽车配件城,其货源有原厂配件,也有副厂配件,可以满足不同用户的不同需求。

（5）汽车美容装饰用品的销售和安装,如各种坐垫、方向盘套、地毯、车用香水、小饰件等。

（6）汽车故障救援服务。汽车故障救援服务的内容主要包括车辆因燃油耗尽而不能行驶的临时加油服务、因技术故障导致被迫停驶的现场故障诊断和抢修服务、拖车服务、交通事故报案和协助公安交通管理部门处理交通事故等服务。

（7）汽车租赁服务。向短期或临时性的汽车用户提供使用车辆,并以计时或计程方式收取相应租金的服务。汽车租赁服务能够较好地满足短期或临时用户的需要和有证无车用户的需求,也是汽车的变相销售方式,很多汽车经销商都开展了汽车租赁业务。

（8）汽车保险服务。保险公司向汽车用户销售汽车保险产品,收取保险费用,为车主提供金融保险的一项特殊服务。

（9）二手车交易。主要满足汽车车主及二手车需求者交易二手车的需求。

除了上述服务内容外,汽车售后服务还包括汽车召回、汽车驾驶培训服务、汽车市场和场地服务、汽车广告与展会服务、智能交通信息服务、汽车文化服务等服务内容。本章主要从汽车保险与理赔、二手车交易、汽车维修与检测以及汽车美容与装饰等几个方面来阐述汽车售后服务管理。

三、典型汽车企业售后服务理念

同其他有形产品一样,服务产品也要满足不同的消费者需求。消费者需求在有形产品中可以转变成具体的产品特征和规格,这些产品特征和规格同时是产品生产、产品完善和产品营销的基础。但是这些具体的规格对于服务产品来说犹如空中楼阁,因而服务企业需要明确服务产品的本质或服务理念。

服务理念作为企业最高层的思想系统和战略系统,包括经营宗旨、发展战略、企业特有的精神和信条,以及企业思想、哲学与方针策略等。它对内可以形成凝聚力,对外可以形成吸引力,是现代企业适应市场经济变革而做出的调整中最困难的部分。在市场竞争中,任何没有独特经营理念的企业、没有优秀文化的企业,都创造不出先进的经营成果,培养不出良好的业绩,也催生不出优秀的管理行为。企业理念必须是可以操作的,同时要有特色,切忌雷同。一个具有独特个性的优秀理念应该是在借鉴中外著名企业的经营思想和管理经验的基础上,融合本企业的特点,经长期实践、高度提炼而形成的。

为了更好地满足不同客户的服务需求,不同的汽车企业提出了不同的服务理念,如表7-1所示。例如,一汽大众售后服务的核心理念:"严谨就是关爱。""严谨"是一种态度,这种态度与德系车一脉相承,它是一丝不苟的决心、精细的零件、务实的管理、高超的技术、强大的规模、紧凑的时效、严格的标准、科学的流程。这种细致入微的精神,始终贯穿在一汽大众的服务体系之中。"关爱"是一汽大众的服务给予车主的感受。从走进服务大厅的那一刻开始,客户的感受就是检验该企业服务的唯一标准,只有贴心的服务、令人信服的解决方案、真诚的销售方式,才能给企业带来好的口碑、强的信任感、高的满意度。即使客户的爱车行驶在路上,企业的关爱依旧如影随形。"严谨就是关爱",这是一汽大众售后服务的核心理念,体现了该企业的专业精神和严格的服务标准,唯有如此,才能保证企业的技术始终处于领先地位。同时,这也传达了该企业对用户的责任心和关怀心。鞭策一汽大众用最专业的技术、最贴心的服务,赢得客户的尊敬和赞誉,从而在汽车市场上获得良好的地位。

表7-1 不同汽车品牌的服务理念

序号	汽车品牌	服务理念	序号	汽车品牌	服务理念
1	一汽大众	严谨就是关爱	16	长安福特	精准、友善、专业
2	一汽轿车	管家式服务	17	长城汽车	专业服务、用心呵护
3	奥迪	以用户满意度为中心	18	东风雪铁龙	家一样的关怀
4	上海大众	TECHCARE大众关爱	19	东风悦达起亚	客户满意是企业的生命
5	北京现代	真心伴全程	20	海南马自达	蓝色扳手
6	凯迪拉克	尊重尊贵、省心省事	21	奇瑞汽车	快乐体验
7	上汽通用五菱	专业服务、放心托付	22	比亚迪	家庭式服务
8	上汽荣威	尊荣体验	23	上海华普	水晶服务
9	一汽丰田	专业对车、诚意待人	24	吉利汽车	关爱在细微处
10	广汽丰田	顾客第一、服务至上	25	上海通用	别克关怀,比你更关心你
11	丰田	顾客满意度第一	26	北京奔驰-戴克	全心全意对朋友
12	广州本田	钻石级服务 亲切、确实、迅速、安心	27	东风标致	蓝色承诺 专业、体贴、守信
13	东风日产	钻石关怀、为您承诺	28	力帆汽车	您的满意,力帆在意
14	长安铃木	处处为您着想	29	沃尔沃	以客户价值为核心
15	哈飞	哈飞服务、送暖人心	30	奔驰	星徽理念

任务2 汽车消费信贷及购买服务

一、汽车消费信贷服务

近年来,贷款购车已经成为国际上普遍采用的购车方式。从全球汽车市场来看,通过申请贷款实现购车需求的平均比例大约为70%,其中美国为85%,英国为80%,德国为70%,即使与中国国情相近的印度也高达65%,而我国的贷款购车比例仍处于较低水平。

(一)汽车消费信贷途径

贷款购车主要有三种途径:银行汽车消费贷款、信用卡贷款、汽车金融公司贷款。在欧美发达国家,汽车金融公司贷款是主流车贷方式,它是由汽车厂商推出的贷款业务。但由于历史原因,我国商业银行占了汽车贷款业务80%的份额,而汽车金融公司仅占20%的份额。

> **相关案例**
>
> 小李大学毕业三年,工作稳定,收入稳步上升,当前工资4 000元/月。小李最近看上了2014款1.8L自动尊贵型比亚迪L3,4S店优惠后价格为8万元。首付4成3.2万元,剩下4.8万元需要贷款。而实际上贷款一般都为整数,即5万元,24个月的还款手续费为3 500元,需要提前扣掉,小李每个月只需还款2 083元即可。

1. 汽车金融公司贷款

汽车金融公司贷款是车商推出的贷款业务,其优点是门槛低,在4S店就能直接办理,非常方便,对于户籍和房产抵押等往往没什么要求,但其利息和首付等都是由商家决定。汽车金融公司贷款审批流程简单,最快当天即可提车,但只能给自己公司品牌的汽车提供贷款服务。汽车金融公司审核贷款资格主要看购车者的个人信用、学历、收入、工作等因素。购车人不需要像银行贷款那样提供车辆以外的质押物,无须担保,非本地户口也不会成为获得贷款的阻碍。不过,为了控制贷款风险,汽车金融公司有"家访"要求,即到购车人家里和工作地点调查情况。

汽车金融公司贷款的最大优势在于还款方式多样化,除了银行贷款和信用卡分期付款这类标准信贷还款方式,还提供弹性信贷还款方式,即安排一笔稍高的尾款,降低购车人的月还款压力。贷款到期时,购车人不仅可以申请尾款展期,还可在经销商的协助下用贷款车辆换购新车。此外,汽车金融公司往往能够给予购车人比银行贷款和信用卡分期付款这两种方式更加优惠的购车价格。其劣势在于车型选择面小,汽车金融公司只给自己品牌的汽车提供贷款服务。

2. 银行汽车消费贷款

向商业银行申请汽车贷款,需要提交的资料非常多,审核的过程也相对漫长。商业银行车贷是严格按照国家利率来执行的,没有利率优惠,但车贷一旦批下来,就可以购买市面上所有的车型,选择范围广。适合人群:所购车辆净车价较高或贷款周期较长的人群。

3. 信用卡贷款

信用卡贷款购车是一种新兴的购车方式,其首付和利息比较优惠,手续也非常简单。但是,目前信用卡贷款买车的车型相对较少,可选择的银行也不多。信用卡贷款优势:利率费用低,贷款方式灵活。"免息"是信用卡分期最响亮的宣传口号,不仅可以把一张账单分成3~36个月支付,缓解一次性财务的压力,还不用花一分钱的利息。不过,免息不等于免费,手续费还是要交的,但相比传统车贷的贷款利率要低。根据车型不同,信用卡分期的手续费率在0%~11%。信用卡贷款劣势:贷款额度小。适合人群:收入稳定的白领。

(二)信贷购车手续

一般购车贷款的申请条件:

(1)具有完全民事行为能力的自然人。

(2)具有合法有效的身份证明、户籍证明或有效居留证明、婚姻证明。

(3)具有良好的信用记录和还款意愿。

（4）具有稳定的收入来源和按时足额偿还贷款本息的能力。

（5）持有与特约经销商签订的购车协议或购车合同。

（6）根据实际情况所需的其他条件。

借款人申请贷款需提交的材料：

（1）有效身份证件原件及婚姻状况证明。

（2）收入证明材料。

（3）驾驶证明材料。

（4）其他个人合法资产的证明文件。

（5）根据实际情况所需提供的其他资料。

贷款金额：最低首付为20%，贷款金额最高为实际成交价的80%（视不同客户的资质而定）。贷款期限：最短13个月，最长60个月。

信贷购车的主要还款方式有以下几种：

（1）无忧智慧贷款，俗称"贷一半，付一半"。贷款期末还款50%。在贷款期限结束时有三种选择：全额付清尾款，申请12个月的展期，二手车置换。

（2）智慧贷款。将贷款分成两部分，于首期和末期分别归还。在贷款期限结束时有三种选择：全额付清尾款，申请12个月的展期，二手车置换。

（3）等额还款。借款期内，每期还款金额一致。贷款期限为13～60个月，首付最低20%。

（4）等本还款。借款期内，每期还款额逐步递减。贷款期限为13～60个月，首付低至20%。

（5）分段式还款。将贷款分成若干段，每段包含数期还款。在每个单一的段中，每期还款总额不同。贷款期限结束时有三种选择：全额付清尾款，申请12个月的展期，二手车置换。

二、汽车购买流程

（一）新车购买流程

汽车作为一种特殊的商品，购买及落户程序比较复杂，其购买程序大致如图7-1所示。

第一步，选车。根据自己的需求挑选一辆合适的汽车，选好销售公司。

第二步，交付车款。

（1）全款购车。

需提供证件：身份证。

车商提供：汽车销售发票、车辆保修手册、车辆使用说明书。

车商可以代缴车辆购置税、车船使用税，代办保险、上牌等手续。

（2）定金购车：交定金→签订订购合同→交全款。

（3）按揭购车：交首付款→签合同→银行审批→银行放贷→办理牌照→办理还贷手续。

需提供证件：身份证、户口本、住房证明、收入证明、两张一寸照片（已婚者需提供配偶身份证、结婚证）。

第三步，发票的工商验证。持购车发票在各区工商局机动车市场管理所或汽车交易市场的代办点加盖工商验证章。

需提供证件：购车发票、汽车出厂合格证明（合格证）、单位营业执照副本或个人身份证（进口车辆需提供海关证明、商检证明）。

第四步，办理保险。保险一定要在领取牌照之前办理，汽车交易市场都有保险公司代办机

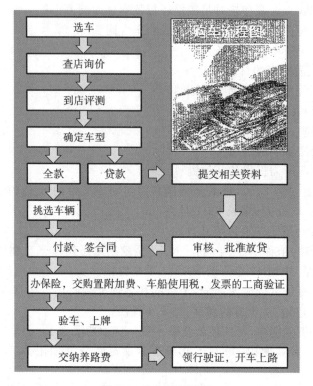

图 7-1　汽车购买流程

构,在购车时一起完成保险手续的办理,可以省去以后的麻烦。

新车必须办理交强险、第三者责任险(赔偿被撞一方的修理费、医药费和财产损失费)。

第五步,缴纳车辆购置税。纳税人购置应税车辆,应当向车辆登记地的主管税务机关申报缴纳车辆购置税;购置不需要办理车辆登记的应税车辆的,应当向纳税人所在地的主管税务机关申报缴纳车辆购置税。车辆购置税的税率为10%,应纳税额按照应税车辆的计税价格乘以税率计算。应税车辆的计税价格,按照下列规定确定:①纳税人购买自用应税车辆的计税价格,为纳税人实际支付给销售者的全部价款,不包括增值税税款;②纳税人进口自用应税车辆的计税价格,为关税完税价格加上关税和消费税;③纳税人自产自用应税车辆的计税价格,按照纳税人生产的同类应税车辆的销售价格确定,不包括增值税税款;④纳税人以受赠、获奖或者其他方式取得自用应税车辆的计税价格,按照购置应税车辆时相关凭证载明的价格确定,不包括增值税税款。

第六步,缴纳车船使用税。在纳税人所在地的主管税务机关缴纳车船使用税,领取"税"字牌。此项内容可以在购车环节中随时办理,但一般在汽车交易市场中有税务部门的办事机构,一次办完比较方便。

第七步,办理移动证。

办理地点:各区县交通大队或其设在汽车交易市场的机构。

需提供证件:车主证明或个人身份证明、车辆来历证明。

流程:申请→业务领导岗审批→机动车查验岗验车→收费→牌证管理岗开具临时牌、移动证。

第八步,验车。新车须经机动车检测场检验合格后才能领牌。检验合格由驻场民警填发机动车登记表并签字。检验项目有外观检验、车辆尾气检验等。

需携带证件：车主身份证、加盖工商验证章的购车发票、车辆合格证等（进口车还需出示商检书、进口单和车管所核发的准验单）。

第九步，领取牌照。验车后5个工作日到各区县车管所领取牌照，同时领取行驶证代办凭证。拍照准备办理行驶执照。领取车牌照、临时行车执照和"检"字牌。私车牌证须车主本人亲自前往，他人不能代领。

提供：购车发票原件及复印件、车主身份证、机动车验车表、车辆购置税完税证明、产品合格证、已投保的机动车第三者责任保险单据（包括保险单正本、收据及保险卡）。

第十步，备案。在各区县的交通大队或当地安委会办理新车备案手续。

第十一步，办理车辆行驶证。在领取牌照的同一车管所办理，需携带的文件包括行驶证待办凭证、安委会登记备案资料。

（二）二手车购买流程

首先，要弄清二手车来源，知道车主换车的原因。

其次，查看二手车的相关证件，如机动车登记证书、行驶证、附加税证、保险单证、机动车辆技术状况证书、身份证、机动车安全技术检验合格标志、车辆号牌等，还要看发动机钢印号和车架上钢印号是否真实、有效。

最后就是二手车价格评定，公车要到二手车鉴定评估机构鉴定并出具证明。

如果以上一切正常，符合购买要求，就进行交易过户。

以下是二手车交易过户流程（见图7-2）。

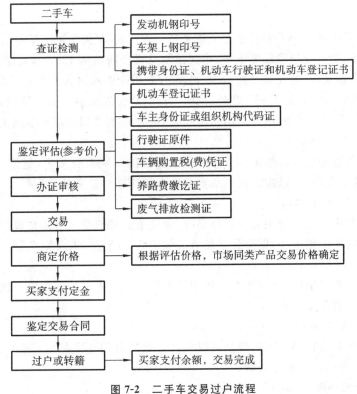

图 7-2 二手车交易过户流程

(1) 签订车辆转让合同；
(2) 查实该车是否抵押、被法院封存；
(3) 查验闯红灯记录；
(4) 车管所出具同意过户交易单；
(5) 经车辆检测站测试认可；
(6) 交纳车辆过户交易税费；
(7) 免税车须提供海关监管车辆解除监管证明书；
(8) 重新上牌,领取行驶证；
(9) 办理附加税证变更手续,办理养路费凭单变更手续；
(10) 如有保险费单,则须办理转户手续。

任务3　汽车保险与理赔服务

一、汽车保险

汽车保险即机动车辆保险,是指对机动车辆由于自然灾害或意外事故所造成的人身伤亡或财产损失负赔偿责任的一种商业保险。

（一）汽车保险种类

1. 交强险

2020年9月3日,中国银行保险监督管理委员会官网发布《关于实施车险综合改革的指导意见》,其中明确规定,提升交强险保障水平,将交强险总责任限额从12.2万元提高到20万元,其中死亡伤残赔偿限额从11万元提高到18万元,医疗费用赔偿限额从1万元提高到1.8万元,财产损失赔偿限额维持0.2万元不变。此外,机动车在道路交通事故中无责任的赔偿限额为死亡伤残赔偿限额1.8万元人民币,医疗费用赔偿限额1800元,财产损失赔偿限额100元。

2. 车辆损失险（基本险）

车辆损失险负责赔偿由自然灾害或意外事故造成的车辆自身损失,是汽车保险中的主要险种,若不投保这个险种,则保险公司不负责赔偿车辆碰撞后发生的修理费。有免赔金额。

3. 第三者责任险（基本险）

被保险人在使用车辆过程中发生意外事故,致使第三者遭受人身伤亡或财产直接损毁,依法由被保险人支付的赔偿金额,保险公司按有关规定给予赔偿。有免赔金额。

4. 车上责任险（附加险）

保险车辆发生意外事故,导致车上货物遭受损失和车上人员的伤亡以及施救费,由保险公司承担赔偿责任。有免赔金额。

5. 全车盗抢险（附加险）

保险车辆全车被盗窃、被抢夺,经县级以上公安刑侦部门立案核实,满3个月未查明下落的,保险公司负责赔偿。有免赔金额。

6. 玻璃单独破碎险（附加险）

车辆的挡风玻璃和车窗玻璃发生单独破碎,保险公司负责赔偿。无免赔金额。

7. 自燃损失险(附加险)

因本车电器、线路、供油系统发生故障及货物自身原因起火燃烧,或者因车上新增设备起火造成的车辆损失,由保险公司负责赔偿。有免赔金额。

8. 不计免赔特约险(附加险)

投保本保险后,对保险车辆在车辆损失险和第三者责任险中由被保险人自己承担的免赔金额,不论一次或多次发生保险事故,均给予赔偿。

附加险如全车盗抢险、玻璃单独破碎险、自燃损失险、新增加设备损失险是车辆损失险的附加险,必须先投保车辆损失险后才能投保;车上责任险、无过错责任险、车载货物掉落责任险是第三者责任险的附加险,必须先投保第三者责任险后才能投保;投保不计免赔特约险,必须先同时投保车辆损失险和第三者责任险。

交强险为强制性责任保险,非商业性质,而车辆损失险和第三者责任险及其附加险为商业险。

(二)汽车保险的金额、期限和费用

1. 保险金额和赔偿限额

1) 损失险金额

车辆损失险的保险金额由投保人和保险人协商确定,可选择以下3种方式之一。

(1) 按新车购置价确定。新车购置价是指在保险合同签订地购置与保险车辆同类型新车(含车辆购置附加税)的价格。

(2) 按投保时的实际价值确定。实际价值是指同类型车辆市场新车购置价减去该车已使用年限折旧金额后的价格。

(3) 协商确定。由投保人与保险人协商确定,但保险金额不得超过同类型新车购置价,超过部分无效。

2) 第三者责任险赔偿限额

(1) 在不同区域内,摩托车、拖拉机的最高赔偿限额分4个档次:2万元、5万元、10万元和20万元。

(2) 除摩托车、拖拉机外的其他汽车第三者责任险的最高赔偿限额分为6个档次:5万元、10万元、20万元、50万元、100万元和100万元以上,最高不超过1 000万元。

(3) 挂车投保后与主车视为一体。发生保险事故时,挂车引起的赔偿责任视同主车引起的赔偿责任,但以主车赔偿限额为限。

2. 保险期限

保险合同的保险期限为1年,除法律另有规定外,投保时保险期限不足1年的按短期月费率收取保险费;保险期限不足1个月的按1个月计算。

3. 保险费用的计算

1) 保险费率确定的基本原则

(1) 公平合理原则。

公平合理原则的核心是确保每一个被保险人的保费负担的实现基本上是依据或者反映了保险标的的危险程度。公平合理原则应在两个层面加以体现。

一是在保险人和被保险人之间。在保险人和被保险人之间体现公平合理原则,是指保险人的总体收费应当符合保险价格确定的基本原理,尤其是在附加费率部分,不应让被保险人负担保险人不合理的经营成本和利润。

二是在不同的被保险人之间。在被保险人之间体现公平合理原则,是指不同被保险人的保险标的的危险程度可能存在较大的差异,保险人对不同的被保险人收取的保险费应当反映这种差异。

由于保险商品存在一定的特殊性,要实现绝对公平合理是不可能的,所以,公平合理只能是相对的,只是要求保险人在确定费率的过程中应当注意体现一种公平合理的倾向,力求实现费率确定的相对公平合理。

(2) 保证偿付原则。

保证偿付原则的核心是确保保险人具有充分的偿付能力。保险费是保险标的的损失偿付的基本资金,所以,确定保险费率时应保证保险公司具有相应的偿付能力,这是由保险的基本职能决定的。保险费率过低,势必削弱保险公司的偿付能力,从而影响对被保险人的实际保障。在市场经济条件下,经常出现一些保险公司在市场竞争中为了争取市场份额,盲目地降低保险费率,结果是严重影响其自身的偿付能力,损害了被保险人的利益,甚至对整个保险业和社会产生巨大的负面影响。为了防止这种现象的发生,各国对于保险费率的确定,大都实行由同业公会制定统一费率的方式,有的国家在一定的历史时期甚至采用由国家保险监督管理部门颁布统一费率,并要求强制执行的方式。

保证偿付能力是确定保险费率的关键,原因是保险公司是否具有足够的偿付能力,不仅会影响到保险业的经营秩序和稳定,同时可能对广大的被保险人,乃至整个社会产生直接的影响。

(3) 相对稳定原则。

相对稳定原则是指保险费率确定之后,应当在相当长的一段时间内保持稳定,不要轻易变动。由于机动车辆保险业务存在保费总量大、单量多的特点,费率的经常变动势必增加保险公司的业务工作量,导致经营成本上升。同时因为需要不断适应新的费率,也给被保险人带来不便。要实现保险费率相对稳定的原则,在确定保险费率时就应充分考虑各种可能影响费率的因素,建立科学的费率体系,更重要的是应对未来的趋势做出科学的预测,确保费率的适度超前,从而实现费率的相对稳定。

要求费率的确定具有一定的稳定性是相对的,一旦经营的外部环境发生了较大变化,保险费率就必须进行相应的调整,以符合公平合理的原则。

(4) 促进防灾防损原则。

防灾防损是保险的一个重要职能,其内涵是保险公司在经营过程中应协调某一风险群体的利益,积极推动和参与针对这一风险群体的预防灾害和损失活动,减少或者避免不必要的灾害事故的发生。这样不仅可以减少保险公司的赔付金额和被保险人的损失,更重要的是可以保障社会财富,稳定企业的经营,安定人民的生活,促进社会经济的发展。

2) 保险方案设计

(1) 完全保障方案。

险种组合:车辆损失险+第三者责任险+车上责任险+挡风玻璃单独破碎险+不计免赔特约险+新增加设备损失险+自燃损失险+全车盗抢险。

特点:保全险,能保的险种全部投保,即几乎与汽车有关的全部事故损失都能得到赔偿。不必因少保某一个险种而得不到赔偿,承担投保决策失误的责任。

(2) 最佳保障方案。

险种组合：车辆损失险＋第三者责任险＋车上责任险＋挡风玻璃单独破碎险＋不计免赔特约险＋全车盗抢险。

特点：在完全保障方案中剔除新增加设备损失险和自燃损失险。因为这两个险种的出险概率不高，必要性不是很大。即价值大的险种投保，价值不大的不花冤枉钱。

(3) 最低保险方案。

险种组合：第三者责任险。

特点：只投保第三者责任险，别的全部不投。这种方案适用于急于上牌照和验车的个人。一旦撞车或撞人，对方的损失能得到保险公司的一些赔偿，但自己的损失只能由自己承担。

(4) 经济保障方案。

险种组合：车辆损失险＋第三者责任险＋不计免赔特约险＋全车盗抢险。

特点：仅投保4个最必要、最有价值的险种，即用最少的钱投保最有价值的险种，性价比最高。这种方案能保障个人最关心的丢失和赔偿问题等大部分风险，是精打细算的人的最佳选择。

3) 保费计算的举例

以一辆价值15万元的车（非营业性）为例。基本保险费：240元；基本保险费率：1.2%；全车盗抢险费率：1%；车上责任险：每座60元；不计免赔险费率：20%；自燃损失险费率：0.4%。

具体计算如下：

(1) 投保第三者责任险（赔偿限额10万元）保险费1 300元。

(2) 车辆损失险（保险金额15万元）。

保费计算：基本保险费＋保险金额×费率＝240元＋150 000×1.2%＝2 040元。

全车盗抢险（保险金额15万元），保费按1%计算为1 500元。

车上责任险（5座，每座60元）300元。

不计免赔特约险：保费＝（车损险保费＋第三者险保费）×20%＝668元。

自燃损失险：150 000元×0.4%＝600元。

合计保险费5 008元。

二、汽车理赔

（一）车辆保险理赔流程

出了交通事故除了向交通运输管理部门报案外，还要及时向保险公司报案。一方面，让保险公司知道投保人出了交通事故；另一方面，可以向保险公司咨询如何处理、保护现场。

车主在理赔时的基本流程：

(1) 出示保险单证。

(2) 出示行驶证。

(3) 出示驾驶证。

(4) 出示被保险人身份证。

(5) 出示保险单。

(6) 填写出险报案表。

(7) 填写出险经过。

(8) 填写报案人、驾驶员和联系电话。

(9) 检查车辆外观,拍照定损。

(10) 理赔员带领车主进行车辆外观检查。

(11) 根据车主填写的报案内容拍照核损。

(12) 理赔员提醒车主检查车辆上有无贵重物品。

(13) 交付维修站修理。

(14) 理赔员开具任务委托单,确定维修项目及维修时间。

(15) 车主签字认可。

(16) 车主将车辆交于维修站维修。

(二) 赔偿数额和方法

1. 两种车辆损失险的赔偿

全部损失赔偿和部分损失赔偿。全部损失赔偿按保险金额执行,但当保险金额高于重置价值(即实际价值,以出险地重新购置价为准)时,赔偿金额以不超过出险地的重置价为限。部分损失赔偿以实际修理费为计算赔偿的依据,但不超过保险金额。如车辆的保险金额低于保险价值,按保险金额与保险价值的比例计算赔偿。

车辆损失赔偿以不超过保险金额为限。如果保险车辆按全部损失计算赔偿或部分损失的一次赔偿达到保险金额,车辆损失险的保险责任即行终止;如赔偿金额未达到保险金额,则合同继续有效。

根据驾驶员在事故中所负责任,车辆损失险和第三者责任险在符合赔偿规定的金额内实行绝对免赔率;负全部责任免赔20%,负主要责任免赔15%,负同等责任免赔10%,负次要责任免赔5%。

2. 与保险金额相关的赔偿金额

如果汽车投保时的保险金额按车的实际价值确定,则保险金额低于保险价值,但等于实际价值。遇到车辆被盗、被抢造成全车损失时,得到的赔偿与保险金额等同于保险价值,但遇到部分损坏时不同,保险车辆得到按保险金额与保险价值的比例计算的赔偿费用。车辆损失以不超过保险金额为限,如果保险车辆按全部损失计算赔偿或部分损失一次赔款达到保险金额时,车辆损失险的保险责任终止。当保险金额低于实际价值时,如果车辆发生全损,保险公司按照保险金额计算赔偿金。所以,在给车辆上保险时应该实事求是,足额投保。

举例说明:假设一辆新车的购置价为12万元,使用年限为15年。使用3年后,车主以8万元购买,则此时它的实际价值是12万/15年×(15年-3年)=9.6万元。在投保不同保险金额的情况下,发生全部损失(被盗)和部分损失(修理费800元)时,保险公司的赔款计算如下:

(1) 保险价值12万元,保险金额12万元:

全部损失时赔款为96 000元×80%=76 800元;部分损失时赔款为800元×80%=640元。

(2) 保险价值12万元,保险金额8万元:

全部损失时赔款为80 000元×80%=64 000元;部分损失时赔款为(80 000/120 000)×800元×80%=426.67元。

(3) 保险价值 12 万元,保险金额 6 万元:

全部损失时赔款为 60 000 元×80%＝48 000 元;部分损失时赔款为(60 000/120 000)× 800 元×80%＝320 元。

注意:当赔款达到应交保费的 150%时,保险公司还要加收应交保费的 30%,并在赔款中扣除。

(三)索赔的注意事项

(1) 实事求是、及时报案。出现保险事故后,车主或其他相关人员应将事故发生的时间、地点、原因、损失程度、估损金额等通过填写"机动车出险登记表"和"机动车出险通知书",及时向保险公司报告。若被保险车被盗抢,应在 24h 内向公安刑侦部门报案,同时通知保险公司。

(2) 保护现场、配合查勘。

(3) 提供证明、交送单据。索赔时应向保险公司提供保险单、事故责任认定书、事故调解书、人员伤亡证明及费用单据、伤残鉴定证明等。

(4) 尽量修复、事先约定。出险车因保险事故受损或致使第三者财产损坏,应尽量修复。修理前车主须会同保险公司检验、确定修理项目、方式和费用,以免被保险公司重新核定甚至拒绝赔偿。

任务 4 二手车交易服务

一、二手车交易的概念及类型

(一)概念

二手车交易是针对准备换车的群体把卖车和买车两个环节集合在一起的交易形式。二手车置换首先是卖车,即进行二手车交易。

(二)类型

二手车交易的类型根据交易双方的行为和参与程度的差异分为:二手车的收购、销售、寄售、代购、代销、租赁、拍卖等。

(1) 二手车收购、销售:为方便客户进场直接销售或购置车辆,二手机动车交易中心按照客户的要求,代为销售或购置二手机动车的一种经营活动。

(2) 二手车寄售:卖车方与二手机动车交易中心签订协议,将所售车辆委托二手车机动车交易中心保管及寻找购车方,二手机动车交易中心从中收取一定的场地费、服务费及保管费的一种交易行为。

(3) 二手车代购、代销:在无须客户进场直接销售或购置的前提下,二手机动车交易中心按照客户的要求,代为销售或购置二手机动车的一种经营活动。

(4) 二手车租赁:二手机动车交易中心将二手机动车向客户提供租赁的一种经营活动。

(5) 二手车拍卖:二手机动车交易中心以公开竞价的方式销售二手机动车的一种经营活动。

值得注意的是,近年来,出现了一种新的二手车交易模式——二手车置换,并在一些轿车的品牌专营店中迅速成长起来。置换的概念源于海外。狭义的置换就是"以旧换新"业务,即经销商通过二手商品的收购与新商品的对等销售获取利益。广义的置换则是在以旧换新业务的基础上,同时兼容二手商品的整新、跟踪服务,二手商品再销售乃至折抵、分期付款等项目的一系列业务组合,从而成为一种有机而独立运营的营销方式。不同于以往二手车交易的是,由于可以推动新车销售,二手车置换业务往往背靠汽车品牌专营店,获得了汽车制造厂商的强大技术支持,经销商为二手车的再销售在一定程度上提供质量担保,这大大降低了消费者在二手车交易中的购买风险,规范了交易双方的交易行为,其发展潜力十分巨大。

二、二手车交易价格评估

(一) 二手车交易价格评估的基本程序

所谓二手车交易价格评估的基本程序,是指针对具体的待评估车辆,从接受立项、受理委托到完成评估任务、出具具体报告全过程的具体步骤和工作环节。通常二手车交易市场发生的二手车评估业务有以下几种。

1. 单个的二手机动车交易业务

这类业务中,车辆一般都是零散地进入市场交易。

2. 多辆或批量的二手机动车交易业务

这类业务中,车辆数量比较集中,少则五辆、十辆,多则几十辆。其客户大多是生产企业或运输企业。

对于上述业务,前者的评估操作程序相对简单,后者的评估操作程序相对复杂。下面以后者为例,对其一般的评估操作程序进行简单介绍:

(1) 前期准备工作阶段。二手机动车鉴定估价的前期准备工作主要包括业务接待、实地考察、签订评估委托协议书和拟定鉴定评估作业方案等。

(2) 现场工作阶段。现场工作阶段的主要任务是检查手续、核实实物、验证委托人提供的资料、鉴定车辆技术状况。

(3) 评定估算阶段。评定估算阶段一方面要继续搜集所欠缺的资料;另一方面要对搜集到的数据资料进行筛选整理。根据评估目的选择适用的评估方法,本着客观、公正的原则对车辆进行估算,确定评估结果。

(4) 自查及撰写评估报告阶段。这一阶段主要是对整个评估过程进行自查,对鉴定估价的依据和参数再进行一次全面核对,在重新核对无误的基础上,撰写评估说明和报告,最后登记造册归档。

(二) 二手车交易价格评估的方法

二手机动车交易价格的评估,按照国家规定的现行市价法、收益现值法、清算价格法和重置成本法 4 种方法进行。

1. 现行市价法

现行市价法又称市场法、市场价格比较法,是指通过比较被评估车辆与最近售出的类似车辆的异同,并根据类似车辆的市场价格进行调整,从而确定被评估车辆价值的一种评估方法。

现行市价法是最直接、最简单的一种评估方法。这种方法的基本思路是:通过市场调查,选择一个或几个与被评估车辆相同或类似的车辆作为参照物,分析参照物的构造、功能、性能、新旧程度、地区差别、交易条件及成交价格等,并与被评估车辆一一对照比较,找出两者的差别及差别所反映在价格上的差额,经过调整,计算出二手机动车辆的价格。

2. 收益现值法

收益现值法是将被评估的车辆在剩余寿命期内的预期收益用适用的折现率折现为评估基准日的现值,并以此确定评估价格的一种方法。

采用收益现值法对二手机动车辆进行评估所确定的价值,是指为获得该机动车辆以取得预期收益的权利所支付的货币总额。

从原理上讲,收益现值法是基于这样的事实:即人们之所以占有某车辆,主要是考虑这辆车能为自己带来一定的收益。如果某车辆的预期收益小,车辆的价格就不可能高;反之车辆的价格肯定就高。投资者购买车辆时,一般要进行可行性分析,只有在预计的内部回报率超过评估时的折现率时,才会支付货币来购买车辆。应该注意的是,运用收益现值法进行评估时,是以车辆投入使用后连续获利为基础的。在机动车的交易中,人们的目的往往不在于车辆本身,而在于车辆获利的能力。因此该方法较适用于投资营运的车辆。

3. 清算价格法

清算价格法是以清算价格为标准,对二手机动车辆进行的价格评估。所谓清算价格,是指企业由于破产或其他原因,要求在一定的期限内将车辆变现,在企业清算之日预期出卖车辆可收回的快速变现价格。清算价格法在原理上基本与现行市价法相同,所不同的是清算价格往往低于现行市场价格,这是由于企业被迫停业或破产,急于将车辆拍卖出售。

4. 重置成本法

重置成本法是指以现时条件下重新购置一辆全新状态的被评估车辆所需的全部成本(即完全重置成本,简称重置全价),减去该被评估车辆的各种陈旧贬值后的差额,作为被评估车辆现时价格的一种评估办法。其基本计算公式为

$$被评估车辆的评估值 = 重置成本 - 实体性贬值 - 功能性贬值 - 经济性贬值$$

或

$$被评估车辆的评估值 = 重置成本 \times 成新率$$

由上式可以看出,被评估车辆的各种贬值包括实体性贬值、功能性贬值、经济性贬值。

实体性贬值也叫有形损耗,是指机动车在存放和使用过程中,由物理和化学原因而引起的车辆实体发生的价值损耗,即由于自然力的作用而发生的损耗。二手机动车一般都不是全新状态的,因而大都存在实体性贬值。确定实体性贬值,通常依据车辆的新旧程度,包括表体及内部构件、部件的损耗程度。假如用损耗率来衡量,一部全新的车辆,其实体性贬值为百分之零;而一部完全报废的车辆,其实体性贬值为百分之百;处于其他状态下的车辆,其损耗率则位于这两个数字之间。

功能性贬值是科学技术的发展所导致的车辆贬值,即无形损耗。这类贬值又可细分为一次性功能贬值和营运性功能贬值。一次性功能贬值是由于技术进步引起劳动生产率的提高,现在再生产制造相同功能的车辆的社会必要劳动时间减少、成本降低而造成原车辆的贬值。具体表现为原车辆价值中有一项超额投资成本将不被社会承认。营运性功能贬值是由于技术进步,出现了新的、性能更优的车辆,致使原有车辆的功能相对新车型已经落后而引起其价值贬值。具体表现为原有车辆在完成相同工作任务的前提下,在燃料、人力、配件材料等方面的消耗增加,形成了一部分超额运营成本。

经济性贬值是指外部经济环境变化所造成的车辆贬值。所谓外部经济环境,包括宏观经济政策、市场需求、通货膨胀、环境保护等。经济性贬值是由外部环境而不是车辆内部因素所引起的达不到原有设计的获利能力而造成的贬值。外界因素对车辆价值的影响是客观存在的,并且影响还相当大,所以在二手机动车的评估中不可忽视。

三、二手车交易实务

根据二手车交易的特性,为杜绝盗抢车、走私车、拼装车和报废车的面市,切实维护消费者的合法权益,科学合理地设计了"一条龙"的作业方式,从而使二手车交易按规范有序的流程进行,减少了购销双方的来回奔波,提供了便民、可监控和有序的交易环境。二手车交易程序的主要环节有:车辆查验、车辆评估、车辆交易、初审受理、材料传送、过户制证、转出吊销、材料回送以及收费发还。

(一) 车辆查验

在驻场警官的监督下,由交易市场委派经过验车培训的工作人员,协助警官展开交易车辆的查验工作。在车辆年检期有效的时段内,查验车辆识别代码(发动机号、车架号)的钢印是否有改动,与其拓印是否一致;查验车辆颜色与车身装置是否与机动车行驶证上的一致。同时按交易类别对车辆的主要行驶性能进行检测,确保交易车辆的性能正常安全。如果一切正常,则在"机动车登记业务流程记录单"上盖章,并在发动机号、车架号的拓印上加盖骑缝章。

(二) 车辆评估

专业车辆评估人员将根据车辆的使用年限(已使用年限)、行驶里程数、总体车况和事故记录等进行系统的勘查和评估,确定车辆的成新率。再按照该车的市场销售状况等,提出基本参考价格,通过计算机系统的运算,打印"车辆评估书",由评估机构的评估师盖章后生效,作为车辆交易的参考和依法纳税的依据之一。

(三) 车辆交易

二手车经过查验和评估后,其真实性有了基本保障,价格也已基本确定。之后,需要原车主对其车辆的一些事宜(使用年限、行驶里程数、安全隐患、有无违章记录等)做出书面承诺。二手车经营(经纪)公司可以对该车进行出售或寄售,与客户谈妥后,收取相应的证件和材料,开具相应的发票,签署经营(经纪)合同,整理后送至办证初审窗口。

(四) 初审受理

由二手车交易市场派驻各个交易市场的专业业务受理工作人员,对各经营(经纪)公司或客户送达的车辆牌证和手续材料,初审其真实性、有效性,以及单据填写的准确性。确认合格后,打印操作流水号和代办单,经工商行政管理部门验证盖章,将有关材料整理装袋,准备送至相应的办证地点。

(五) 材料传送

由二手车交易市场指定的专业跑(送)单人员,经核对材料的份数后,贴上封条,填写"材料交接表"并签章,将办证材料及时、安全地送至相应的办证地点。

(六) 过户制证

由驻场警官,对送达的办证材料经实时计算机车辆档案库进行对比查询,并对纸质材料进行复核,复核无误后,在"机动车登记业务流程记录单"上录入复核人员的姓名,签注"机动车登记证书",由市场工作人员按操作程序进行机动车行驶证的打印、切割、塑封,并录入相应操作岗位的人员姓名。将纸质材料整理、装订后,送至车辆管理所档案科。相关证件和机动车行驶证、机动车注册/转入登记表(副表)等,由跑(送)单人员回送至相应的代理交易市场。

(七)转出吊销

跑(送)单人员将转出(转籍)的有关证件、材料和号牌送至各地车辆管理所档案科,由警官对送达的转出材料和证件进行复核。确认无误后,收缴机动车号牌,并在相应的机动车登记业务流程记录单上录入复核警官的姓名,并签注机动车登记证书,将送至的纸质材料整理后装袋封口,并在计算机中设置成"转出"状态,传递至全国公安交通管理信息系统中,其"机动车档案"和"机动车临时号牌"将由跑(送)单人员返送至各代理交易市场。

(八)材料回送

经驻场警官复核后,换发机动车行驶证、机动车注册/转入登记表(副表)和有关证件,或将经车辆管理所档案科警官复核后调出的"机动车档案"和"机动车临时号牌"以及相关的证件整理后送各代理交易市场的办证窗口,并经驻场牌证、材料接收人员在"材料交接表"上签字确认。

(九)收费发还

各交易市场的办证窗口收到材料并核对无误后,对所需支付的费用逐一进行汇总计算,打印发票,向委托办理的经营(经纪)公司和客户收取费用,核对"代办单"后,发还证照和材料。

这些交易程序适用于各交易市场的过户类、转出(转籍)类的二手车交易行为,其他二手车交易的特定服务项目的程序,在此不做详述。

任务5 汽车维修与检测服务

一、汽车维修项目及要求

汽车维修是汽车维护(汽车保养)和汽车修理的总称。汽车维护是为维持汽车完好技术状况或工作能力而进行的作业。汽车修理是为恢复汽车完好技术状况或工作能力和延长寿命而进行的作业。随着汽车设计和制造水平的提高,汽车通过有效维护,在8~10年使用期限内取消整车大修已逐渐成为一种发展趋势。随着汽车修理工作量的逐渐减少,维护的工作总量已大于修理量。整车大修已被总成六修所代替,汽车维修的重点已转移到维护工作上,维护已重于修理。在汽车维修工作中,实际上也是以维护作业为主。

(一)汽车维护的主要工作
汽车维护工作主要有清洁、检查、紧固、调整、润滑和补给等多项内容。

1. 清洁

清洁工作是提高汽车维护质量、防止机件腐蚀、减轻零部件磨损和降低燃油消耗的基础,并为检查、补给、润滑、紧固和调整工作做好准备。其工作内容主要包括对燃油、机油、空气滤清器滤芯的清洁,汽车外表的养护和对有关总成、零部件内外部的清洁作业。

2. 检查

检查是通过检视、测量、试验和其他方法,确定汽车以及总成、部件技术状况是否正常,工作是否可靠,机件有无变异和损坏,为正确维修提供可靠的依据。其工作内容主要是检查汽车各总成和机件的外表、工作情况和连接螺栓的拧紧力矩等作业。

3. 紧固

汽车在运行中,由于振动、颠簸、机件热胀冷缩等原因,零部件的紧固程度会改变,以致零部件失去连接的可靠性。紧固工作是保证各部机件连接可靠,防止机件松动的维护作业。

4. 调整

调整工作是恢复车辆良好技术性能的一项重要工作。调整工作的好坏,与减少机件磨损、保持汽车使用的经济性和可靠性有直接关系。其工作内容主要是按技术要求恢复总成、机件的正常配合间隙及工作性能等作业。

5. 润滑

润滑主要是为了减轻摩擦副的摩擦阻力,减少机件的磨损,延长汽车的使用寿命。其工作内容包括为发动机润滑系部件更换或添加润滑油;为传动系操纵部分以及行驶系各润滑部位加注润滑油或润滑脂等作业。

6. 补给

补给工作是指在汽车维护中,对汽车的燃油、润滑油料及特殊工作液体进行加注补充,对蓄电池进行补充充电,对轮胎进行补充充气等作业。

（二）汽车的维护制度

目前我国的汽车维护制度分为日常维护、一级维护、二级维护和走合期维护制度4个级别。

1. 日常维护

日常维护是以清洁、补给和安全检视为中心内容,由驾驶员负责执行的车辆维护作业。日常维护的周期为出车前、行车中、收车后。日常维护的内容有:对汽车外观、发动机外表进行清洁,保持车容整洁;对汽车各部的润滑油（脂）、燃油、冷却液、各种工作介质、轮胎气压进行检视补给;对汽车制动、转向、传动、悬架、灯光、信号灯等安全部位和位置以及发动机运转状态进行检视、校紧,确保行车安全。

2. 一级维护

一级维护是除日常维护作业外,以清洁、润滑、紧固为主要作业内容,并检查有关制动、操纵等安全部件,由维修企业负责执行的车辆维护作业。

3. 二级维护

二级维护是除一级维护作业外,以检查和调整转向节、转向摇臂、制动蹄片、悬架等经过一定时间的使用容易磨损或变形的安全部件为主,并拆检轮胎,进行轮胎换位,检查、调整发动机工作状况和排气污染控制装置等,由维修企业负责执行的车辆维护作业。

4. 走合期维护

为保证汽车的使用寿命,汽车在投入使用时都应进行走合期的磨合。经过走合期维护后,才可正常投入使用。新车、大修车以及装用大修发动机汽车的,走合期里程规定为1000～3000 km。走合期内,应选择较好的道路并减载限速运行。一般汽车按装载质量标准减载

20%～25%,并禁止拖带挂车;半挂车按装载质量标准减载 25%～50%。驾驶员必须严格执行操作规程,保持发动机工作温度正常。走合期内严禁拆除发动机限速装置,应认真做好车辆日常维护工作,经常检查、紧固各外部螺栓、螺母,注意各总成在运行中的声响和温度变化,及时进行调整。

新车和修复车在走合期满后,应进行一次走合期维护。该维护一般由制造厂指定的维修厂家负责完成。其作业内容为清洁、检查、紧固和润滑工作,主要作业项目为:更换发动机机油,更换机油滤清器,检查变速器和发动机的泄漏情况,检查发动机冷却系统中的冷却液量、制动系统中的制动液量以及风窗玻璃洗涤器液面等,检查转向系统(转向机、转向球头等)、传动轴和前、后悬架系统、轮胎气压、制动系统的制动性能和工作状况。

(三) 汽车修理

1. 汽车修理级别的划分

按照不同的作业对象和不同的作业范围,汽车修理可分为整车大修、总成大修、汽车小修和零件修理。

(1) 整车大修。整车大修是汽车在行驶一定里程(或时间)后,经过检测诊断和技术鉴定,需要用修理或更换零部件的方法,恢复车辆整体完好的技术状况,完全或接近完全恢复汽车使用性能和寿命的恢复性修理。

(2) 总成大修。总成大修是汽车的主要总成经过一定使用时间(或行驶里程)后,用修理或更换总成零部件(包括基础件)的方法,恢复其完好技术状况和寿命的恢复性修理。

(3) 汽车小修。汽车小修是用修理或更换个别零件的方法,保证或恢复汽车局部工作能力的运行性修理。

(4) 零件修理。零件修理是对因磨损、变形、损伤等而不能继续使用的零件的修理。汽车在修理和维护过程中更换下来的零件,具备修理价值的,可修复使用。

2. 汽车大修和总成大修的送修条件

(1) 整车。对于载货汽车,发动机已达到大修标准,同时有两个或两个以上其他总成符合大修条件;对于客车、轿车,车身总成已达到大修的送修条件,同时发动机或其他两个总成也达到大修标准时,均应进行大修。

(2) 发动机。汽缸磨损量超过规定标准,发动机最大功率或汽缸压力较标准降低25%以上,燃油和润滑油消耗量明显增加。

(3) 车身总成。车身有明显的破损、裂纹、锈蚀、脱焊及车身变形逾限;蒙皮破损面积较大,必须拆卸其他总成或部件后才能进行校正、修理。

(4) 变速器(分动器)总成。壳体变形、破裂,轴承孔磨损逾限,变速齿轮及轴严重磨损、损坏,需要彻底修复。

(5) 车桥总成。桥壳破裂、变形,半轴套管轴承孔磨损逾限,主销轴承孔磨损逾限,减速器齿轮严重磨损,需要校正或彻底修复。

3. 汽车修理的主要工作

汽车修理工艺过程主要包括外部清洗、总成拆卸、总成分解、零件清洗、检验、修复与更换、装配与调整、试验等各道工序。

在修理过程中,对汽车的主要旋转零件或组合件,如飞轮、离合器压盘、曲轴、传动轴、车轮等,需进行静平衡或动平衡试验;对有密封性要求的零件或组合件,如汽缸盖、汽缸体、散热器、储气筒以及制动阀、泵、气室等,应进行液压或气压试验;对主要零件及有关安全的零部件,如曲轴、连杆、凸轮轴、前轴、轴向节、转向节臂、球头销、转向蜗杆轴、传动轴、半轴、半轴套管或桥壳等,应做探伤检查。

对基础件及主要零件,应检验并恢复其配合部位和主要部位的尺寸、形状及位置要求等。主要总成应经过试验,性能符合技术要求方可装车使用。

(四)汽车维修企业分类与汽车维修商的义务

目前,汽车维修企业按国家标准规定分为3类:一类汽车维修企业是从事汽车大修和总成修理的企业;二类汽车维修企业是从事汽车一级、二级维护和小零件更换等专项修理或维护的企业;三类汽车维修企业是从事汽车小修理、小"美容"的企业。

根据我国目前的规定,汽车维修商在进行汽车维修时必须尽到以下义务:

(1)车辆进厂维修及竣工出厂,必须由专人负责质量检验,并认真填写检验单。维修商对进行汽车大修、总成大修、二级维护的车辆必须建立"汽车维修技术档案"。消费者有权了解自己汽车的维修情况。

(2)汽车维修竣工出厂实行出厂合格证制度(汽车小修和部分专项修理除外),维修质量不合格的车辆不准出厂。汽车维修商在车辆维修竣工出厂时必须按竣工出厂技术条件进行检测,并向托修方提供由出厂检验员签发的汽车维修竣工出厂合格证。

二、汽车检测项目及标准

(一)汽车检测及审验

《中华人民共和国道路交通安全法》规定:对登记后上道路行驶的机动车,应当依照法律、行政法规的规定,根据车辆用途、载客载货数量、使用年限等不同情况,定期进行安全技术检验,未按规定检验或检验不合格的,不准继续行驶。《汽车运输业车辆技术管理规定》要求:各省、自治区、直辖市交通厅(局)应建立运输业车辆检测制度,根据车辆从事运输的性质、使用条件和强度以及车辆老旧程度等,进行定期或不定期检测,确保车辆技术状况良好,并对维修车辆实行质量监控。并规定:经认定的汽车综合性能检测站在车辆检测后,应发给检测结果证明,作为交通运输管理部门发放或吊扣营运证依据之一和确定维修单位车辆维修质量的凭证。

机动车辆必须按照车辆管理部门的规定定期进行检验(一般一年一次),作为发放和审验"行驶证"的主要依据。营运车辆还必须根据交通运输管理部门制定的车辆检测制度,对车辆的技术状况进行定期或不定期的检测(一般一季度一次),作为发放和审验"营运证"的主要依据。

1. 年检

年检是指按照车辆管理部门规定的期限对在用车辆进行的定期检验,或根据交通运输管理部门制定的车辆检测制度对营运车辆进行的定期检测。车辆年检的目的是检验车辆的主要技术性能是否满足《机动车运行安全技术条件》(GB 7258—2017)的规定,督促车辆所属单位对车辆进行维修和更新,确保车辆具有良好的技术状况,消除事故隐患,确保行车安全。同时,使车辆管理部门全面掌握车辆分类和技术状况的变化情况,以便加强管理。根据汽车检测和审验的类型和目的的不同,一般可分为汽车安全检测、汽车综合性能检测、汽车维修检测和特殊检测。

1) 汽车安全检测

汽车安全检测的目的是确定汽车性能是否满足有关汽车运行安全和环保等法规的规定，是对全社会民用汽车的安全性检查。根据检测手段不同，一般分为外检和有关性能的检测。外检通过目检和实际操作来完成，其主要内容包括：检查车辆号牌和行车执照有无损坏、涂改、字迹不清等情况，校对行车执照与车辆的各种数据是否一致；检查车辆是否经过改装、改型、更换总成，其更改是否经过审批及办理过有关手续；检查车辆外观是否完好，连接件是否紧固，是否有"四漏"（漏水、漏油、漏气、漏电）现象；检查车辆整车及各系统是否满足《机动车运行安全技术条件》中规定的基本要求。对汽车有关性能的检测，是采用专用检测设备对汽车进行规定项目的检测，主要有转向轮侧滑、制动性能、车速表误差、前照灯性能、废气排放、喇叭声级和噪声。

2) 汽车综合性能检测

汽车综合性能检测的目的是对在用运输车辆的技术状况进行检测诊断，对汽车维修行业的维修车辆进行质量检测，以确保运输车辆安全运行，提高运输效率和降低运行消耗。汽车综合性能检测的主要内容包括：安全性（制动、侧滑、转向、前照灯等）；可靠性（异响、磨损、变形、裂纹等）；动力性（车速、加速能力、底盘输出功率、发动机功率和转矩、供给系统和点火系统状况等）；经济性（燃油消耗）；噪声和废气排放状况。

3) 汽车维修检测

汽车维修检测是在汽车维修前进行技术状况检测和故障诊断，据此确定附加作业、小修项目以及是否需要大修，同时对汽车维修后的质量进行检测。

4) 特殊检测

特殊检测是根据不同的目的和要求而对在用车辆进行的检验。在检验的内容和重点上与上述各类检测有所不同，故称为特殊检测，主要包括以下几类。

(1) 改装或改造车辆的检测。为了不同的使用目的，在原车型底盘的基础上改制成其他用途的车辆后，因其结构和使用性能变更较大，车辆管理部门在核发号牌及行车执照时，应对其进行特殊检验，包括汽车主要总成改造后的车辆的检测，有关新工艺、新技术、新产品以及节能、科研项目等的检测鉴定。

(2) 事故车辆的检测。对发生交通事故并有损伤的车辆进行检测，一方面是为了分析事故原因，分清事故责任；另一方面是为了查找车辆的故障，确定车辆的技术状况，以保证再行车的安全。

(3) 外事车辆的检验。为保证参加外事活动车辆的技术状况，防止意外事故发生，必须对车辆的安全性能和其他有关性能进行检验。

(4) 其他检测。接受公安、商检、计量、保险等部门的委托，进行有关项目的检测。

2. 临时性检验

临时性检验是指对车辆进行年检和正常检验之外的车辆检验。车辆临时性检验的内容与年检基本相同，其目的是评价车辆性能是否满足《机动车运行安全技术条件》（GB 7258—2017）的要求，以确定其能否在道路上行驶，或车辆技术状况是否满足参与营运的基本要求。

在用车辆参加临时性检验的范围有：

(1) 申请领取临时号牌的车辆。

(2) 放置很长时间后要求复驶的车辆。

(3) 遭受严重损坏,修复后准备投入使用的车辆。

(4) 挂有国外、港澳地区号牌,经我国政府允许,可进入我国境内短期行驶的车辆。

(5) 车辆管理部门认为有必要进行临时检验的车辆(如春运期间、交通安全大检查期间)。

营运车辆在下述情况下,应按交通运输管理部门的规定参加临时性检测:

(1) 申请领取营运证的车辆。

(2) 经批准停驶的车辆恢复行驶前。

(3) 经批准封存的车辆启封使用时。

(4) 改装和主要总成改造后的车辆。

(5) 申请报废的车辆。

(6) 其他车辆检测诊断服务。

(二) 汽车检测站分类

汽车检测和审验工作是在具有若干必需的技术装备,并按一定工艺路线组成的汽车检测站进行的。根据检测站的服务对象和检测内容,可分为汽车安全检测站、汽车综合性能检测站和汽车维修检测站3类。

1. 汽车安全检测站

汽车安全检测站主要检测汽车中与安全及环保有关的项目,受公安机关车辆管理部门的委托,承担汽车申请注册登记时的初次检验、汽车定期检验、汽车临时检验和汽车特殊检验(包括事故车辆、外事车辆、改装车辆和报废车辆等的技术检验)。根据中华人民共和国公安部颁布的《机动车辆安全技术检测站管理办法》的规定,安全检测站必须具备检测车辆侧滑、灯光、轴重、制动、排放、噪声的设备及其他必要的检测设备。

2. 汽车综合性能检测站

汽车综合性能检测站是综合运用现代检测技术、电子技术和计算机应用技术,对汽车实施不解体检测、诊断的机构。它能在室内检测、诊断出车辆的各种性能参数,查出可能出现故障的状况,为全面、准确评价汽车的使用性能和技术状况提供可靠的依据。

汽车综合性能检测站既能担负车辆动力性、经济性、可靠性和安全环保管理等方面的检测,又能担负车辆维修质量的检测以及在用车辆技术状况的检测评定,还能承担科研、教学方面的性能试验和参数测试,能为汽车使用、维修、科研、教学、设计、制造等部门提供可靠的技术依据。汽车综合性能检测站由一条至数条检测线组成,对于独立完整的检测站,除检测线之外,还应有停车场、试车道、清洗站、电气站、维修车间、办公区和生活区等。

3. 汽车维修检测站

汽车维修检测站是为汽车维修提供服务的检测站。其任务是:对二级维护前的汽车进行技术状况检测和故障诊断,以确定附加作业和小修项目;对大修前的汽车或总成进行技术状况检测,以确定其是否达到大修标准而需要大修;对维修后的汽车进行技术检测,以监控汽车的维修质量。

任务6 汽车美容与装饰服务

一、汽车的美容服务

"汽车美容"源于西方发达国家,英文名称为 car beauty 或 car care,指对汽车的美化和保护。现代汽车美容不只是简单的汽车清洗、吸尘、除渍、除臭及打蜡等常规护理,还包括利用专业的汽车美容产品和高科技设备,采用特殊的工艺和方法,对汽车进行漆面抛光、增光、划痕处理及全车漆面翻新等一系列养护作业。

汽车美容按作业性质不同可分为护理性美容和修复性美容两大类。护理性美容是指为保持车身漆面和内饰件表面靓丽而进行的美容作业,主要包括新车开蜡、汽车清洗、漆面研磨、漆面抛光、漆面还原及内饰件保护处理等美容作业;修复性美容是车身漆面或内饰件表面出现某种缺陷后所进行的恢复性美容作业,主要有漆膜病态、漆面划伤、漆面斑点及内饰件表面破损等缺陷,根据缺陷的范围和程度不同分别进行表面处理、局部修补、整车翻修及内饰件修补更换等美容作业。

(一) 汽车美容的作用

1. 保护汽车

汽车漆膜是汽车上的金属等物体表面的保护层,它使物体表面与空气、水分、日光以及外界的腐蚀性物质隔离,起着保护物体表面不受腐蚀的作用,从而延长金属等物体的使用寿命。汽车在使用过程中,由于风吹、日晒、雨淋等自然侵蚀,以及环境污染的影响,表面漆膜会出现失光、变色、粉化、起泡、皲裂、脱落等老化现象,另外,交通事故、机械撞击等也会造成漆膜损坏。一旦漆膜损坏,金属等物体便失去了保护的"外衣"。为此,加强汽车美容作业,维护好汽车表面漆膜是保护汽车的前提。

2. 装饰汽车

随着人们消费水平的提高,中、高档轿车对于一些人来说,已不仅仅是一种交通工具,而是一种身份的象征。车主不仅要求汽车具有优良的性能,而且要求汽车具有漂亮的外观,并想方设法把汽车装点得靓丽美观,这就对汽车的装饰性能提出了更高的要求。汽车的装饰性不仅取决于车型外观设计,而且取决于汽车表面色彩、光泽等因素。通过汽车美容作业,可以使汽车涂层表面平整、色彩鲜艳、色泽光亮,始终保持美丽的容颜。

3. 美化环境

随着我国国民经济的不断发展和科学技术的不断进步,人们生活水平不断提高,道路上行驶的各种汽车越来越多。五颜六色的汽车装扮着城市的各条道路,形成一道道美丽的风景线,对城市环境起着美化作用,给人们以美的享受。如果没有汽车美容,道路上行驶的汽车车身将满是灰尘污垢、漆面色彩单调、色泽暗淡,甚至锈迹斑斑,这样将会形成与美丽的城市建筑极不协调的景象。因此,美化城市环境离不开汽车美容。

(二)汽车美容作业项目

1. 护理性美容作业项目

(1) 新车开蜡。汽车生产厂家为防止汽车在储运过程中漆膜受损,确保汽车到用户手中时漆膜完好如新,会在汽车总装的最后一道工序对整车进行喷蜡处理,在车身外表面喷涂封漆蜡。封漆蜡没有光泽,严重影响汽车美观,且易黏附灰尘,因此汽车销售商会在汽车出售前对汽车进行除蜡处理,俗称开蜡。

(2) 汽车清洗。为使汽车保持干净整洁的外观,应定期或不定期地对汽车进行清洗。汽车清洗是汽车美容的首要环节,也是一个十分重要的环节。它既是一项基础性的工作,也是一种经常性的护理作业。

(3) 漆面研磨。漆面研磨是为去除漆膜表面氧化层、轻微划伤等缺陷所进行的作业。该作业虽具有修复美容的性质,但由于所修复的缺陷非常小,只要配合其他护理作业,便可消除缺陷,所以把它列为护理性美容的范围。

(4) 漆面抛光。漆面抛光是紧接着漆面研磨的一道工序。车漆表面经研磨后会留下细微的打磨痕迹,漆面抛光就是为了去除这些痕迹所进行的护理作业。

(5) 漆面还原。漆面还原是研磨、抛光后进行的一道工序,它是通过还原剂将车漆表面还原到"新车"般的状态。

(6) 打蜡。打蜡是在车漆表面涂上一层蜡质保护层,并将蜡抛出光泽的护理作业。打蜡的目的:一是改善车身表面的光亮程度;二是防止腐蚀性物质的侵蚀;三是消除或减小静电影响,使车身保持整洁;四是降低紫外线和高温对车漆的侵害。

(7) 内饰护理。汽车内饰护理是对汽车控制台、操纵件、座椅、座套、顶棚、地毯、脚垫等部件进行的清洁、上光等美容作业,还包括对汽车内饰进行定期杀菌、除臭等空气净化作业。

2. 修复性美容作业项目

(1) 漆膜病态治理。漆膜病态是指漆膜质量与规定的技术指标相比所存在的缺陷。漆膜病态有上百种,对于不同的漆膜病态,应分析具体原因,采取有效措施积极防治。

(2) 漆面划伤处理。漆面划伤是因刮擦、碰撞等原因造成的漆膜损伤。当漆面出现划痕时,应根据划痕的深浅程度,采取不同的工艺方法进行修复处理。

(3) 漆面斑点处理。漆面斑点是指漆面接触了柏油、飞漆、焦油、鸟粪等污物,在漆面上留下的污迹。对斑点的处理应根据斑点在漆膜中渗透的不同深度,采取不同的工艺方法进行修复。

(4) 汽车涂层局部修补。汽车涂层局部修补是当汽车漆面出现局部失光、变色、粉化、起泡、龟裂、脱落等严重老化现象或因交通事故导致涂层局部破坏时所进行的局部修补涂装作业。汽车涂层局部修补虽然作业面积较小,但要使修补漆面与原漆面的漆膜外观、光泽、颜色达到基本一致,还需要操作人员具有丰富的经验和高超的技术水平。

(5) 汽车涂层整体翻修。汽车涂层整体翻修是当全车漆膜出现严重老化时所进行的全车翻新涂装作业。其作业内容主要有清除旧漆膜、金属表面除锈、底漆和泥子施工、面漆喷涂、补漆修饰及抛光上蜡等。

二、汽车的装饰服务

汽车的装饰服务主要有车窗与车身装饰、汽车室内装饰、汽车视听装饰、车载免提电话及汽车安全防护装饰等。

（一）车窗与车身装饰

1. 车窗太阳膜

太阳膜有如下功用：

（1）改变色调。五颜六色的太阳膜可以改变车窗玻璃的单一色调，给汽车增加美感。

（2）提高防爆性能。汽车防爆太阳膜可以提升意外发生时汽车的安全水平，使汽车玻璃的破碎可能性降到最低，最大限度地避免意外事故对车内乘员的伤害。

（3）提高空调效能。汽车防爆太阳膜的隔热率可达50%～95%，能有效地降低汽车空调的使用，节省燃油，提高空调效率。

（4）抵御有害紫外线。紫外线辐射具有杀菌作用，但对人的肌肤也具有侵害力。长时间乘车时，人体基本上处于静止状态，此时更易受到紫外线伤害，造成皮肤疾病。防晒太阳膜可有效阻挡紫外线，对肌肤起到一定的保护作用。

（5）保证乘车隐秘性。太阳膜的单向透视性可以遮挡来自车外的视线，增强车内的隐秘性。

2. 加装天窗

加装天窗的主要目的是利于车厢内通风换气，车厢内的空气状况直接影响乘坐的舒适性。另外，天窗还为驾车摄影、摄像提供了便利条件。

3. 车身装饰

车身装饰可分为3类：一是保护类，是为保护汽车车身安全而安装的，如保险杠、灯护罩等；二是实用类，是为弥补汽车载物能力不足而安装的，如行李架、自行车架、备胎架等；三是观赏类，是为使汽车外部更加美观而安装的，如彩条贴、金边贴、全车金标等。

（二）汽车室内装饰

汽车室内包括驾驶室和车厢，它是驾驶员和乘客在行驶途中的生活空间。对汽车内部进行装饰，可营造温馨、美观的车内环境，从而增加司乘人员的乘坐舒适性。

1. 座椅装饰

汽车座椅是车内面积最大、使用率最高的部件，因此对其进行装饰不仅要考虑美观，还要考虑实用性。

目前，国产车和经济型进口车出厂时多数没配备真皮座椅，为营造更舒适、温馨的车内空间，越来越多的轿车开始更换真皮座套。

2. 车内饰品装饰

车内饰品种类很多，按照与车体连接形式的不同可分为吊饰、摆饰和贴饰3种：吊饰是将饰品通过绳、链等连接件悬挂在车内顶部的一种装饰；摆饰是将饰品摆放在汽车控制台上的一种装饰；贴饰是将图案和标语等制在贴膜上，然后粘贴在车内的装饰。

3. 香品装饰

车用香品可以净化车内空气、清除异味、杀灭细菌，对保持车内空气卫生具有重要作用。市面上的车用香品种类繁多，按形态可分为气态、液态和固态；按使用方式可分为喷雾式、泼洒式和自然散发式等。气态车用香品主要由香精、溶剂和喷射剂组成。液态车用香品主要由香精与挥发性溶剂混合而成，盛放在各种具有美观造型的容器中，此种车用香品在汽车室内应用最广。固态车用香品主要是香精与一些材料混合,然后加压成形。

(三)汽车视听装饰

汽车视听装饰具有以下作用:减轻旅途疲劳,提供交通信息,打发无聊的停车等待时间。视听装饰的种类主要有汽车收放机、汽车激光唱机、汽车电视机、汽车影碟机等。

(四)车载免提电话

1. 手机免提电话

这是一种上车后将手机置入机座内就可以使用的免提电话装置。它体积小,不影响车内装置,直接接到汽车点烟器上,无须改装车内结构,来电话时从高保真扬声器传出。这种产品不仅克服了车载电话和手机是两个不同号码的弊端,而且无须更换手机和车载系统,适合任何型号的手机和汽车。

2. 声控免提电话

这种电话靠声音控制,只需轻声呼叫,电话就自动接通。

3. 插卡式车载电话

这是同时具有普通车载电话功能和免提声控功能的高档车载电话,各种功能应有尽有,而且操作简单,可满足不同用户的需求,真正为用户建立了一个移动的办公室。

(五)汽车安全防护装饰

汽车安全防护装饰包括车辆防盗、报警和司乘人员行车保护等装置,它是为提高车辆的安全防护性能而采取的技术措施,对加强车辆及行车安全具有重要作用。

项目考核

客户王先生的爱车,目前行驶 2 万公里,想预约在 5 月 12 日下午 13:30 到店做维修保养,并如期来店。两人一组,扮演"客户"和"售后服务顾问"的角色,考核其对维修服务流程的掌握程度。针对操作情况,彼此点评打分。

操作题目:

1. 接听王先生的预约电话,并做好电话记录。
2. 王先生到店后,按照服务流程做好接待服务。
3. 对客户进行电话回访,询问其对服务的满意度。

项目 8
企业文化

◀ **学习目标**

(1) 掌握企业文化的内涵和内容。
(2) 了解企业文化建设的原则和程序。
(3) 掌握企业文化建设的基本方法。
(4) 熟悉企业形象设计的内容。

【项目引入】

宝马是驰名世界的汽车企业之一,也被认为是高档汽车生产业的先导。宝马公司创建于1916年,总部设在德国慕尼黑。它由最初的一家飞机引擎制造厂发展成为今天以高级轿车为主导,并生产享誉全球的飞机引擎、越野车和摩托车的企业集团,名列世界汽车公司前20名。

1. "生产紧随市场"的经营哲学

宝马公司全球生产网络的构建遵从"生产紧随市场"的经营哲学。公司根据当地市场情况来建立生产网络,同时在生产管理方面紧随市场需求,采取柔性管理。宝马公司在生产方面引入了团队合作的方式,在宝马公司内,各厂都在一个共同的生产体系内进行大量协作。同时,公司采取柔性管理方式,各厂都根据不同的生产车型灵活调配人员,并以灵活的工作时间和灵活的物流管理而见长。据此,宝马公司的高度协调的生产网络不仅可以高效管理汽车生产中非常复杂的工艺流程,而且可以对某车型的需求变化迅速做出反应。

2. 注重人的可持续发展的人事理念

宝马公司着眼于未来的人事政策,使员工表现得以改善,在不削减人力成本的同时,提高了公司效益。宝马公司人事政策的八条纲领将这一方针具体化并落实在每天的工作中:

(1) 相互尊重,以积极态度对待分歧;
(2) 超越国家和文化边界的思维方式;
(3) 工作表现是报酬的基础;
(4) 团队合作的成果高于个人工作之和;
(5) 保证为忠诚和有责任感的员工提供有吸引力的工作职位;
(6) 尊重员工的权利不容置疑;
(7) 以社会标准对待供应商和商业伙伴是做生意的基本准则;
(8) 优厚的员工利益和强大的社会责任感。

【相关知识】

任务1　企业文化概述

21世纪是文化管理时代,是文化致富时代。企业文化将是企业的核心竞争力所在,是企业管理最重要的内容。企业拥有了自己的文化,才能具有生命的活力,具有真正的人格象征意义,才能获得生存、发展和壮大,打好为全社会服务的基础。

一、企业文化内涵及特征

(一) 企业文化内涵

了解"文化"的概念,是研究企业文化的起点。英国学者爱德华·泰勒在其《原始文化》一书中指出:"文化是一个复杂的总体,包括知识、信仰、艺术、道德、法律、风俗,以及人类在社会里所获得的一切能力和习惯。"通常对文化的理解有广义和狭义之分。广义的文化是指人类在社会历史实践中所创造的物质财富和精神财富的总和,狭义的文化是指社会的意识形态,以及与之相适应的礼仪制度、组织机构、行为方式等物化的精神。

企业文化或称组织文化(corporate culture 或 organizational culture)是一个组织由其价值观、信念、仪式、符号、处事方式等组成的其特有的文化形象。企业文化是在一定的条件下,企业在生产经营和管理活动中所创造的具有该企业特色的精神财富和物质形态。它包括文化观念、价值观念、企业精神、道德规范、行为准则、历史传统、企业制度、文化环境、企业产品等,其中价值观念是企业文化的核心。

(二) 企业文化特征

1. 人本性与整体性统一

企业文化是一种以人为本的文化,最本质的内容,就是强调人的理想、道德、价值观、行为规范在企业管理中的核心作用,强调在企业管理中要理解人、尊重人、关心人。注重人的全面发展,用愿景鼓舞人,用精神凝聚人,用机制激励人,用环境培育人。企业文化是一个有机的统一整体,人的发展和企业的发展密不可分,它引导企业员工把个人奋斗目标融入企业整体目标之中,追求企业的整体优势和整体意志的实现。总之,突出的是以人为本。但是这种以人为本的思想又是以企业整体性为前提展开的。企业文化集中反映出企业的整体利益、整体精神,追求的是企业的整体优势和整体意志的实现,又是企业员工所普遍接受的一种整体感觉和共同的价值观念,所强调的是全员一致的集体主义情绪和团结协调的行为方式。

2. 稳定性与动态性统一

企业文化是企业在长期的生产经营和管理实践中,逐步形成和发展起来的一种群体意识,作为一种意识,相对于不断变化的企业内外环境具有一种稳定性。企业文化一旦形成,其基本内核的稳定性更加突出。有的企业经过了上百年的历史,企业文化也发生了一系列的变化,但其基本信念和基本价值观仍然没有离开最初的构想。有的企业作为组织形态可能因某种原因不再存在,但其企业精神仍然保留了下来。另外,企业文化又是在变化中保持稳定的,具有动态性的一面。首先,企业文化的形成需要一个较长的过程,即由不定性、不系统到初步定性和系统化,这一过程本身就具有变动性。其次,企业文化又是不断充实和发展的,这也是一个动态的过程。再次,随着企业内外环境的剧烈变化,企业文化会发生变革,一种崭新的文化会替代一种陈旧落后的文化,这是企业文化动态性最显著的表现。

3. 继承性与创新性统一

企业在一定的时空条件下产生、生存和发展,企业文化是历史的产物。企业文化的继承性体现在三个方面:一是继承优秀的民族文化;二是继承企业的文化传统;三是继承外来的企业文化实践和研究成果。创新既是时代的呼唤,又是企业自身的内在要求。优秀的企业文化往往在继承中创新,随着企业环境和国内外市场的变化而发展,引导大家追求卓越、追求成效、追求创新。

二、企业文化要素

迪尔和肯尼迪把企业文化整个理论系统概述为 5 个要素,即企业环境、价值观、英雄人物、文化仪式和文化网络。

(1) 企业环境。企业环境是指企业的性质、企业的经营方向、外部环境、企业的社会形象与外界的联系等方面,它往往决定企业的行为。

(2) 价值观。价值观是指企业内成员对某个事件或某种行为的好与坏、善与恶、正确与错误、是否值得仿效的一致认识。价值观是企业文化的核心,统一的价值观使企业内成员在判断自己行为时具有统一的标准,并以此来指导自己的行为。

(3) 英雄人物。英雄人物是指企业文化的核心人物或企业文化的人格化,其作为一种活的样板,给企业中其他员工提供可仿效的榜样,对企业文化的形成和强化起着极为重要的作用。

(4) 文化仪式。文化仪式是指企业内的各种表彰、奖励活动、聚会以及文娱活动等,它可以把企业中发生的某些事情戏剧化和形象化,来生动的宣传和体现企业的价值观,使人们通过这些生动活泼的活动来领会企业文化的内涵,以"寓教于乐"的模式助推企业文化建设。

(5) 文化网络。文化网络是指非正式的信息传递渠道,主要是传播文化信息。它由某种非正式的组织和人群所组成,所传递出的信息往往能反映出员工的愿望和心态。

三、企业文化内容

(一) 物质文化

企业物质文化也叫企业文化的物质层,是指由员工创造的产品和各种物质设施等构成的文化,是一种以物质形态为主要研究对象的表层企业文化。相对核心层而言,它是容易看见、容易改变的,是核心价值观的外在体现。企业物质文化是组织文化的表层部分,它是组织创造的组织的物质文化,是一种以物质形态为主要研究对象的表层组织文化,是形成组织文化精神层和制度层的条件。企业文化的层次如图8-1所示。

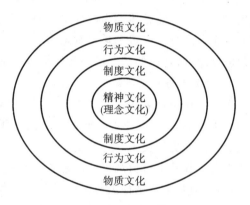

图 8-1 企业文化的层次

(二) 行为文化

企业行为文化即企业文化的行为层,是指企业员工在企业经营、教育宣传、人际关系活动、文娱体育活动中产生的文化现象。它是企业经营作风、精神风貌、人际关系的动态体现,也是企业精神、企业价值观的折射。企业行为文化建设的好坏,直接关系到企业员工工作积极性的发挥,关系到企业生产经营活动的开展,关系到整个企业未来的发展方向。企业行为文化集中反映了企业的经营作风、经营目标、员工文化素质、员工的精神面貌等文化特征,它直接影响着企业经营业务的开展和经营活动的成效。从人员结构上划分,企业行为又包括企业家的行为、企业模范人物的行为、企业员工的行为。

(三) 制度文化

企业制度是在生产经营实践活动中形成的,带有强制性义务并能保障一定权利的各种规定。从企业文化的层次结构看,制度文化属中间层次,它是精神文化的表现形式,是物质文化实现的保证。企业制度作为员工行为规范的模式,使个人的活动得以合理进行,内外人际关系得以协调,员工的共同利益受到保护,从而使企业有序地组织起来,为实现企业目标而努力。企业制度文化主要包括领导体制、组织机构和管理制度三个方面。

任务 2 企业文化建设

企业文化建设的意义是为企业打造一整套完善有效的运作体系,并且这种体系可以随着企业的成长而成长,具有较长时期内的普遍适用性。完善的企业文化建设可以使企业适应自身和市场的需求,从而得到健康有序的发展。企业文化建设是一项系统工程,是现代企业发展必不可少的竞争法宝。一个没有企业文化的企业是没有前途的企业,一个没有信念的企业是没有希望的企业。从这个意义上说,企业文化建设既是企业在市场经济条件下生存发展的内在需要,又是实现管理现代化的重要保证。

一、企业文化建设原则

(一) 以人为本

文化应以人为载体,人是文化生成与承载的第一要素。企业文化中的人不仅仅指企业家、管理者,也指企业的全体员工。在企业文化建设中,要强调关心人、尊重人、理解人和信任人。企业团体意识的形成,首先需要企业的全体成员有共同的价值观念,有一致的奋斗目标,只有这样,才能形成向心力,才能成为一个具有战斗力的整体。

(二) 表里一致

企业文化属意识形态范畴,同时又要通过企业或员工的行为和外部形态表现出来,这就容易形成表里不一致的现象。建设企业文化必须首先从员工的思想观念入手,树立正确的价值观念和哲学思想,在此基础上形成企业精神和企业形象,防止搞形式主义、言行不一。形式主义不仅不能建设好的企业文化,而且会对企业文化产生歪曲。

(三) 注重个性

注重个性是企业文化的一个重要特征。文化是在组织发展的历史过程中形成的,每个企业都有自己的历史传统和经营特点,企业文化建设要充分利用这一点,建设具有自己特色的文化。企业只有有了自己的特色,而且被顾客所认可,才能在企业之林中独树一帜,才有竞争的优势。

(四) 重视经济性

企业是一个经济组织,企业文化是一种微观经济组织文化,应具有经济性。所谓经济性,是指企业文化必须为企业的经济活动服务,要有利于提高企业生产力和经济效益,有利于企业的生存和发展。前面讨论的关于企业文化的各项内容,虽然并不涉及"经济"二字,但建设和实施这些内容,最终目的都不会离开实现企业的经济目标和谋求企业的生存和发展。所以,企业文化建设实际是一个企业战略问题,被称为文化战略。

(五) 追求卓越

塑造企业文化必须坚持卓越的原则,使企业和员工始终感到有一股追求卓越的激情在激励着他们。即使在其他企业都感到满足的时候,本企业仍能保持创新上的不满足,崇尚创新,与时俱进,不懈地追求完美和进步,从而促进企业文化的健康发展。

二、企业文化建设方法

建设企业文化的方式与方法是多种多样的,与企业经营管理活动相互伴随、相互渗透、相互推动。但从相对独立的角度讲,建设企业文化的方式与方法主要有以下几个方面。

(一)开展企业文化活动

开展唱歌、跳舞、体育比赛,举办国庆晚会、元旦晚会等活动,可以把企业文化的价值观贯穿其中。例如,可以演唱歌颂爱岗敬业精神的歌曲,利用体育比赛展现积极向上、搏竞争的精神,将舞会的主题定为团结协作等。如果是国庆晚会或元旦晚会,还可以穿插先进表彰或请典型人物做报告等。用文化活动来建设企业文化要生动有趣,富有艺术性。企业文化的内容应巧妙而不是生硬地穿插其中,让员工在欣赏节目时不知不觉地接受企业文化的理念。

(二)营造企业文化氛围

所谓氛围,一般是指特定环境中的气氛和情调。能够形成氛围,必定使人产生一种强烈的感觉,这种感觉来自特定环境中所体现的精神。企业文化氛围是指笼罩在企业整体环境中,体现企业所推崇的特定传统、习惯及行为方式的精神格调。企业文化氛围是无形的,以其潜在形态使企业全体成员受到感染,体验到企业的精神追求,从而产生思想升华和自觉意愿。因此,企业文化氛围对于企业成员的精神境界、气质风格的形成具有十分重要的作用。例如,可在每天的上班前和下班前用若干时间宣讲公司的价值观念。还可树立先进典型,给员工树立一种形象化的行为标准,使员工明白"何为工作积极""何为工作主动""何为敬业精神""何为成本观念""何为效率高",从而提升员工的行为。

(三)创立企业文化礼仪

企业文化礼仪是指企业在长期的文化活动中所形成的交往行为模式、交往规范性礼节和固定的仪式。它规定了在特定场合企业成员所必须遵守的行为规范、语言规范、着装规范,若有悖礼仪,便被视为"无教养"行为。企业文化礼仪根据不同的文化活动内容具体规定了活动规格、规模、场合、程序和气氛。这种礼仪往往有固定的周期性。不同企业的文化礼仪体现了不同企业的个性及传统。

三、企业文化建设运作管理

企业文化作为一种当代企业管理理论,其意义在于把企业价值观渗透到企业经营管理的各个方面、各个层次和全过程,用文化的手段、文化的功能、文化的力量,去促进企业整体素质、管理水平和经济效益的提高。企业文化建设的运作管理包括:

(1)激励机制。企业文化管理的首要任务是调动人的积极性,其激励方式有目标激励、参与激励、强化激励、领导者言行激励等。

(2)纪律约束机制。要明确规范,并在落实上不走样,将企业理念贯穿到制度、纪律与行为规范中。

(3)凝聚机制。确立广大员工认同的企业价值观,确立企业目标,确立企业人际关系。

在企业文化管理上,一要处理好借鉴与创新的关系,把握企业文化的个性化、特色化;二要处理好用文化手段管理文化,坚持以文化引导人、培育人;三要处理好虚与实、无形与有形的关系,坚持内外双修、软硬管理相结合。

> **知识链接**
>
> 公司文化定位的七大要素:创新与冒险,公司鼓励员工创新与冒险;注重细节,公司期望员工做事缜密、善于分析、注意细节;结果导向,公司将注意力放在结果上,而不是强调实现这些结果的手段与过程;团队导向,公司以团队而不是以个人工作来组织活动;人际导向,管理层在多大程度上考虑组织决策对公司成员的影响;进取心,员工进取心和竞争性如何;稳定性,组织活动重视维持现状或者是重视成长的程度。

四、企业文化建设的误区

(一)目标定位上的误区

企业文化作为经济和文化有机结合的产物,应是企业所要达到的目标与实现目标的手段的统一体。有的企业把建设企业文化的目标定位为塑造员工,包括按领导者和组织的意图改变员工的观念、习惯和行为方式等。但需要注意,在促进员工发展的同时也应塑造企业自身,实现相互作用、相互促进。例如,有的企业文化建设存在"文化理想化"现象,其设立的文化建设目标已超出企业自身的承载范围,大而空,缺乏脚踏实地的定位。

(二)主客体关系上的误区

有人认为企业文化是领导者所倡导的,是自上而下的,在企业文化建设中,员工只是被动的接受者,而不是主动的参与者和创造者。而事实上,企业文化应是一个企业全部或大多数成员所共有的信念和期望的模式。领导者的文化素养以及对企业文化建设的认知度,对企业核心文化的构架起着重要作用,但企业文化不等同于"企业家文化",应该让全体员工参与到企业文化建设中,员工才是企业文化建设的主体。只有把企业领导者的战略思考、主导作用与广大员工参与的基础、主体作用相结合,才能真正创造出有生命力的企业文化,才能真正使企业文化成为领导者和员工共有的精神家园。

(三)内容上的误区

1. 企业文化口号化、表象化

要么把企业文化的内容简单地归纳为"企业+文化",用空洞的口号、华丽的说辞装饰企业,造成企业文化口号化;要么只在美化厂容厂貌上下功夫,或搞所谓的"形象广告",包装、炒作现象突出,造成企业文化表象化。

2. 将企业文化等同于思想政治工作

一是认为企业文化就是协助企业党组织做好员工的思想政治工作和精神文明建设;二是认为企业文化建设就是搞活动、树典型、唱赞歌;三是认为企业文化建设就是概括几句响亮的口号;四是认为企业文化就是组织员工开展业余文体活动;五是认为企业文化就是包装企业形象,等同于CIS(企业形象识别系统);六是认为凡是新的、国外的就是现代化的,或者盲目迷信传统,期望用传统的管理方式、管理思想来操作企业文化建设,企图把企业文化当作"包治百病"的良药。

(四) 方法上的误区

企业文化建设的方法存在两种错误倾向:一种是缺乏理论判断的自然主义倾向,认为企业文化是企业在长期生产经营活动中自然形成的,企业没办法、也不该进行人为策划、设计、建设,结果导致企业文化建设的"无作为"现象,缺乏明确的理念指导;另一种是缺乏实证分析的主观主义倾向,认为企业文化是根据领导者的意图,人为策划、设计出来的,结果导致企业文化建设形式主义或者"突击"现象,盲目效法其他企业的文化建设,缺乏特色和个性。

任务3 企业形象

一、企业形象概述

(一) 企业形象的概念

企业形象是指人们通过企业的各种标志(如产品特点、行销策略、人员风格等)而建立起来的对企业的总体印象,是企业文化建设的核心。企业形象是企业精神文化的一种外在表现形式,是社会公众在与企业接触的过程中所感受到的总体印象,这种印象是通过人体的感官而获得的。

(二) 企业形象的分类

企业形象的分类方法很多,根据不同的分类标准,企业形象可以划分为以下几类。

1. 内在形象和外在形象

这是以企业的内在与外在表现来划分的,好比我们观察一个人,有内在气质和外在容貌、体型之分,企业形象也同样有这种区别。内在形象主要指企业目标、企业哲学、企业精神、企业风气等看不见、摸不着的部分,是企业形象的核心部分。外在形象则指企业的名称、商标、广告、厂房、厂歌、产品的外观和包装、典礼仪式、公开活动等看得见、听得到的部分,是内在形象的外在表现。

2. 实态形象和虚态形象

这是按照主客观属性来划分的。实态形象又叫作客观形象,指企业实际的观念、行为和物质形态,它是不以人的意志为转移的客观存在。例如,企业生产经营规模、产品和服务质量、市场占有情况、产值和利润等,都属于企业的实态形象。虚态形象则是用户、供应商、合作伙伴、内部员工等企业关系者对企业整体的主观印象,是实态形象通过传播媒体等渠道给人留下的印象。

3. 内部形象和外部形象

这是根据接受者的范围划分的。外部形象是员工以外的社会公众所形成的对企业的认知,我们一般所说的企业形象主要就是指这种外部形象。内部形象则指该企业的全体员工对企业的整体感觉和认识。由于员工置身企业之中,他们不但能感受到企业的外在属性,而且能够充分感受到企业精神、风气等内在属性,有利于形成更丰满深入的企业形象。但是如果缺乏内部沟通,员工就往往只重局部而看不到企业的全部形象,颇有"不识庐山真面目"的感觉。我们认为,内部形象的接受者范围虽小,作用却很大,内部形象与外部形象有着同等重要的地位,决不可忽视。

4. 正面形象与负面形象

这是按照社会公众的不同评价态度来划分的。社会公众对企业形象认同或肯定的部分就是正面形象,抵触或否定的部分就是负面形象。任何企业的企业形象都是由正反两方面构成的,换言之,应该一分为二地来看待企业形象,公众中任何一个理智的个体都会既看到企业的正面形象又看到企业的负面形象。对于企业来说,一方面要努力扩大正面形象,另一方面要努力避免或消除负面形象,两方面同等重要。因为往往不是正面形象决定用户购买某企业产品或接受某项服务,而是负面形象使得他们拒绝购买该企业的产品和接受其服务。

5. 直接形象和间接形象

这是根据公众获取企业信息的媒介渠道来划分的。公众通过直接接触某企业的产品和服务,由亲身体验而形成的企业形象是直接形象,通过大众传播媒介或借助他人的亲身体验得到的企业形象则是间接形象。对企业形象做这种划分十分必要,如果一个用户在购买某种商品时看到的是粗陋的包装、落后的设计,试用时这也有毛病、那也不如意,那么无论别人告诉他这产品有多么好,这家企业有多不错,他也一定不会购买,因为直接形象比间接形象更能够决定整个企业的形象。有些企业以为树立企业形象只能靠广告宣传,而不注重提高产品质量和服务水平,就是只看到了间接形象而忽视了直接形象。

6. 主导形象和辅助形象

这是根据公众对企业形象因素的关注程度来划分的。公众最关注的企业形象因素构成主导形象,而其他一般因素构成辅助形象。例如,公众最关心电视机的质量(图像、色彩、音质等)和价格(是否公道合理),因而电视机的质量和价格构成电视机厂的主导形象,电视机厂的企业理念、员工素质、企业规模、厂区环境、是否赞助公益事业等则构成企业的辅助形象。企业形象由主导形象和辅助形象共同组成,决定企业形象性质的是主导形象;辅助形象对主导形象有影响作用,而且在一定条件下能够与主导形象实现相互转化。

二、企业形象设计构成

在现代市场经济中,企业形象是一种无形的资产和宝贵的财富,可以和人、财、物这三种资源并列,其价值甚至可以超过有形的资产。当今国际市场的竞争越来越激烈,企业之间的竞争已经不仅仅是产品、质量、技术等方面的竞争,还扩展到企业形象的竞争。推行企业形象设计,实施企业形象战略,已成为现代企业的基本战略。

企业形象识别系统(corporate identity system,CIS)也称企业形象设计,是将企业经营理念与精神文化,运用整体传达系统传递给企业内部与社会大众,并使其对企业产生一致的认同感或价值观,从而达到形成良好的企业形象和促销产品的设计系统。CIS 于 20 世纪 60 年代由美国首先提出,20 世纪 70 年代在日本得到广泛推广和应用。

(一) 概念

企业形象设计就是指企业的经营理念、文化素质、经营方针、产品开发、商品流通等有关企业经营的所有因素,从信息这一观点出发,从文化、形象、传播的角度进行筛选,找出企业具有的潜力,找出其存在价值及美的价值并加以整合,以便在信息社会环境中转换为有效的标志。

(二) 构成

CIS 由理念识别(MI)、行为识别(BI)和视觉识别(VI)三方面构成。

1. 理念识别

理念识别是指确立企业独具特色的经营理念,是企业生产经营过程中设计、科研、生产、营销、服务、管理等经营理念的识别,是企业对当前和未来一个时期的经营目标、经营思想、营销方式和营销形态所做的总体规划和界定。理念识别的三个基本内容如下:

(1) 企业使命。企业使命是企业理念识别的出发点,也是企业行动的原动力。没有这个原动力,企业将处于瘫痪状态,即使在营运,也是没有生气的,将走向破产的边缘。企业要取得成功与成就,其领导人所具有的干一番事业的理想、对社会的责任感是十分重要的,企业的理念往往是这种理想和使命的延伸。

(2) 经营理念。经营理念或经营战略是企业对外界的宣言,表明企业觉悟到应该如何去做,让外界真正了解经营者的价值观。具体包括以下三点:①企业的经营方向。企业形象的好坏在很大程度上取决于企业的经营方向是否正确,以及对目标市场需求的满足程度。②企业的经营思想。企业根据自己的内部条件和外部环境,来确定企业的经营宗旨、目的、方针、发展方向、近远期目标的规划,以及实现经营目标的途径。③企业经营战略的原则。企业经营战略的原则主要有竞争原则、盈利原则、用户至上原则、质量原则、创新原则和服务原则等。

(3) 行为规范。理念识别的第三个要素就是行为规范。行为规范不仅指企业的行为规范,也包括企业每一个员工的行为准则。

2. 行为识别

行为识别以经营理念为基本出发点,对内是建立完善的组织制度、管理规范、员工教育、行为规范和福利制度;对外则是开展市场调查、进行产品开发,通过社会公益文化活动、公共关系、营销活动等来传达企业理念,以获得社会公众对企业识别认同的形式。员工们的每一行为、每一举动都应该是一种企业行为,能反映出企业的经营理念和价值取向,而不是随心所欲的个人行为。

> **知识链接**
>
> CIS 是企业的整体经营策略和全方位的公共关系战略措施,是企业与公众沟通的一种有效手段。企业理念识别(MI)是在企业长期发展过程中形成的、具有独特个性的价值观体系,是企业宝贵的精神资产,是企业不断成长的驱动力。行为识别(BI)是在企业理念识别指导下逐渐培育起来的,是企业全体员工自觉的工作方式和行为方法。视觉识别(VI)是企业所独有的一套识别标志。视觉识别是理念识别的外在表现,理念识别是视觉识别的精神内涵。没有精神理念,视觉传达只能是简单的装饰品;没有视觉识别,理念识别也无法有效地表达和传递。

3. 视觉识别

视觉识别是以企业标志、标准字体、标准色彩为核心展开的完整、系统的视觉传达体系,是将企业理念、文化特质、服务内容、企业规范等抽象语义转化成具体符号,塑造出独特的企业形象。视觉识别系统分为基本要素系统和应用要素系统两方面。基本要素系统主要包括企业名称、企业标志、标准字、标准色、象征图案、宣传口语、市场营销报告书等。应用要素系统主要包括办公用品、生产设备、建筑环境、产品包装、广告媒体、交通工具、服装服饰、旗帜、招牌、标志牌、橱窗、陈列展示等。视觉识别最具有传播力和感染力，最容易被社会大众所接受，具有重要意义。视觉识别将企业理念与价值观通过静态的、具体化的视觉传播形式，有组织、有计划地传达给社会大众，树立企业统一的识别形象。

三、企业形象设计要点

企业形象是一种有价值的无形资产。企业经理应树立这样一种观念：为塑造企业形象而导入企业形象系统所花费的金钱不是"开支"，而是"投资"，是一种开发性的投资。既然是投资，就要有投资效应。为了使形象投资产生预期的效应，在导入企业形象系统之前，企业经理应注意以下几点。

（一）编制企业形象塑造规划

在企业形象规划中，要制定企业形象发展目标与具体实施步骤。编制规划前应找出企业实际形象与期望形象之间的差距，同时应注意规划的可建设性与可操作性。此外，还应保证必要的投入，不能因为对企业形象的投资与对建筑物、设施设备、名人字画等固定资产的投资不同，便犹豫不决。如果一开始就不敢投资，往后的工作就无法进行。如果为了节省经费而删除某些必要的项目，就会使企业形象建设受阻，甚至半途而废。

（二）企业形象塑造要坚持从实际出发

企业形象如何塑造，应根据不同企业的不同条件、优势、基础和需要来考虑。例如，有的企业可从视觉形象入手，重点抓企业标志、品牌或开展广告宣传；有的企业可注重行为识别的培育，着眼于提高企业整体素质，培养企业凝聚力和竞争力；还有的企业可以注重理念识别，倡导企业文化与企业精神，探索适应市场经济发展的经营之道。需要指出的是，企业形象建设应由一点入手，带动其余的方方面面，不能只顾一点、不问其余，否则极易使形象扭曲变形。

（三）企业形象塑造要有特色

差别性是企业形象塑造最基本的特征。在市场经济条件下，企业应追求富有个性化的企业形象。个性化的形象可方便消费者识别，给企业带来较稳定的客源和生机。比如，有两家大型企业，设施、规模、商品相同，但一家以"享受服务温情"的形象面向市场，另一家则没有什么特色，这两家企业的销售结果就大不一样。

（四）提高文化素质、业务素质与道德水平

企业要定期和不定期地对企业全体员工进行职业道德、思想素质、业务素质的培训与教育，要培养员工养成讲质量、讲信誉的风气，要培育员工爱岗敬业、忠于职守、和睦团结的敬业精神。

总之，塑造良好的企业形象，是发展社会主义市场经济的客观需要，是社会主义制度下企业对国家和社会所承担的责任，是企业在竞争中奋进取胜的必要条件，也是企业文化建设的重要内容。

 项目考核

选择一个你比较熟悉的汽车服务企业，对它的企业文化进行分析，并写出一个1000字左

右的分析报告。要求说明以下内容：

1. 该企业的名称、住址、主要经营活动；
2. 该企业的企业文化现状；
3. 它的企业形象应该怎样设计；
4. 建设该企业的新文化应从哪里切入。

注：上述报告可以通过各种途径收集材料，可以查阅有关文献，咨询一些专家，也可以到网上搜索一些资料来佐证观点。

附录 A
缺陷汽车产品召回管理条例

  第一条 为了规范缺陷汽车产品召回，加强监督管理，保障人身、财产安全，制定本条例。

  第二条 在中国境内生产、销售的汽车和汽车挂车（以下统称汽车产品）的召回及其监督管理，适用本条例。

  第三条 本条例所称缺陷，是指由于设计、制造、标识等原因导致的在同一批次、型号或者类别的汽车产品中普遍存在的不符合保障人身、财产安全的国家标准、行业标准的情形或者其他危及人身、财产安全的不合理的危险。

  本条例所称召回，是指汽车产品生产者对其已售出的汽车产品采取措施消除缺陷的活动。

  第四条 国务院产品质量监督部门负责全国缺陷汽车产品召回的监督管理工作。

  国务院有关部门在各自职责范围内负责缺陷汽车产品召回的相关监督管理工作。

  第五条 国务院产品质量监督部门根据工作需要，可以委托省、自治区、直辖市人民政府产品质量监督部门、进出口商品检验机构负责缺陷汽车产品召回监督管理的部分工作。

  国务院产品质量监督部门缺陷产品召回技术机构按照国务院产品质量监督部门的规定，承担缺陷汽车产品召回的具体技术工作。

  第六条 任何单位和个人有权向产品质量监督部门投诉汽车产品可能存在的缺陷，国务院产品质量监督部门应当以便于公众知晓的方式向社会公布受理投诉的电话、电子邮箱和通信地址。

  国务院产品质量监督部门应当建立缺陷汽车产品召回信息管理系统，收集汇总、分析处理有关缺陷汽车产品信息。

  产品质量监督部门、汽车产品主管部门、商务主管部门、海关、公安机关交通管理部门、交通运输主管部门、工商行政管理部门等有关部门应当建立汽车产品的生产、销售、进口、登记检验、维修、消费者投诉、召回等信息的共享机制。

  第七条 产品质量监督部门和有关部门、机构及其工作人员对履行本条例规定职责所知悉的商业秘密和个人信息，不得泄露。

  第八条 对缺陷汽车产品，生产者应当依照本条例全部召回；生产者未实施召回的，国务院产品质量监督部门应当依照本条例责令其召回。

  本条例所称生产者，是指在中国境内依法设立的生产汽车产品并以其名义颁发产品合格证的企业。

  从中国境外进口汽车产品到境内销售的企业，视为前款所称的生产者。

  第九条 生产者应当建立并保存汽车产品设计、制造、标识、检验等方面的信息记录以及汽车产品初次销售的车主信息记录，保存期不得少于 10 年。

  第十条 生产者应当将下列信息报国务院产品质量监督部门备案：

（一）生产者基本信息；

（二）汽车产品技术参数和汽车产品初次销售的车主信息；

（三）因汽车产品存在危及人身、财产安全的故障而发生修理、更换、退货的信息；

（四）汽车产品在中国境外实施召回的信息；

（五）国务院产品质量监督部门要求备案的其他信息。

第十一条　销售、租赁、维修汽车产品的经营者（以下统称经营者）应当按照国务院产品质量监督部门的规定建立并保存汽车产品相关信息记录，保存期不得少于5年。

经营者获知汽车产品存在缺陷的，应当立即停止销售、租赁、使用缺陷汽车产品，并协助生产者实施召回。

经营者应当向国务院产品质量监督部门报告和向生产者通报所获知的汽车产品可能存在缺陷的相关信息。

第十二条　生产者获知汽车产品可能存在缺陷的，应当立即组织调查分析，并如实向国务院产品质量监督部门报告调查分析结果。

生产者确认汽车产品存在缺陷的，应当立即停止生产、销售、进口缺陷汽车产品，并实施召回。

第十三条　国务院产品质量监督部门获知汽车产品可能存在缺陷的，应当立即通知生产者开展调查分析；生产者未按照通知开展调查分析的，国务院产品质量监督部门应当开展缺陷调查。

国务院产品质量监督部门认为汽车产品可能存在会造成严重后果的缺陷的，可以直接开展缺陷调查。

第十四条　国务院产品质量监督部门开展缺陷调查，可以进入生产者、经营者的生产经营场所进行现场调查，查阅、复制相关资料和记录，向相关单位和个人了解汽车产品可能存在缺陷的情况。

生产者应当配合缺陷调查，提供调查需要的有关资料、产品和专用设备。经营者应当配合缺陷调查，提供调查需要的有关资料。

国务院产品质量监督部门不得将生产者、经营者提供的资料、产品和专用设备用于缺陷调查所需的技术检测和鉴定以外的用途。

第十五条　国务院产品质量监督部门调查认为汽车产品存在缺陷的，应当通知生产者实施召回。

生产者认为其汽车产品不存在缺陷的，可以自收到通知之日起15个工作日内向国务院产品质量监督部门提出异议，并提供证明材料。国务院产品质量监督部门应当组织与生产者无利害关系的专家对证明材料进行论证，必要时对汽车产品进行技术检测或者鉴定。

生产者既不按照通知实施召回又不在本条第二款规定期限内提出异议的，或者经国务院产品质量监督部门依照本条第二款规定组织论证、技术检测、鉴定确认汽车产品存在缺陷的，国务院产品质量监督部门应当责令生产者实施召回；生产者应当立即停止生产、销售、进口缺陷汽车产品，并实施召回。

第十六条　生产者实施召回，应当按照国务院产品质量监督部门的规定制定召回计划，并报国务院产品质量监督部门备案。修改已备案的召回计划应当重新备案。

生产者应当按照召回计划实施召回。

第十七条　生产者应当将报国务院产品质量监督部门备案的召回计划同时通报销售者，销售者应当停止销售缺陷汽车产品。

第十八条 生产者实施召回,应当以便于公众知晓的方式发布信息,告知车主汽车产品存在的缺陷、避免损害发生的应急处置方法和生产者消除缺陷的措施等事项。

国务院产品质量监督部门应当及时向社会公布已经确认的缺陷汽车产品信息以及生产者实施召回的相关信息。

车主应当配合生产者实施召回。

第十九条 对实施召回的缺陷汽车产品,生产者应当及时采取修正或者补充标识、修理、更换、退货等措施消除缺陷。

生产者应当承担消除缺陷的费用和必要的运送缺陷汽车产品的费用。

第二十条 生产者应当按照国务院产品质量监督部门的规定提交召回阶段性报告和召回总结报告。

第二十一条 国务院产品质量监督部门应当对召回实施情况进行监督,并组织与生产者无利害关系的专家对生产者消除缺陷的效果进行评估。

第二十二条 生产者违反本条例规定,有下列情形之一的,由产品质量监督部门责令改正;拒不改正的,处5万元以上20万元以下的罚款:

(一)未按照规定保存有关汽车产品、车主的信息记录;

(二)未按照规定备案有关信息、召回计划;

(三)未按照规定提交有关召回报告。

第二十三条 违反本条例规定,有下列情形之一的,由产品质量监督部门责令改正;拒不改正的,处50万元以上100万元以下的罚款;有违法所得的,并处没收违法所得;情节严重的,由许可机关吊销有关许可:

(一)生产者、经营者不配合产品质量监督部门缺陷调查;

(二)生产者未按照已备案的召回计划实施召回;

(三)生产者未将召回计划通报销售者。

第二十四条 生产者违反本条例规定,有下列情形之一的,由产品质量监督部门责令改正,处缺陷汽车产品货值金额1%以上10%以下的罚款;有违法所得的,并处没收违法所得;情节严重的,由许可机关吊销有关许可:

(一)未停止生产、销售或者进口缺陷汽车产品;

(二)隐瞒缺陷情况;

(三)经责令召回拒不召回。

第二十五条 违反本条例规定,从事缺陷汽车产品召回监督管理工作的人员有下列行为之一的,依法给予处分:

(一)将生产者、经营者提供的资料、产品和专用设备用于缺陷调查所需的技术检测和鉴定以外的用途;

(二)泄露当事人商业秘密或者个人信息;

(三)其他玩忽职守、徇私舞弊、滥用职权行为。

第二十六条 违反本条例规定,构成犯罪的,依法追究刑事责任。

第二十七条 汽车产品出厂时未随车装备的轮胎存在缺陷的,由轮胎的生产者负责召回。具体办法由国务院产品质量监督部门参照本条例制定。

第二十八条 生产者依照本条例召回缺陷汽车产品,不免除其依法应当承担的责任。

汽车产品存在本条例规定的缺陷以外的质量问题的,车主有权依照产品质量法、消费者权益保护法等法律、行政法规和国家有关规定以及合同约定,要求生产者、销售者承担修理、更换、退货、赔偿损失等相应的法律责任。

第二十九条　本条例自 2013 年 1 月 1 日起施行。

附录 B
缺陷汽车产品召回管理条例实施办法

第一章 总 则

第一条 根据《缺陷汽车产品召回管理条例》，制定本办法。

第二条 在中国境内生产、销售的汽车和汽车挂车（以下统称汽车产品）的召回及其监督管理，适用本办法。

第三条 汽车产品生产者（以下简称生产者）是缺陷汽车产品的召回主体。汽车产品存在缺陷的，生产者应当依照本办法实施召回。

第四条 国家市场监督管理总局（以下简称市场监管总局）负责全国缺陷汽车产品召回的监督管理工作。

第五条 市场监管总局根据工作需要，可以委托省级市场监督管理部门在本行政区域内负责缺陷汽车产品召回监督管理的部分工作。

市场监管总局缺陷产品召回技术机构（以下简称召回技术机构）按照市场监管总局的规定承担缺陷汽车产品召回信息管理、缺陷调查、召回管理中的具体技术工作。

第二章 信息管理

第六条 任何单位和个人有权向市场监督管理部门投诉汽车产品可能存在的缺陷等有关问题。

第七条 市场监管总局负责组织建立缺陷汽车产品召回信息管理系统，收集汇总、分析处理有关缺陷汽车产品信息，备案生产者信息，发布缺陷汽车产品信息和召回相关信息。

市场监管总局负责与国务院有关部门共同建立汽车产品的生产、销售、进口、登记检验、维修、事故、消费者投诉、召回等信息的共享机制。

第八条 市场监督管理部门发现本行政区域内缺陷汽车产品信息的，应当将信息逐级上报。

第九条 生产者应当建立健全汽车产品可追溯信息管理制度，确保能够及时确定缺陷汽车产品的召回范围并通知车主。

第十条 生产者应当保存以下汽车产品设计、制造、标识、检验等方面的信息：

（一）汽车产品设计、制造、标识、检验的相关文件和质量控制信息；

（二）涉及安全的汽车产品零部件生产者及零部件的设计、制造、检验信息；

（三）汽车产品生产批次及技术变更信息；

（四）其他相关信息。

生产者还应当保存车主名称、有效证件号码、通信地址、联系电话、购买日期、车辆识别代码等汽车产品初次销售的车主信息。

第十一条 生产者应当向市场监管总局备案以下信息：

（一）生产者基本信息；

（二）汽车产品技术参数和汽车产品初次销售的车主信息；

（三）因汽车产品存在危及人身、财产安全的故障而发生修理、更换、退货的信息；

（四）汽车产品在中国境外实施召回的信息；

（五）技术服务通报、公告等信息；

（六）其他需要备案的信息。

生产者依法备案的信息发生变化的，应当在20个工作日内进行更新。

第十二条　销售、租赁、维修汽车产品的经营者（以下统称经营者）应当建立并保存其经营的汽车产品型号、规格、车辆识别代码、数量、流向、购买者信息、租赁、维修等信息。

第十三条　经营者、汽车产品零部件生产者应当向市场监管总局报告所获知的汽车产品可能存在缺陷的相关信息，并通报生产者。

第三章　缺陷调查

第十四条　生产者获知汽车产品可能存在缺陷的，应当立即组织调查分析，并将调查分析结果报告市场监管总局。

生产者经调查分析确认汽车产品存在缺陷的，应当立即停止生产、销售、进口缺陷汽车产品，并实施召回；生产者经调查分析认为汽车产品不存在缺陷的，应当在报送的调查分析结果中说明分析过程、方法、风险评估意见以及分析结论等。

第十五条　市场监管总局负责组织对缺陷汽车产品召回信息管理系统收集的信息、有关单位和个人的投诉信息以及通过其他方式获取的缺陷汽车产品相关信息进行分析，发现汽车产品可能存在缺陷的，应当立即通知生产者开展相关调查分析。

生产者应当按照市场监管总局通知要求，立即开展调查分析，并如实向市场监管总局报告调查分析结果。

第十六条　召回技术机构负责组织对生产者报送的调查分析结果进行评估，并将评估结果报告市场监管总局。

第十七条　存在下列情形之一的，市场监管总局应当组织开展缺陷调查：

（一）生产者未按照通知要求开展调查分析的；

（二）经评估生产者的调查分析结果不能证明汽车产品不存在缺陷的；

（三）汽车产品可能存在造成严重后果的缺陷的；

（四）经实验检测，同一批次、型号或者类别的汽车产品可能存在不符合保障人身、财产安全的国家标准、行业标准情形的；

（五）其他需要组织开展缺陷调查的情形。

第十八条　市场监管总局、受委托的省级市场监督管理部门开展缺陷调查，可以行使以下职权：

（一）进入生产者、经营者、零部件生产者的生产经营场所进行现场调查；

（二）查阅、复制相关资料和记录，收集相关证据；

（三）向有关单位和个人了解汽车产品可能存在缺陷的情况；

（四）其他依法可以采取的措施。

第十九条　与汽车产品缺陷有关的零部件生产者应当配合缺陷调查，提供调查需要的有关资料。

第二十条　市场监管总局、受委托的省级市场监督管理部门开展缺陷调查，应当对缺陷调查获得的相关信息、资料、实物、实验检测结果和相关证据等进行分析，形成缺陷调查报告。

省级市场监督管理部门应当及时将缺陷调查报告报送市场监管总局。

第二十一条 市场监管总局可以组织对汽车产品进行风险评估,必要时向社会发布风险预警信息。

第二十二条 市场监管总局根据缺陷调查报告认为汽车产品存在缺陷的,应当向生产者发出缺陷汽车产品召回通知书,通知生产者实施召回。

生产者认为其汽车产品不存在缺陷的,可以自收到缺陷汽车产品召回通知书之日起 15 个工作日内向市场监管总局提出书面异议,并提交相关证明材料。

生产者在 15 个工作日内提出异议的,市场监管总局应当组织与生产者无利害关系的专家对生产者提交的证明材料进行论证;必要时市场监管总局可以组织对汽车产品进行技术检测或者鉴定;生产者申请听证的或者市场监管总局根据工作需要认为有必要组织听证的,可以组织听证。

第二十三条 生产者既不按照缺陷汽车产品召回通知书要求实施召回,又不在 15 个工作日内向市场监管总局提出异议的,或者经组织论证、技术检测、鉴定,确认汽车产品存在缺陷的,市场监管总局应当责令生产者召回缺陷汽车产品。

第四章 召回实施与管理

第二十四条 生产者实施召回,应当按照市场监管总局的规定制定召回计划,并自确认汽车产品存在缺陷之日起 5 个工作日内或者被责令召回之日起 5 个工作日内向市场监管总局备案;同时以有效方式通报经营者。

生产者制定召回计划,应当内容全面,客观准确,并对其内容的真实性、准确性及召回措施的有效性负责。

生产者应当按照已备案的召回计划实施召回;生产者修改已备案的召回计划,应当重新向市场监管总局备案,并提交说明材料。

第二十五条 经营者获知汽车产品存在缺陷的,应当立即停止销售、租赁、使用缺陷汽车产品,并协助生产者实施召回。

第二十六条 生产者应当自召回计划备案之日起 5 个工作日内,通过报刊、网站、广播、电视等便于公众知晓的方式发布缺陷汽车产品信息和实施召回的相关信息,30 个工作日内以挂号信等有效方式,告知车主汽车产品存在的缺陷、避免损害发生的应急处置方法和生产者消除缺陷的措施等事项。

生产者应当通过热线电话、网络平台等方式接受公众咨询。

第二十七条 车主应当积极配合生产者实施召回,消除缺陷。

第二十八条 市场监管总局应当向社会公布已经确认的缺陷汽车产品信息、生产者召回计划以及生产者实施召回的其他相关信息。

第二十九条 生产者应当保存已实施召回的汽车产品召回记录,保存期不得少于 10 年。

第三十条 生产者应当自召回实施之日起每 3 个月向市场监管总局提交一次召回阶段性报告。市场监管总局有特殊要求的,生产者应当按要求提交。

生产者应当在完成召回计划后 15 个工作日内,向市场监管总局提交召回总结报告。

第三十一条 生产者被责令召回的,应当立即停止生产、销售、进口缺陷汽车产品,并按照本办法的规定实施召回。

第三十二条 生产者完成召回计划后,仍有未召回的缺陷汽车产品的,应当继续实施召回。

第三十三条 对未消除缺陷的汽车产品,生产者和经营者不得销售或者交付使用。

第三十四条 市场监管总局对生产者召回实施情况进行监督或者委托省级市场监督管理部门进行监督,组织与生产者无利害关系的专家对消除缺陷的效果进行评估。

受委托对召回实施情况进行监督的省级市场监督管理部门,应当及时将有关情况报告市场监管总局。

市场监管总局通过召回实施情况监督和评估发现生产者的召回范围不准确、召回措施无法有效消除缺陷或者未能取得预期效果的,应当要求生产者再次实施召回或者采取其他相应补救措施。

第五章 法律责任

第三十五条 生产者违反本办法规定,有下列行为之一的,责令限期改正;逾期未改正的,处以1万元以上3万元以下罚款:

(一)未按规定更新备案信息的;

(二)未按规定提交调查分析结果的;

(三)未按规定保存汽车产品召回记录的;

(四)未按规定发布缺陷汽车产品信息和召回信息的。

第三十六条 零部件生产者违反本办法规定不配合缺陷调查的,责令限期改正;逾期未改正的,处以1万元以上3万元以下罚款。

第三十七条 违反本办法规定,构成《缺陷汽车产品召回管理条例》等有关法律法规规定的违法行为的,依法予以处理。

第三十八条 违反本办法规定,构成犯罪的,依法追究刑事责任。

第三十九条 本办法规定的行政处罚由违法行为发生地具有管辖权的市场监督管理部门在职责范围内依法实施;法律、行政法规另有规定的,依照法律、行政法规的规定执行。

第六章 附则

第四十条 本办法所称汽车产品是指中华人民共和国国家标准《汽车和挂车类型的术语和定义》规定的汽车和挂车。

本办法所称生产者是指在中国境内依法设立的生产汽车产品并以其名义颁发产品合格证的企业。

从中国境外进口汽车产品到境内销售的企业视为前款所称的生产者。

第四十一条 汽车产品出厂时未随车装备的轮胎的召回及其监督管理由市场监管总局另行规定。

第四十二条 本办法由市场监管总局负责解释。

第四十三条 本办法自2016年1月1日起施行。

附录 C
机动车维修管理规定（2019年修订版）

（2005年6月24日交通部发布，根据2015年8月8日交通运输部《关于修改〈机动车维修管理规定〉的决定》第一次修正，根据2016年4月19日交通运输部《关于修改〈机动车维修管理规定〉的决定》第二次修正，根据2019年6月21日交通运输部《关于修改〈机动车维修管理规定〉的决定》第三次修正）

第一章 总 则

第一条 为规范机动车维修经营活动，维护机动车维修市场秩序，保护机动车维修各方当事人的合法权益，保障机动车运行安全，保护环境，节约能源，促进机动车维修业的健康发展，根据《中华人民共和国道路运输条例》及有关法律、行政法规的规定，制定本规定。

第二条 从事机动车维修经营的，应当遵守本规定

本规定所称机动车维修经营，是指以维持或者恢复机动车技术状况和正常功能，延长机动车使用寿命为作业任务所进行的维护、修理以及维修救援等相关经营活动。

第三条 机动车维修经营者应当依法经营，诚实信用，公平竞争，优质服务，落实安全生产主体责任和维修质量主体责任。

第四条 机动车维修管理，应当公平、公正、公开和便民。

第五条 任何单位和个人不得封锁或者垄断机动车维修市场。

托修方有权自主选择维修经营者进行维修。除汽车生产厂家履行缺陷汽车产品召回、汽车质量"三包"责任外，任何单位和个人不得强制或者变相强制指定维修经营者。

鼓励机动车维修企业实行集约化、专业化、连锁经营，促进机动车维修业的合理分工和协调发展。

鼓励推广应用机动车维修环保、节能、不解体检测和故障诊断技术，推进行业信息化建设和救援、维修服务网络化建设，提高机动车维修行业整体素质，满足社会需要。

鼓励机动车维修企业优先选用具备机动车检测维修国家职业资格的人员，并加强技术培训，提升从业人员素质。

第六条 交通运输部主管全国机动车维修管理工作。

县级以上地方人民政府交通运输主管部门负责组织领导本行政区域的机动车维修管理工作。

县级以上道路运输管理机构负责具体实施本行政区域内的机动车维修管理工作。

第二章 经 营 备 案

第七条 从事机动车维修经营业务的，应当在依法向市场监督管理机构办理有关登记手续后，向所在地县级道路运输管理机构进行备案。

道路运输管理机构应当按照《中华人民共和国道路运输条例》和本规定实施机动车维修经营备案。道路运输管理机构不得向机动车维修经营者收取备案相关费用。

第八条 机动车维修经营依据维修车型种类、服务能力和经营项目实行分类备案。

机动车维修经营业务根据维修对象分为汽车维修经营业务、危险货物运输车辆维修经营业务、摩托车维修经营业务和其他机动车维修经营业务四类。

汽车维修经营业务、其他机动车维修经营业务根据经营项目和服务能力分为一类维修经营业务、二类维修经营业务和三类维修经营业务。

摩托车维修经营业务根据经营项目和服务能力分为一类维修经营业务和二类维修经营业务。

第九条 一类、二类汽车维修经营业务或者其他机动车维修经营业务,可以从事相应车型的整车修理、总成修理、整车维护、小修、维修救援、专项修理和维修竣工检验工作;三类汽车维修经营业务(含汽车综合小修)、三类其他机动车维修经营业务,可以分别从事汽车综合小修或者发动机维修、车身维修、电气系统维修、自动变速器维修、轮胎动平衡及修补、四轮定位检测调整、汽车润滑与养护、喷油泵和喷油器维修、曲轴修磨、气缸镗磨、散热器维修、空调维修、汽车美容装潢、汽车玻璃安装及修复等汽车专项维修工作。具体有关经营项目按照《汽车维修业开业条件》(GB/T 16739)相关条款的规定执行。

第十条 一类摩托车维修经营业务,可以从事摩托车整车修理、总成修理、整车维护、小修、专项修理和竣工检验工作;二类摩托车维修经营业务,可以从事摩托车维护、小修和专项修理工作。

第十一条 危险货物运输车辆维修经营业务,除可以从事危险货物运输车辆维修经营业务外,还可以从事一类汽车维修经营业务。

第十二条 从事汽车维修经营业务或者其他机动车维修经营业务的,应当符合下列条件:

(一)有与其经营业务相适应的维修车辆停车场和生产厂房。租用的场地应当有书面的租赁合同,且租赁期限不得少于1年。停车场和生产厂房面积按照国家标准《汽车维修业开业条件》(GB/T 16739)相关条款的规定执行。

(二)有与其经营业务相适应的设备、设施。所配备的计量设备应当符合国家有关技术标准要求,并经法定检定机构检定合格。从事汽车维修经营业务的设备、设施的具体要求按照国家标准《汽车维修业开业条件》(GB/T 16739)相关条款的规定执行;从事其他机动车维修经营业务的设备、设施的具体要求,参照国家标准《汽车维修业开业条件》(GB/T 16739)执行,但所配备设施、设备应与其维修车型相适应。

(三)有必要的技术人员:

1. 从事一类和二类维修业务的应当各配备至少1名技术负责人员、质量检验人员、业务接待人员以及从事机修、电器、钣金、涂漆的维修技术人员。技术负责人员应当熟悉汽车或者其他机动车维修业务,并掌握汽车或者其他机动车维修及相关政策法规和技术规范;质量检验人员应当熟悉各类汽车或者其他机动车维修检测作业规范,掌握汽车或者其他机动车维修故障诊断和质量检验的相关技术,熟悉汽车或者其他机动车维修服务收费标准及相关政策法规和技术规范,并持有与承修车型种类相适应的机动车驾驶证;从事机修、电器、钣金、涂漆的维修技术人员应当熟悉所从事工种的维修技术和操作规范,并了解汽车或者其他机动车维修及相关政策法规。各类技术人员的配备要求按照《汽车维修业开业条件》(GB/T 16739)相关条款的规定执行。

2. 从事三类维修业务的,按照其经营项目分别配备相应的机修、电器、钣金、涂漆的维修技术人员;从事汽车综合小修、发动机维修、车身维修、电气系统维修、自动变速器维修的,还应当配备技术负责人员和质量检验人员。各类技术人员的配备要求按照国家标准《汽车维修业开业条件》(GB/T 16739)相关条款的规定执行。

（四）有健全的维修管理制度。包括质量管理制度、安全生产管理制度、车辆维修档案管理制度、人员培训制度、设备管理制度及配件管理制度。具体要求按照国家标准《汽车维修业开业条件》(GB/T 16739)相关条款的规定执行。

（五）有必要的环境保护措施。具体要求按照国家标准《汽车维修业开业条件》(GB/T 16739)相关条款的规定执行。

第十三条　从事危险货物运输车辆维修的汽车维修经营者，除具备汽车维修经营一类维修经营业务的条件外，还应当具备下列条件：

（一）有与其作业内容相适应的专用维修车间和设备、设施，并设置明显的指示性标志；

（二）有完善的突发事件应急预案，应急预案包括报告程序、应急指挥以及处置措施等内容；

（三）有相应的安全管理人员；

（四）有齐全的安全操作规程。

本规定所称危险货物运输车辆维修，是指对运输易燃、易爆、腐蚀、放射性、剧毒等性质货物的机动车维修，不包含对危险货物运输车辆罐体的维修。

第十四条　从事摩托车维修经营的，应当符合下列条件：

（一）有与其经营业务相适应的摩托车维修停车场和生产厂房。租用的场地应有书面的租赁合同，且租赁期限不得少于1年。停车场和生产厂房的面积按照国家标准《摩托车维修业开业条件》(GB/T 18189)相关条款的规定执行。

（二）有与其经营业务相适应的设备、设施。所配备的计量设备应符合国家有关技术标准要求，并经法定检定机构检定合格。具体要求按照国家标准《摩托车维修业开业条件》(GB/T 18189)相关条款的规定执行。

（三）有必要的技术人员：

1. 从事一类维修业务的应当至少有1名质量检验人员。质量检验人员应当熟悉各类摩托车维修检测作业规范，掌握摩托车维修故障诊断和质量检验的相关技术，熟悉摩托车维修服务收费标准及相关政策法规和技术规范。

2. 按照其经营业务分别配备相应的机修、电器、钣金、涂漆的维修技术人员。机修、电器、钣金、涂漆的维修技术人员应当熟悉所从事工种的维修技术和操作规范，并了解摩托车维修及相关政策法规。

（四）有健全的维修管理制度。包括质量管理制度、安全生产管理制度、摩托车维修档案管理制度、人员培训制度、设备管理制度及配件管理制度。具体要求按照国家标准《摩托车维修业开业条件》(GB/T 18189)相关条款的规定执行。

（五）有必要的环境保护措施。具体要求按照国家标准《摩托车维修业开业条件》(GB/T 18189)相关条款的规定执行。

第十五条　从事机动车维修经营的，应当向所在地的县级道路运输管理机构进行备案，提交《机动车维修经营备案表》，并附送符合本规定第十二条、第十三条、第十四条规定条件的下列材料，保证材料真实完整：

（一）维修经营者的营业执照复印件；

（二）经营场地（含生产厂房和业务接待室）、停车场面积材料、土地使用权及产权证明等相关材料；

（三）技术人员汇总表，以及各相关人员的学历、技术职称或职业资格证明等相关材料；

（四）维修设备设施汇总表，维修检测设备及计量设备检定合格证明等相关材料；

（五）维修管理制度等相关材料；

（六）环境保护措施等相关材料。

第十六条　从事机动车维修连锁经营服务的，其机动车维修连锁经营企业总部应先完成备案。

机动车维修连锁经营服务网点可由机动车维修连锁经营企业总部向连锁经营服务网点所在地县级道路运输管理机构进行备案，提交《机动车维修经营备案表》，附送下列材料，并对材料真实性承担相应的法律责任：

（一）连锁经营协议书副本；

（二）连锁经营的作业标准和管理手册；

（三）连锁经营服务网点符合机动车维修经营相应条件的承诺书。

连锁经营服务网点的备案经营项目应当在机动车维修连锁经营企业总部备案经营项目范围内。

第十七条　道路运输管理机构收到备案材料后，对材料齐全且符合备案要求的应当予以备案，并编号归档；对材料不全或者不符合备案要求的，应当场或者自收到备案材料之日起5日内一次性书面通知备案人需要补充的全部内容。

第十八条　机动车维修经营者名称、法定代表人、经营范围、经营地址等备案事项发生变化的，应当向原办理备案的道路运输管理机构办理备案变更。

机动车维修经营者需要终止经营的，应当在终止经营前30日告知原备案机构。

第十九条　道路运输管理机构应当向社会公布已备案的机动车维修经营者名单并及时更新，便于社会查询和监督。

第三章　维 修 经 营

第二十条　机动车维修经营者应当按照备案的经营范围开展维修服务。

第二十一条　机动车维修经营者应当将《机动车维修标志牌》悬挂在经营场所的醒目位置。

《机动车维修标志牌》由机动车维修经营者按照统一式样和要求自行制作。

第二十二条　机动车维修经营者不得擅自改装机动车，不得承修已报废的机动车，不得利用配件拼装机动车。

托修方要改变机动车车身颜色，更换发动机、车身和车架的，应当按照有关法律、法规的规定办理相关手续，机动车维修经营者在查看相关手续后方可承修。

第二十三条　机动车维修经营者应当加强对从业人员的安全教育和职业道德教育，确保安全生产。

机动车维修从业人员应当执行机动车维修安全生产操作规程，不得违章作业。

第二十四条　机动车维修产生的废弃物，应当按照国家的有关规定进行处理。

第二十五条　机动车维修经营者应当公布机动车维修工时定额和收费标准，合理收取费用。

机动车维修工时定额可按各省机动车维修协会等行业中介组织统一制定的标准执行,也可按机动车维修经营者报所在地道路运输管理机构备案后的标准执行,也可按机动车生产厂家公布的标准执行。当上述标准不一致时,优先适用机动车维修经营者备案的标准。

机动车维修经营者应当将其执行的机动车维修工时单价标准报所在地道路运输管理机构备案。

机动车生产、进口企业应当在新车型投放市场后六个月内,向社会公布其生产、进口机动车车型的维修技术信息和工时定额。具体要求按照国家有关部门关于汽车维修技术信息公开的规定执行。

第二十六条　机动车维修经营者应当使用规定的结算票据,并向托修方交付维修结算清单,作为托修方追责依据。维修结算清单中,工时费与材料费应当分项计算。维修结算清单应当符合交通运输部有关标准要求,维修结算清单内容应包括托修方信息、承修方信息、维修费用明细单等。

机动车维修经营者不出具规定的结算票据和结算清单的,托修方有权拒绝支付费用。

第二十七条　机动车维修经营者应当按照规定,向道路运输管理机构报送统计资料。

道路运输管理机构应当为机动车维修经营者保守商业秘密。

第二十八条　机动车维修连锁经营企业总部应当按照统一采购、统一配送、统一标识、统一经营方针、统一服务规范和价格的要求,建立连锁经营的作业标准和管理手册,加强对连锁经营服务网点经营行为的监管和约束,杜绝不规范的商业行为。

第四章　质　量　管　理

第二十九条　机动车维修经营者应当按照国家、行业或者地方的维修标准规范和机动车生产、进口企业公开的维修技术信息进行维修。尚无标准或规范的,可参照机动车生产企业提供的维修手册、使用说明书和有关技术资料进行维修。

机动车维修经营者不得通过临时更换机动车污染控制装置、破坏机动车车载排放诊断系统等维修作业,使机动车通过排放检验。

第三十条　机动车维修经营者不得使用假冒伪劣配件维修机动车。

机动车维修配件实行追溯制度。机动车维修经营者应当记录配件采购、使用信息,查验产品合格证等相关证明,并按规定留存配件来源凭证。

托修方、维修经营者可以使用同质配件维修机动车。同质配件是指,产品质量等同或者高于装车零部件标准要求,且具有良好装车性能的配件。

机动车维修经营者对于换下的配件、总成,应当交托修方自行处理。

机动车维修经营者应当将原厂配件、同质配件和修复配件分别标识,明码标价,供用户选择。

第三十一条　机动车维修经营者对机动车进行二级维护、总成修理、整车修理的,应当实行维修前诊断检验、维修过程检验和竣工质量检验制度。

承担机动车维修竣工质量检验的机动车维修企业或机动车综合性能检测机构应当使用符合有关标准并在检定有效期内的设备,按照有关标准进行检测,如实提供检测结果证明,并对检测结果承担法律责任。

第三十二条　机动车维修竣工质量检验合格的,维修质量检验人员应当签发《机动车维修竣工出厂合格证》;未签发机动车维修竣工出厂合格证的机动车,不得交付使用,车主可以拒绝交费或接车。

第三十三条 机动车维修经营者应当建立机动车维修档案,并实行档案电子化管理。维修档案应当包括:维修合同(托修单)、维修项目、维修人员及维修结算清单等。对机动车进行二级维护、总成修理、整车修理的,维修档案还应当包括:质量检验单、质量检验人员、竣工出厂合格证(副本)等。

机动车维修经营者应当按照规定如实填报、及时上传承修机动车的维修电子数据记录至国家有关汽车维修电子健康档案系统。机动车生产厂家或者第三方开发、提供机动车维修服务管理系统的,应当向汽车维修电子健康档案系统开放相应数据接口。

机动车托修方有权查阅机动车维修档案。

第三十四条 道路运输管理机构应当加强机动车维修从业人员管理,建立健全从业人员信用档案,加强从业人员诚信监管。

机动车维修经营者应当加强从业人员从业行为管理,促进从业人员诚信、规范从业维修。

第三十五条 道路运输管理机构应当加强对机动车维修经营的质量监督和管理,采用定期检查、随机抽样检测检验的方法,对机动车维修经营者维修质量进行监督。

道路运输管理机构可以委托具有法定资格的机动车维修质量监督检验单位,对机动车维修质量进行监督检验。

第三十六条 机动车维修实行竣工出厂质量保证期制度。

汽车和危险货物运输车辆整车修理或总成修理质量保证期为车辆行驶20000公里或者100日;二级维护质量保证期为车辆行驶5000公里或者30日;一级维护、小修及专项修理质量保证期为车辆行驶2000公里或者10日。

摩托车整车修理或者总成修理质量保证期为摩托车行驶7000公里或者80日;维护、小修及专项修理质量保证期为摩托车行驶800公里或者10日。

其他机动车整车修理或者总成修理质量保证期为机动车行驶6000公里或者60日;维护、小修及专项修理质量保证期为机动车行驶700公里或者7日。

质量保证期中行驶里程和日期指标,以先达到者为准。

机动车维修质量保证期,从维修竣工出厂之日起计算。

第三十七条 在质量保证期和承诺的质量保证期内,因维修质量原因造成机动车无法正常使用,且承修方在3日内不能或者无法提供因非维修原因而造成机动车无法使用的相关证据的,机动车维修经营者应当及时无偿返修,不得故意拖延或者无理拒绝。

在质量保证期内,机动车因同一故障或维修项目经两次修理仍不能正常使用的,机动车维修经营者应当负责联系其他机动车维修经营者,并承担相应修理费用。

第三十八条 机动车维修经营者应当公示承诺的机动车维修质量保证期。所承诺的质量保证期不得低于第三十六条的规定。

第三十九条 道路运输管理机构应当受理机动车维修质量投诉,积极按照维修合同约定和相关规定调解维修质量纠纷。

第四十条 机动车维修质量纠纷双方当事人均有保护当事车辆原始状态的义务。必要时可拆检车辆有关部位,但双方当事人应同时在场,共同认可拆检情况。

第四十一条 对机动车维修质量的责任认定需要进行技术分析和鉴定,且承修方和托修方共同要求道路运输管理机构出面协调的,道路运输管理机构应当组织专家组或委托具有法定检测资格的检测机构作出技术分析和鉴定。鉴定费用由责任方承担。

第四十二条 对机动车维修经营者实行质量信誉考核制度。机动车维修质量信誉考核办法另行制定。

机动车维修质量信誉考核内容应当包括经营者基本情况、经营业绩（含奖励情况）、不良记录等。

第四十三条 道路运输管理机构应当采集机动车维修企业信用信息，并建立机动车维修企业信用档案，除涉及国家秘密、商业秘密外，应当依法公开，供公众查阅。机动车维修质量信誉考核结果、汽车维修电子健康档案系统维修电子数据记录上传情况及车主评价、投诉和处理情况是机动车维修信用档案的重要组成部分。

第四十四条 建立机动车维修经营者和从业人员黑名单制度，县级道路运输管理机构负责认定机动车维修经营者和从业人员黑名单，具体办法由交通运输部另行制定。

第五章 监督检查

第四十五条 道路运输管理机构应当加强对机动车维修经营活动的监督检查。

道路运输管理机构应当依法履行对维修经营者的监管职责，对维修经营者是否依法备案或者备案事项是否属实进行监督检查。

道路运输管理机构的工作人员应当严格按照职责权限和程序进行监督检查，不得滥用职权、徇私舞弊，不得乱收费、乱罚款。

第四十六条 道路运输管理机构应当积极运用信息化技术手段，科学、高效地开展机动车维修管理工作。

第四十七条 道路运输管理机构的执法人员在机动车维修经营场所实施监督检查时，应当有2名以上人员参加，并向当事人出示交通运输部监制的交通行政执法证件。

道路运输管理机构实施监督检查时，可以采取下列措施：

（一）询问当事人或者有关人员，并要求其提供有关资料；

（二）查询、复制与违法行为有关的维修台账、票据、凭证、文件及其他资料，核对与违法行为有关的技术资料；

（三）在违法行为发现场所进行摄影、摄像取证；

（四）检查与违法行为有关的维修设备及相关机具的有关情况。

检查的情况和处理结果应当记录，并按照规定归档。当事人有权查阅监督检查记录。

第四十八条 从事机动车维修经营活动的单位和个人，应当自觉接受道路运输管理机构及其工作人员的检查，如实反映情况，提供有关资料。

第六章 法律责任

第四十九条 违反本规定，从事机动车维修经营业务，未按规定进行备案的，由县级以上道路运输管理机构责令改正；拒不改正的，处5000元以上2万元以下的罚款。

第五十条 违反本规定，从事机动车维修经营业务不符合国务院交通运输主管部门制定的机动车维修经营业务标准的，由县级以上道路运输管理机构责令改正；情节严重的，由县级以上道路运输管理机构责令停业整顿。

第五十一条 违反本规定，机动车维修经营者使用假冒伪劣配件维修机动车，承修已报废的机动车或者擅自改装机动车的，由县级以上道路运输管理机构责令改正；有违法所得的，没收违法所得，处违法所得2倍以上10倍以下的罚款；没有违法所得或者违法所得不足1万元的,处 2 万元以上 5 万元以下的罚款,没收假冒伪劣配件及报废车辆;情节严重的,由县级以上道路运输管理机构责令停业整顿;构成犯罪的,依法追究刑事责任。

第五十二条　违反本规定,机动车维修经营者签发虚假机动车维修竣工出厂合格证的,由县级以上道路运输管理机构责令改正;有违法所得的,没收违法所得,处以违法所得 2 倍以上 10 倍以下的罚款;没有违法所得或者违法所得不足 3000 元的,处以 5000 元以上 2 万元以下的罚款;情节严重的,由县级以上道路运输管理机构责令停业整顿;构成犯罪的,依法追究刑事责任。

第五十三条　违反本规定,有下列行为之一的,由县级以上道路运输管理机构责令其限期整改;限期整改不合格的,予以通报:

（一）机动车维修经营者未按照规定执行机动车维修质量保证期制度的;

（二）机动车维修经营者未按照有关技术规范进行维修作业的;

（三）伪造、转借、倒卖机动车维修竣工出厂合格证的;

（四）机动车维修经营者只收费不维修或者虚列维修作业项目的;

（五）机动车维修经营者未在经营场所醒目位置悬挂机动车维修标志牌的;

（六）机动车维修经营者未在经营场所公布收费项目、工时定额和工时单价的;

（七）机动车维修经营者超出公布的结算工时定额、结算工时单价向托修方收费的;

（八）机动车维修经营者未按规定建立机动车维修档案并实行档案电子化管理,或者未及时上传维修电子数据记录至国家有关汽车维修电子健康档案系统的。

第五十四条　违反本规定,道路运输管理机构的工作人员有下列情形之一的,由同级地方人民政府交通运输主管部门依法给予行政处分;构成犯罪的,依法追究刑事责任:

（一）不按照规定实施备案和黑名单制度的;

（二）参与或者变相参与机动车维修经营业务的;

（三）发现违法行为不及时查处的;

（四）索取、收受他人财物或谋取其他利益的;

（五）其他违法违纪行为。

第七章　附　　则

第五十五条　本规定自 2005 年 8 月 1 日起施行。经商国家发展和改革委员会、国家工商行政管理总局同意,1986 年 12 月 12 日交通部、原国家经委、原国家工商行政管理局发布的《汽车维修行业管理暂行办法》同时废止,1991 年 4 月 10 日交通部颁布的《汽车维修质量管理办法》同时废止。

参考文献

[1] 卢燕,阎岩.汽车服务企业管理[M].北京:机械工业出版社,2005.
[2] 胡寒玲.汽车服务企业管理[M].北京:化学工业出版社,2010.
[3] 金润圭.人力资源管理教程[M].上海:立信会计出版社,2004.
[4] 胡建军.汽车维修企业创新管理[M].北京:机械工业出版社,2004.
[5] 王长友,陈萍.汽车4S店经营与管理[M].长春:吉林科学技术出版社,2011.
[6] 吴敬静.如何做好汽车售后服务[M].北京:机械工业出版社,2009.
[7] 赵艳萍,姚冠新,陈俊.设备管理与维修[M].北京:化学工业出版社,2004.
[8] 李葆文.现代设备资产管理[M].北京:机械工业出版社,2006.
[9] 杨建良.汽车维修企业管理[M].北京:人民交通出版社,2005.
[10] 王琪.汽车市场营销[M].北京:机械工业出版社,2009.
[11] 徐向阳.汽车市场调查与预测[M].北京:机械工业出版社,2007.
[12] 卫绍元,王若愚.汽车检测与诊断技术[M].沈阳:东北大学出版社,2006.
[13] 王云生.客户关系和人力资源管理[M].北京:机械工业出版社,2004.
[14] 朱杰,等.汽车服务企业管理[M].北京:电子工业出版社,2005.
[15] 郎志正.质量管理及其技术和方法[M].北京:中国标准出版社,2003.
[16] 杨善林.企业管理学[M].北京:高等教育出版社,2004.